우리가 만드는 문화도시

우리가 만드는 문화도시 로컬문화총서 02

초판 1쇄 펴낸날 2010년 10월 8일

지은이 문화도시네트워크
펴낸이 강수걸
펴낸곳 산지니
등록 2005년 2월 7일 제14-49호
주소 부산광역시 연제구 거제1동 1493-2 효정빌딩 601호
전화 051-504-7070 | **팩스** 051-507-7543
sanzini@sanzinibook.com
www.sanzinibook.com

ISBN 978-89-6545-120-4 94300
     978-89-92235-90-7(세트)

* 책값은 뒤표지에 있습니다.
* 이 도서의 국립중앙도서관 출판시도서목록(CIP)은
  e-CIP 홈페이지(http://www.nl.go.kr/cip.php)에서
  이용하실 수 있습니다.(CIP 제어번호 : CIP 2010003460)
* 이 책은 부산광역시 보조금을 일부 지원받아 제작되었습니다.

우리가 만드는 문화도시

| 문화도시네트워크 지음 |

부산시민
문화운동을
중심으로

산지니

차례

　문화도시네트워크가 설립된 지 10년이 지났습니다. 그동안 문화도시네트워크는 시민이 참여하고 만들어가는 문화도시 부산을 위한 작은 씨앗과도 같은 역할을 해왔다고 자부할 수 있습니다.

　문화도시네트워크는 설립 이후 시민참여형 문화 활성화 사업, 도시디자인 시민운동, 풀뿌리 도시녹화 · 생태운동, 지역 가꾸기 문화운동 등의 NPO 영역에서 많은 활동을 전개했습니다. 특히 도시녹화 리더교육, 도시디자인 시민학교, 문화자원봉사자 양성 교육, 도시문화탐험, 시민문화동아리 활성화사업 등을 비롯한 단위 사업들은 문화도시만들기 시민운동이란 새로운 장을 열고 그 첫걸음을 내디뎠다는 의미를 부여할 수 있습니다.

　이번에 발간하는 『우리가 만드는 문화도시』는 문화도시 담론 일반에서 한걸음 더 나아가 지역의 특성에 부합하는 문화도시상을 지향하고, 문화도시 만들기 운동의 새로운 방향 정립을 모색하고자 펴내게 되었습니다. 이 책에 담긴 글들은 하나같이 문화도시 만들기 운동이 가야 할 향후 10년을 위한 방향 모색과 추진전략을 수립하는 데 많은 도움이 될 것으로 보입니다.

이 책은 총괄기획을 맡아준 이지훈 박사를 비롯한 여러 집필자들이 노고를 아끼지 않은 결과로 나온 성과물입니다. 또한 그동안 이 책이 발간되기까지 실무적인 업무로 수고한 전중근 사무국장, 서지선 간사를 비롯한 실무진과 멋진 책으로 만들어준 산지니출판사의 노고에 감사드립니다. 앞으로도 문화도시네트워크는 시민참여형 문화도시화 운동이 지역사회에 뿌리내릴 수 있도록 힘차게 정진할 것입니다.

2010년 9월
문화도시네트워크 이사장 · 부산MBC 사장 김수병

삶이 예술이 되는 도시!

이지훈 (철학박사)

이 책은 문화도시네트워크 창립 열 돌을 맞아 기획된 것이다. 그간 문화도시네트워크를 비롯한 부산지역 문화도시 운동의 성과를 돌아보고, 앞으로 함께 해나갈 방향을 모색하는 것이 기본 목표라고 할 수 있다. 처음에는 실천가와 연구자 두세 사람이 모여 집필하는 방법도 생각했지만, 좀 더 많은 실천가와 연구자들이 서로 머리를 맞대는 기회를 마련하려는 뜻에서 공개 워크숍을 열기로 했다. 즉 6회에 걸친 연속 워크숍을 통해 여러 사람들이 모여 문화도시를 얘기하고, 그 결과물을 책으로 묶기로 한 것이다. 따라서 이 책은 집필의 일관성이라는 면에서 원래 계획보다 허술할지도 모른다. 하지만 부산 문화예술 운동을 대표하는 이들이 한자리에 모여 문화도시를 고민한 기록이라는 점에서 역사적 의미가 있다고 감히 자부한다.

지난 10년 동안 문화도시라는 개념이 사용되는 맥락은 매우 다양했다. 이제 국내의 지방자치정부들 가운데 문화도시를 지향하지 않는

도시가 거의 없으며, 창조도시를 내세우는 도시가 무려 아홉 군데에 이른다. 그래서 예전에 문화도시 운동이라는 말이 지니던 '전위'적인 색채는 거의 사라졌다고 할 수 있다. 그럼에도 우리는 아직 문화도시 '운동'이라는 말이 유효하다고 믿는다. 이 책에서 지향하는 문화도시 는 막연하게 '역사 전통 예술 경관이 살아 있는 도시'보다 구체적이 다. 또 중앙정부와 각 지방정부가 앞 다투어 실현하려는 문화도시보 다 실질적이다. 따라서 우리는 문화도시를 지향하는 여러 종류의 정 책과 더불어 '협치'를 추구하는 한편, 그것을 비판하고 보충해주어야 할 책임도 느끼게 되는 것이다.

결론부터 말하자면 우리가 바라는 문화도시는 생활 차원에서 문화 예술을 향유하는 도시다. 이것은 문화도시를 마치 관람자의 입장에서 쳐다보는 도시가 아니라 '시민들의 생활이 곧 문화가 되는 도시'라는 성격을 지닌다. 연속 워크숍에서 다룬 주제들이 결코 적지 않지만 이 렇게 '문화의 생활화'를 지향한다는 면에서는 모두 한결같다고 할 수 있다. 그리고 생활 차원의 문화향유를 실현하는 핵심 방안은 자발적 예술활동(Voluntary Arts)을 활성화하는 데 있다. 즉, 자발적 예술활동 의 활성화를 문화도시 운동의 기본전략으로 삼는 것이다.

이것은 예술에 대한 대중의 접근성(Public Accessibility) 증대에 초 점을 맞추는 정책이다. 과거에 정부에서 시행해온 '하향식' 예술정책 과 다른 발상이라고 할 수 있다. 하향식 정책이란 전문예술가들을 우 선 지원해 그 성과가 시민 차원으로 파급되게 하려는 정책을 가리킨 다. 문제는 이 하향식 정책의 효과가 크지 않으며, 현재 시민들의 증 가하는 수요를 만족시키지 못한다는 점이다. 이 문제를 해결하려면 근본적인 차원에서 공급을 늘여야 한다. 그러므로 더 이상 생산자/소

비자를 분리한 채 생산자의 수준을 높이는 정책(하향식)이 아니라, 소비자 스스로 생산 능력을 갖춤으로써 자체 생산의 영역을 늘리는 정책(상향식)이 필요한 것이다. 다시 말해 문화 향수의 기회 확대를 통해 높아진 시민들의 역량이 스스로를 문화 생산자이자 소비자가 될 수 있게 도와야 하는 것이다.

최근 한국정부도 이 원칙을 인식하기 시작했으며, 이 점에서 부산문화재단이 '방과후 문화예술교육'이나 '공연장 상주예술단체' 지원 프로그램을 시행하는 것은 긍정적인 일이다. 하지만 좀 더 근본적인 차원에서 문화예술 활동 전체의 수요공급 네트워크를 살리는 프로그램 개발이 시급하다고 생각한다. 이러한 프로그램의 출발점은 바로 시민들의 '자발적 예술활동'을 장려하는 것이며 구체적으로 '아마추어 예술동아리'들을 지원하는 것이라고 생각한다. 여기서 중요한 것은 이 동아리들이 단순히 지원 대상이 아니라 장차 자기 생산력을 갖추고 이 사업의 주체로 성장할 수 있도록 스스로 자생력을 기르는 전략을 고안해야 한다는 것이다.

이 점에서 지원의 내용을 생각해보면 일방적인 지원은 바람직하지 않을 것이다. 가령 공모를 통해 활동 보조금을 지원하는 직접지원 방식은 자체 역량을 높이기보다는 오히려 '지원 의존 성향'을 높일 수 있다. 따라서 금전 지원보다는 상시적인 예술 활동의 연습 · 제작 · 연수 · 전시 · 공연 및 성과를 발표하는 장으로 활용할 공간 제공, 장비나 시설 대여, 또 동아리와 예술 교육자를 연결해주는 네트워킹 서비스 지원이 바람직하다.

공간 제공을 위해서는 궁극적으로 '365일, 24시간' 이용이 가능한 일본의 가나자와 시민예술촌 같은 공간이 이상적이겠지만 일단은 각

지역의 문화센터나 주민자치센터를 활용하는 것이 현실적이다. 만약 불가능하다면 도시 곳곳의 유휴시설이나 폐·공가들을 재생할 수도 있다. 그렇게 하면 도시재생 효과를 얻을 수도 있을 것이다. 해외에서는 철도시설을 재생한 독일의 탄츠하우스(Tanzhaus)나 공장과 창고를 재생한 가나자와 시민예술촌 등이 좋은 사례를 보여준다.

다음으로 네트워킹 서비스. 기존의 문화센터들도 어느 정도 예술교육 기능을 맡고 있지만, 자발적 예술활동을 육성하려면 '맞춤형 교육'을 실행해야 한다. 그러려면 먼저 예술동아리의 현황과 수요를 조사하고, 이 결과에 따라 교육을 실행해야 한다. 가령 일정한 인원 이상이 수강생으로 확보된다면 그 동아리가 요구하는 예술분야의 강사를 연결해 강좌를 개설해주는 방안을 고려해볼 수 있다.

이 점에서 자발적 예술활동의 단위가 마을공동체, 즉 마을만들기의 단위로 설정될 수 있다면 이상적일 것이다. 단위가 적을수록 수요조사와 공급의 연결이 원활하기 때문이다. 물론 현재 마을만들기를 실천하는 지역은 적으며, 부산시 전역을 포괄하지 못한다. 따라서 마을만들기와 자발적 예술활동의 연계는 장기적으로 달성해야 할 최고 목표로 상정해야 할 수밖에 없을 것이다. 그러나 이런 현실을 감안하더라도 수요조사는 지역단위로, 공급조사는 광역차원으로 하는 것이 좋을 듯하다. 이에 따라 부산문화재단이 사령탑을 맡아 부산시의 예술가(공급) 데이터베이스를 만들고, 지역별 문화센터 혹은 후자가 위탁한 단체가 지역별 수요에 따라 지역별 단위로 직접 이런 네트워킹을 실행하는 것이 바람직할 것이다.

이처럼 지역특성과 주민욕구를 반영하는 자발적 예술활동의 지원은 예술가와 수용자 양쪽에 창조적인 매개가 될 수 있다. 첫째, 예술

가와 지역 예술동아리를 연결하는 네트워킹은 예술가에게 일거리를 제공하는 한편, 주민들의 문화욕구를 만족시켜줄 수 있다. 또 이런 프로그램을 체험한 시민들은 차후 본격적인 예술 전시·공연을 찾아가며, 문화예술 분야 사회적 기업을 비롯한 전문예술가들이 생산한 문화상품의 소비자가 되기도 할 것이다. 즉 문화복지의 수혜자 입장을 넘어 예술가를 지지하는 계층으로 변모하는 것이다. 둘째, 이렇게 전문예술가들과 연계하는 과정을 통해 시민들은 좀 더 높은 예술적 성취를 누릴 수 있을 것이며, 스스로 문화를 생산하는 공급자로 바뀔 수 있다. 즉 수동적인 수용자가 아닌 능동적인 생산자로 발전하는 것이다. 2008년 이후 성남문화재단은 '문화공헌 지원' 프로젝트를 시행하고 있는데, 참고가 될 듯하다.

문화공헌 지원이란 문화예술 활동을 통해 공공 서비스를 제공하는 동아리를 지원하는 프로그램이다. 가령 공원, 학교, 군부대, 병원, 지하철역, 문화센터, 복지관 등에서 교육, 공연, 전시를 하는 경우를 생각해볼 수 있다. 성남시의 '2008년 문화공헌 지원' 프로젝트 기준안을 보면 "문화와 예술을 매개로 공헌 성격을 띠는 사업. 5개 이상 클럽이 모여 1개의 팀을 구성. 5회 이상 행사가 진행되어야 함. 1회 행사에 3개 이상의 클럽이 참가해야 함. 클럽당 2회 이상 행사에 참여해야 함. 각 팀의 팀장은 운영위원이 맡음. 지원받은 모든 클럽은 '사랑방 클럽축제'에 참가하는 자격이 우선적으로 부여됨" 같은 사항이 정리되어 있다.

따라서 자발적 예술활동의 지원은 말 그대로 시민이 주체가 되는 문화도시에 근접하는 방안이라고 생각된다. 이것은 근본적인 차원에서 문화예술 활동 전체의 수요공급 네트워크를 살리는 방법이다. 시

민들이 자기 생산력을 갖춰 스스로 예술을 통해 사회공헌을 하는 도시야말로 참다운 문화도시인 것이다. 이처럼 시민들이 스스로 창의력을 발휘하도록 하는 것이 이 정책의 핵심과제라고 한다면, 그것은 또한 창조도시로 나아가는 정책이기도 할 것이다.

앞으로는 지역 예술가의 지원도, 공공예술의 발전도, 창조도시의 건설도 이 자발적 예술활동의 활성화와 연계해서 방향을 잡아보자. 마을(구, 군, 동)을 단위로 예술가와 지역 예술동아리를 연결함으로써 예술가에게 일거리를 제공하는 한편, 그 성과를 지역공동체의 자산으로 삼아 지역을 재생, 발전시키는 것이다. 부산시도 이미 시민의 문화욕구와 예술가의 역량을 연결해 문화복지 기회를 넓혀야 한다는 인식을 하고 있는데, 이와 같은 마을 밀착형 프로그램과 연계된다면 마을 특성에 맞는 콘텐츠와 네트워크에 따라 더욱 구체적이고 다양한 성과를 얻을 수 있을 것이다.

따라서 우리는 문화도시를 만드는 핵심방안으로 이처럼 시민 스스로의 역량 증대를 통해 도시 내부에 자생적인 인적 자원을 구축하는 '내부자발' 형 문화도시 만들기를 제안한다. 본문에서 논의할 내용들은 대체로 이 점에서 일관되게 이해하면 될 것이다. 즉 마을 단위로 축적한 자발적 예술활동의 성과물이 바로 시민참여형 축제의 알맹이가 될 것이며, 이 단위들이 모여 문화도시를 만들 것이다. 또한 마을 만들기를 꾸려나가는 경제학적인 측면이 곧 사회적 기업과 커뮤니티 비즈니스를 포괄하는 사회적 경제가 될 것이며, 후자가 바로 창조도시를 구성할 것이다.

앞에서 말했듯이 현재 마을만들기를 실천하는 지역들은 부산시 전역을 포괄하지 못한다. 따라서 마을만들기와 자발적 예술활동의 연계

는 장기적으로 달성해야 할 최고 목표로 상정하며, 현재로서는 광역시 범위에서 마을 단위를 지원하는 관점을 취할 수밖에 없을 것이다. 그럼에도, 자발적 예술활동 지원이 좀 더 구체적인 지원이 되려면, 또 그것의 결과가 다채로운 성과로 나타날 수 있으려면 마을만들기와 결합하는 것이 이상적이라는 말을 거듭 덧붙이고 싶다.

이 점에서 문화도시 운동은 앞으로 문화마을 만들기로 발전해야 할 것인데, 그에 필요한 몇 가지 과제를 언급하고자 한다. 마을만들기는 전통마을 보존이나 귀농운동 등과 달리 기본적으로 '도시화'라는 맥락을 인정하는 흐름 속에서 발생한 것이다. 다만 지난 수세기 동안 전 세계적인 차원에서 전개되어온 도시화의 흐름 속에서 지역주민들이 스스로의 고유하고 개성 있는 방식으로 자신의 공동체를 가꿔나가는 운동을 가리키는 것이다. 이렇게 볼 때 마을만들기는 처음부터 문화마을만들기라고 할 수 있다.

하지만 한국사회에서 마을만들기는 상대적으로 낙후된 지역에서 실천되는 경향이 있다. 이에 따라 마을만들기는 현실적으로 이중적인 과제를 부여받는 듯하다. 그것은 주민들의 지역발전 요구를 정당하게 수용하는 한편, 지역사회의 난개발에 비판적으로 대응해야 한다는 것이다. 이때 난개발이란 각 지역의 역사적 전통, 지리적 환경, 또 주민의 정서를 고려하지 않고 진행되는 개발을 의미한다. 그러므로 마을만들기는 '만들어야 할 것'과 '만들지 말아야 할 것'을 지혜롭게 구별하는 일에서 출발한다고 볼 수 있다. 마찬가지로 문화적인 측면에서 마을만들기는 지역주민이 지켜내고 실현해야 할 문화적 가치를 지역의 성장과 더불어 결합하는 방식으로 진행되어야 할 것이다. 도시 경관을 예로 들면 공동체의 환경을 살리는 건설에는 찬성해야 하지

만, 개발이익을 앞세우며 무차별로 공동체를 무너뜨리고 경관을 해치는 과정은 막아내야 하는 것이다.

물론 부산시도 '산복도로 르네상스', '꿈꾸는 마추픽추(감천2동)'를 비롯해 '강동권(북, 사상, 사하구) 창조도시' 같은 기획으로 지역 재생을 시도한다. 과거의 재개발 혹은 대규모 시설 중심의 개발 사업에서 벗어나 지역 특성에 맞춘 문화적 재생을 추구한다는 점에서 매우 긍정적으로 볼 수 있다. 그럼에도, 마을만들기는 내발(內發)적 발전을 바탕으로 한다는 점을 잊어서는 안 될 것이다. 만약 지역의 자원이나 주체를 활용하지 못하고 외부자원과 자본을 투입해 지역발전을 꾀한다면 자칫 과거의 개발주의 패러다임을 반복할 우려가 있다. 그리고 개발주의 정책의 문제는 지역민의 공감을 얻지 못하는 정체불명의 난개발로 끝날 수 있다.

그런데 지역의 문화적 가치들을 지역의 성장과 더불어 결합하는 일이 간단한 것은 아니다. 그동안 한국 시민운동은 중앙정부에 대한 정치적 비판세력으로 성장해오다가 2000년대 이후 '풀뿌리' 운동을 시작했지만, 주로 보육, 주부, 청소년 같은 것으로 의제가 제한되어 있었다. 최근에는 이주노동자, 장애인, 주거권 등으로 넓어졌지만 여전히 문화에 관련된 의제는 주된 흐름에서 벗어나 있는 듯하다. 이런 현상은 시민운동의 주체가 아직 주민들의 문화적 욕구 상승에 연관된 의제를 파악하지 못하고 있다는 상황을 말해주기도 한다.

물론 지역의 문화적 가치를 실현하고 보호하는 방식의 성장을 판단하는 일이 언제나 명쾌하지는 않다. 문화적 가치의 평가에는 논쟁적인 요소가 많기 때문이다. 따라서 지역사회 활동가는 그 지역공동체에서 문화적 가치가 어떻게 규정되고 있는지에 대한 내부 밀착적 탐

구와 소통을 병행해야 하는 과제를 안게 된다. 이 점에서 마을만들기는 '도시인문학' 과 결합할 필요가 있다. 도시인문학은 도시생태(자연환경), 도시이야기(스토리텔링), 도시예술(예술적 창조와 향유), 도시윤리(공동체, 공공성), 도시개념(한 도시를 구성하는 개념, 역사적 전통, 지역 특색, 개성, 자긍심), 도시미학, 도시경관 등의 영역을 집중적으로 사유하는 인문학이 될 것이다.

아직 도시인문학이 체계적으로 정립된 것은 아니다. 이 점에서 부산의 인문학자들도 '지역의 사유' 에 관심을 모을 필요가 있다. 지난해 가을 인천시는 '사람의 도시를 위한 인문학적 성찰' 을 주제로 제1회 세계도시인문학대회를 열었는데, 인천도시개발공사가 주최한 행사였다. 인천시는 도시개발에서 인간성과 공공성의 중요함을 인식하기 시작한 것이다. 부산시도 '희망대학' 프로젝트를 비롯한 인문학의 역량을 활용하면, 도시 생성의 방향에 균형을 잡고 시민의 문화적 만족도를 높일 수 있는 동시에 마을만들기의 성과도 높일 수 있을 것이다.

문화는 인간이 세계를 인식하는 양상이며, 일하는 양상이고, 삶 전체를 디자인하며 이끌어가는 양상이다. 부산시는 그동안 문화를 관광산업의 하부요소로 여긴 듯하다. 그래서 복지의 필요성에는 공감하면서도 문화복지에 공감하지 않는 경향이 있었다. 하지만 그것은 문화가 그 자체로 삶의 양식(糧食)이라는 사실, 또 부산시민의 문화예술욕구가 급증했다는 사실을 인식하지 못한 데서 나온 태도라고 생각된다. 분명히 문화도시가 되면 도시브랜드화, 관광자원화로 이어질 수 있을 것이다. 하지만 중요한 점은 그것이 결과로 나타나야 한다는 것이다. 목적과 수단이 뒤바뀌면 시민들의 삶도, 관광자원도 황폐해지

기 마련이다. 동래읍성을 고색창연하게 복원하면서 주위를 고층건물로 에워싸면 누구도 동래읍성의 아우라를 느낄 수 없을 것이다. 해양수도를 내세우면서 해안을 모두 고층아파트로 막아버리면 누구도 부산을 아름답게 여기지 않을 것이다. 문화도시네트워크가 앞장서 도시경관에 대한 시민조례를 만들고 '도시경관감시단' 활동을 전개하기를 희망한다.

금년에는 부산시도 창조도시본부를 만들고 '행복마을사업' 도 진행 중이다. 대단히 바람직한 일이다. 그럼에도 행정적인 마을만들기에는 재원확보나 사업배분 면에서 한계가 있을 수밖에 없다. 따라서 문화도시 만들기 운동은 부산시와 '협치' 하는 한편 관 주도의 운영이 미치지 못하는 영역을 주도적으로 실천해나가야 할 것이다. 또 부산시는 이렇게 국가나 지방정부가 해내지 못하는 일을 대신해서 실행해주는 문화도시 운동에 다각도의 지원을 아끼지 말아야 할 것이다.

시민들의 인식을 전환하는 것도 중요하다. 이제 중앙정부와 국민국가에 맞춰진 우리의 시선을 지금 내가 사는 지역과 마을로 돌리면 어떨까? 이제 부산이 '문화 불모지' 라는 얘기도 그만 하자. 부산에서는 연간 1,500회가 넘는 미술전시, 200회가 넘는 무용공연이 열린다. 공연예술 분야로 유네스코 창의도시 지정을 시도하는 대구시도 무용공연이 150회 열린다는 걸 생각하면 결코 적은 숫자가 아니다. 공연 수준이 낮다고 생각되면, 그럴수록 입장권을 한 번 더 사주자. 그래야 발전할 것이다. 대구예총의 '예술소비운동본부' 는 매월 1회 지역작가가 쓴 책을 지역서점에서 구입하고, 매월 1회 공연전시를 관람하는 운동을 벌이고 있다. 문화도시는 이처럼 시민들의 작은 노력에서 만들어지는 것이다.

주제를 많이 줄였지만 워크숍의 발제자와 토론자가 모두 30명 가까이 늘어나버렸다. 그간 문화도시네트워크를 꾸려온 하수근 사무총장과 전중근 국장의 도움이 없이는 진행이 불가능했을 것이다. 발제자와 토론자, 그리고 따뜻한 관심을 보이며 참석한 시민 여러분께 감사드린다. 매회 4시간이 넘도록 열띤 토론을 벌였지만 그 내용을 모두 싣지 못해 아쉽다. 각장 해제에서 요약해 담았으니 행간을 읽어주길 기대한다. 프로젝트 수행 겸 시민강좌를 목표로 내걸었지만, 6회에 걸친 18개 주제로 토론을 매끈하게 진행하기란 그리 쉬운 일이 아니었다. 지정주제에 대한 토론이 부족하거나 혹은 너무 한쪽으로 쏠린다 싶을 때는 단행본의 일관성을 위해 종종 발제자와 토론자에게 '무차별' 질문을 던지며 개입하기도 했다. 그 과정에서 혹시 무리한 진행을 했다면 널리 양해를 구한다.

문화가 있는 **마을** 만들기

마을만들기는 도시화의 흐름 속에서 지역주민들이 스스로의 고유한 방식으로 개성 있게 자신의 공동체를 가꿔나가는 운동이다. 이 점에서 마을만들기는 처음부터 문화마을만들기라고 할 수 있다. 문화마을은 문화도시의 근본이다. 따라서 지역이 지켜내고 실현해야 할 문화적 가치들을 지역의 건강한 성장과 더불어 결합하는 방식으로 진행되어야 할 것이다. 현재 부산시도 과거의 재개발이나 대규모 개발 사업에서 벗어나 지역 특성에 맞춘 문화적 재생의 시도를 보이고 있다. 그럼에도 행정적인 마을만들기에는 재원확보나 사업 배분 면에서나 한계가 있을 수밖에 없다. 따라서 문화도시만들기운동은 부산시와 '협치' 하는 한편 관 주도의 운영이 미치지 못하는 영역을 주도적으로 실천해나가야 할 것이다.

문화마을 만들기에는 지역주민들의 공감대와 참여가 뒷받침되어야 하며, 이것이 없이는 궁극적으로 창조도시도, 관광 브랜드화도 불가능하리라 믿는다. 창조도시에는 인적 인프라 구축이 선행되어야 하며, 이 인프라가 스스로 창조계급으로 발전하거나 혹은 외부에서 유입되는 창조계급과 결합하는 토대가 되는 것이다. 관광 브랜드화도 마찬가지로 지역의 역사와 환경에 대한 공통된 인식을 얻지 못하면 주민들도, 관광객들도 감동을 받을 수 없는 것이다. '결과보다 과정이 중요' 하다는 격언은 바로 지역주민들과의 소통 과정을 강조하는 마을만들기 일반에 적용되어야 할 것이다.

공공예술도 이런 맥락에서 방향을 잡을 수 있다. 한국의 공공예술은 주로 미술 중심이긴 했지만, 마을예술(Community Art)이라는 세계적인 흐름을 따라 급속도로 발전해왔고 여러 가지 긍정적인 결과를 낳았다. 마을예술이라는 면에서 공공예술은 마을만들기와 개념적으로 결합해 있다. 특히 '장소 특정적 예술(Site Specific Art)' 개념이 핵심이다. 다만 후자가 마을예술이 되려면 한 장소의 정체성 규정이 주민들의 공감을 얻어야 한다. 전적으로 외부에서, 혹은 예술가에 의해 장소의 의미가 부여된다면 '공공' 예술이 아닐 것이다. 예술가와 주민들이 소통한 결과로서 한 장소의 정체성을 얻어낼 때 비로소 장소 특정적 예술은 공공미술로 인정받을 수 있으며, 그 문화적 의미의 공유를 통해 마을의 문화가 만들어지는 것이다.

현재 부산은 이 점에서 조금씩 발전하고 있다. 최근 사례로는 '산복도로 1번지' 프로젝트와 '꽃마을 자연예술제' 등을 들 수 있을 것이다. 그럼에도, 공공예술은 장차 일회성 프로젝트를 넘어 지속적이고 일상적인 마을예술 활동이 되어야 한다는 과제를 안고 있다. 1993년 전 세계적으로 공공미술의 패러다임을 '마을예술'로 바꾼 것으로 유명한 시카고의 '행동하는 문화' 프로젝트만 해도 지역주민들과 2년간의 소통 과정을 거친 결과물이었음을 잊어서는 안 될 것이다. 또한 지금까지는 벽화, 조형물 설치 등으로 한정되어왔지만 앞으로는 도로, 건축, 공적 공간에 이르기까지 전반적인 마을 디자인으로 범위를 넓혀야 할 것이다. 이를 위해서는 부산시도 공공미술의 영역 확대를 지원하는 동시에, 공공미술을 실행하는 예술가들도 마을만들기운동과 실질적으로 결합하는 방안을 생각해야 할 것으로 보인다.

이귀원 교장은 북구 화명동 대천마을학교를 가꿔온 경험을 통해 문

화적인 측면에서 마을만들기의 모범적 사례를 보여준다. 획일적인 재개발 사업이 마을 공동체를 파괴하는 측면을 지적하며 공동체에게 가장 중요한 것은 공유공간, 공동자산이라는 사실을 언급한다. 가령 재개발 사업에서 주거지 내부의 광장 혹은 공적 공간 확보를 의무화하는 규정이 있으면 좋으리라는 제안을 덧붙인다. 앞으로 마을만들기에서 부산시의 '강동권 창조도시' 프로젝트가 실질적인 결실을 얻으려면 이런 마을만들기의 토대가 있어야 하리라 믿는다.

서상호 오픈스페이스 배 대표는 부산 공공미술의 역사와 미래의 과제를 말해준다. 과거 공공미술이 방향 자체에 대한 고뇌보다는 실행에 급급한 면이 있었음을 돌이켜보며, 주민들과의 소통이 현실적으로 얼마나 어려운 일인지를 깨닫게 해주었다. 한편 서상호 대표는 민간 예술단체로서는 국내 처음으로 '국제 레지던스' 프로그램을 통한 국제교류를 실천해왔는데, 이러한 활동은 마을예술로서의 공공미술이 앞으로 한 국가, 한 지역의 마을 범위를 넘어 국제적인 차원의 마을 간 교류를 통해 발전할 가능성을 보여준다.

전중근 국장은 문화도시네트워크의 활동을 중심으로 부산지역의 마을만들기 활동 사례를 보여준다. 문화가 있는 마을을 만들려면 일회성보다는 지속성, 외부보다는 내부 밀착적인 노력이 필요하다는 점을 역설하며, 생활 차원의 문화운동을 차후 과제로 제시한다. 이것은 제3회 워크숍에서 언급할 '자발적 예술활동' 이라는 주제와 밀접하게 연결될 것이다.

토론자로 나선 부산발전연구원 오재환 박사는 정부 주도의 마을만들기 현황을 짚어본 다음, 시민차원의 마을만들기가 좀 더 넓은 범위로 확장되기를 제안했다. 이것은 하천살리기나 공동육아 같은 공동과

제를 통해, 즉 삶터에서 일어나는 생활문화의 변화를 통해 가능하리라는 전망을 제시했다.

　김성연 대안공간 반디 대표는 소통이야말로 공공예술의 핵심이라는 사실을 거듭 강조했다. 그간 한국의 공공미술이 단기 프로젝트 위주였음을 지적하며, 3년 정도의 토론과정을 거치는 해외의 사례를 언급했다. 아울러 공공미술이 외부에서 투입되는 것이 아니라, 먼저 주민들의 자발적 요구가 있을 때 개입하는 방안을 대안으로 제시했다. 이에 덧붙여 연제구 '토곡 좋은엄마모임' 의 회원은 기존의 마을만들기가 너무 '마을 가꾸기' 에 치우쳐 있었다고 지적하며, 마을만들기를 추진할 사람, 또 사람과 사람의 관계를 중심으로 하는 조직이 만들어져야 한다고 제안했다.

대천천 마을공동체 어디까지 왔나

이귀원 (대천마을학교 교장)

대천천 마을공동체의 터전

    대천천 마을공동체의 터전인 화명2동은 2003년 7월 1일에 화명동이 분동되면서 탄생한 마을 이름이다. 그 영역이 옛 대천마을과 거의 일치하므로 마을 사람들은 화명2동과 대천마을이란 이름을 같이 쓰고 있다.

    대천(大川)이라는 이름처럼 큰 내 양편으로 마을이 자리 잡고 있다. 근간에 와서는 대천을 대천마을에 있는 내라고 하여 대천천으로 바꾸어 부르고 있다.

    병자호란 직후에 파평 윤씨가 자리 잡은 뒤 정(丁), 권, 황씨 등 몇 개 씨족이 모여 살아온 대천마을에는 대동회와 농청, 서당이 있어, 각각 민속의례공동체, 경제공동체, 교육공동체로서 역할을 맡아왔다.

    근대사회로 접어든 뒤에도 늦게까지 대천마을은 농촌공동체를 유

지하였다. 하지만 근대의 물결에 대응하면서 변화를 겪게 된다. 대천 마을은 1908년 이웃한 6개 마을과 협력하여 마을 남서쪽에 사립 화명학교를 설립하였다가 1918년 강제 폐쇄당하였다. 화명학교 출신의 양봉근, 윤경 등이 1919년 구포시장 3·1운동의 불길을 당겼다. 나아가 이들 마을 청년들은 대천청년회를 조직하고, 옛 서당 임천재 자리에 마을회관을 세우고, 거기에 대천주야(晝夜)학교를 창립하였다. 또한 농민문고와 두레를 창설하여 마을공동체를 이끌었다.

농촌마을공동체의 전통은 해방 후에도 이어졌다. 특히 1961년에 대천지역개발위원회가 조직되었다. 개발계라고도 불린 이 단체는 마을 발전 자금을 적립하여 마을 기업을 설립해나갔다. 마을 주민이 터전을 회사하고, 마을의 윤, 권, 정씨 문중에서 목재를 벌채해주고, 마을 기술자가 설계하고, 개발위원회에서 기계를 사들이고, 청년들이 노동

화명2동 대천천

력을 제공하여 기와, 벽돌공장을 운영하였다. 그것은 대천천 모래를 재료로 쓸 수 있다는 데에 착안한 것이었다. 또한 개발위원회에서는 수리계를 모아 마을양수장을 만들고 용수로를 놓고 제방을 쌓아 혹독한 가뭄에도 대풍년을 노래하게 하였다. 그 밖에도 비료창고, 분뇨 탱크를 지었고, 심지어 공동목욕탕, 이발소를 짓고 마을 사람을 이발 기술학교에 보내어 기술을 습득하게 하였다.

1930년대에 249세대였던 화명동은 부산시에 편입(1963년)된 60년대까지도 채 300세대가 되지 않는 농촌마을의 모습을 지키고 있었으나 70년대 이후 큰 변화를 겪게 된다. 1971년에 화명정수장, 1974년에 북부산전력소가 음달마을 뒷산 아랫자락에 잇달아 들어서고, 때를 같이하여 양달마을 뒷산 아랫자락에 양로원, 노인요양원, 고아원이 자리 잡았다. 풍년가 소리 높았던 낙동강 가 백포원이 1985년에 화명쓰레기매립장으로 사용되고, 같은 해에 남쪽 너른 들이 택지로 조성되어 연립주택단지와 우신아파트가 들어섬으로써 농촌의 자취는 사라져버렸다. 그와 더불어 마을공동체의 전통도 시나브로 약해져, 대천마을회(향토보존회)로 그 명맥은 유지하나 정월대보름에 동제(고당할미제)를 지내는 것이 활동의 전부이다시피 하다.

더 큰 변화는 1990년대 후반에 밀려왔다. 화명 3지구 택지개발과 지하철 2호선 개통으로 도시그린, 코오롱, 벽산, 경남 등 고층아파트가 전통자연마을(본동)을 에워싸고 차례로 들어섰다. 그 결과로 급격히 인구가 유입되어 화명2동에는 2010월 1월 현재 6,939세대, 21,338명이 살고 있다. 대규모 아파트 단지를 살펴보면 10평대 우신아파트(480세대), 20평대 도시그린아파트(4개 단지, 2,410세대)가 자리 잡고 있고, 코오롱(450세대), 벽산(1044세대), 경남아파트(570세대) 같은

30평대 중형 아파트도 혼재해 있다.

　마을 주민 구성원을 토박이와 이주민으로 나눌 수도 있겠지만, 경제적 처지를 기준으로 하여 도시빈민, 서민, 중간층으로 나누어본다면 거주 형태로는 본동 거주민과 소형 아파트 거주민, 중형 아파트 거주민이 각기 거기에 대응할 것이다.

　화명 3지구 택지 개발은 그 이전의 취락을 그대로 온존한 채 이루어졌다. 따라서 화명1동, 화명3동, 금곡동은 아파트 거주 세대가 90%를 넘지만, 화명2동은 아파트 거주 세대가 76%에 머물고 있다. 따라서 마을이라는 단어에 걸맞는 정서를 자아내고 있으며, 마을 한가운데에 대천천이라는 공동의 자연자산을 갖고 있으므로 마을공동체를 형성하기에 좋은 여건을 갖추고 있다고 할 수 있다. 여기에 2000년대 들어 두 개의 마을공동체 흐름이 형성되었는데, 하나는 마을 위쪽(동쪽) 도시그린아파트를 중심으로 한 생태, 주거공동체이고, 다른 하나는 마을 아래쪽(서쪽)의 교육, 문화공동체이다.

　대천천이 낙동강으로 흘러들어 가는 대천천 최하류 지역은 옛 대천마을의 농경지였으나 금곡로라는 간선도로의 아래쪽에 있어 지금은 금곡동과 화명3동에 속해 있다. 하지만 대천천이라는 공동의 자연자산을 공유하고 있어 대천천공동체 의식을 지니고 있으며 교육, 문화공동체에 참여하고 있다. 또한 교육, 문화공동체 스스로도 대천천공동체를 자신의 전망으로 지니고 있다.

핵가족의 한계를 뛰어넘는 공동육아 – 부산북구공동육아협동조합

　대도시에서 매우 폐쇄적인 생활을 영위하는 개별 가구들이

낯선 사람들과 함께 아이를 기른다는 것은 쉽지 않은 노릇이다. 더구나 고도로 자본주의화된 사회에서 생활의 거의 모든 영역은 시장화되어 있고, 사람들은 생활의 필요를 상품이나 서비스를 구매하여 해결하는 데 철저히 길들어 있다. 육아 영역 역시 다르지 않다. 이렇듯 시장화된 보육 영역을 탈환하여 공동육아를 하는 일은 자본주의 시장이 해체해버린 관계를 다시 형성하는 데서 출발한다. 관계가 맺어짐으로써 상호소통과 작용이 일어나고 이는 쌍방의 성장을 가져다준다.

공동육아는 개개 핵가족의 한계를 뛰어넘는 풍성한 교육 환경을 제공해준다. 공동육아로 자라는 아이들은 자기 부모 외에 다른 아이들의 부모와도 친밀한 관계를 맺게 된다. 빈번하게 이루어지는 마실(이웃집에 놀러가는 일)과 품앗이(이웃집에 아이를 맡기는 일)를 통해 각 가정이 갖고 있는 보육 환경에 자연스럽게 접근할 수 있다. 이를 통해 부모는 점차 적어도 같은 공동육아어린이집을 다니는 아이들에게는 부모 역할을 하는 '사회적' 부모로 성장해간다. 또한 공동육아협동조합 그 자체가 하나의 큰 '확대 가족', 혹은 '마을'을 이루어간다. 공동육아는 교사가 주체가 되고, 부모가 참여하는 대안교육운동이다. 공동육아에서는 나들이와 놀이, 노작을 중심으로 하는 생태주의교육, 공동체교육, 생활교육(의식주)이 이루어진다. 터전에서 이루어지는 생태주의, 공동체주의 교육 이념이 가정으로 이어진다.

공동육아를 통해서 조합원들은 지독한 민주주의 훈련을 받고, 또 여성주의 문화의 세례를 받는다. 모든 것을 스스로 결정해야 하는데다가 긴밀한 의사소통이 운영의 관건이므로 회의가 많다. 그나마도 여성주의적 방식으로 진행되므로 회의 시간이 길다. "공동육아는 모권제 사회다"라고 말하기도 하는데, 공동육아를 하다 보면 가족 문화

의 변화를 경험하게 된다. 공동육아에서 칭송받는 아빠는 돈 잘 벌고 출세한 아빠가 아니라 양성 평등을 실천하고 아이를 잘 돌보는 아빠, 헌신성이 빼어난 아빠, 여성주의 문화에 잘 융화되는 아빠이다.

공동육아협동조합은 그 자체로 완연한 생활공동체를 이룬다. 조합원들은 마음을 열고, 각자의 집을 열고, 밥을 같이 먹는다. 공동육아를 하면서 사람들은 "생판 모르는 사람들이 이렇게 쉽게, 이렇게 깊게 친해질 수 있다니!" 하고 스스로 놀라움을 느끼게 된다. 조합원들은 다양한 직종에 종사하고 다양한 재능과 취미를 가진 부모들과 어울려 살면서 삶의 확장을 맛본다. 그래서 처음에는 "아이들의 천국, 어른들의 지옥"이라고 생각하다가 나중에는 "공동육아는 내가 좋아서 한다. 아이는 다음이다" 하는 이야기가 나올 만큼 생활공동체의 재미에 푹 빠져들기도 한다.

또한 공동육아는 지역공동체를 지향한다. 공동육아를 통해 민주주의를 훈련받고, 협동의 위력과 공동체의 즐거움을 경험한 조합원들은 이를 지역으로 확장하고자 한다. 그것은 단지 "그들만의 공동체"라는 비아냥을 모면하기 위해서가 아니라 "마을이 아이를 기른다"는 것을 이해하기 때문이다. 아이들이 생활하는 곳이 마을이기 때문에 마을을 안전하고 풍성한 공간으로 가꾸는 일이 중요하지 않을 수 없다.

1999년 1월 세 가구가 모여 북구에 공동육아어린이집을 만들어보자고 뜻을 모은 것이 북구공동육아협동조합의 시작이었다. 밖으로는 조금이라도 끈이 닿는 단체나 사람을 알아내어 막무가내로 전화를 해대고 찾아가서 머리를 들이밀며 뜻을 같이할 사람을 찾아 나섰고, 안으로는 모인 사람들끼리 결의를 다지고 역할을 나누었다.

덕천동 낙동고 근처에 터전을 구하여, 그해 10월 3일 열한 명의 아

이와 두 분의 교사가 어우러질 쿵쿵어린이집이 문을 열었고, 열한 가구로 북구공동육아협동조합을 결성했다.

처음에 조합원들은 자치와 협동이라는 공동육아협동조합의 운영 원리가 몸에 익지 않았다. 게다가 조합원 사이의 인간적 유대와 인식의 공유는 취약하였다. 또한, 조합원들은 북구 전 지역과 사상구 일부 지역에 점점이 흩어져 있었다. 하지만, 적응기를 거쳐 조합원 모두가 운영에 참여하는 구조의 기틀이 잡혀나감으로써 조합원의 주인의식이 높아지고 친밀감이 높아졌다. 부산한살림, 얼레와연, 부산정토회 등에 가입하여 함께 활동하기도 하고, 각종 문화 행사에 어울려 다니기도 하면서 유대의 깊이를 더해갔다.

초등학교에 진학하는 아이들이 생겨나면서 어린이집에서 익힌 교육활동을 초등학교 단계로 확대, 연장하기 위하여 2001년 3월 방과후방을 개설하기에 이르렀다.

공동육아는 보육운동으로서 보육교사의 처우를 개선해야 할 책무를 갖고 있었으며, 나들이를 중심으로 한 대안 교육 내용을 강화하여 보육의 질을 높여야 한다는 과제를 갖고 있었다. 그런가 하면 계층통합보육으로 한 발짝이라도 더 나아가야 한다는 과제를 안고 있기도 했다. 그런데 두 과제는 보육료에서 충돌을 일으킨다. 이러한 충돌을 완충하여 해결하기 위해 2002년 1월부터 소득과 재산에 따른 차등보육료제도를 시행하였다. 한편, 조합은 2002년 5월 5일에 북구어린이날 한마당을 개최함으로써 지역 사회로 나아가기 위한 첫발을 내딛게 된다. 이후 4년간 북구어린이날 한마당 행사를 개최했다.

2003년 5월에 화명동 양달마을로 터전을 옮겼다. 출자금을 두 배로 늘리고, 또 그 곱절의 빚을 안고 감행한 일대 모험이었다. 그와 함께

점점이 흩어져 살던 조합원이 거의 다 대천천 옆으로 이사를 해 왔다. 이로써 새로운 도약의 발판을 마련하였다.

터전 이전 직후부터 지역 활동을 활발히 전개하였다. 지역에 있는 여러 단체의 협력을 이끌어낸 어린이날한마당 행사와 주민자치센터에서 주기적으로 진행한 빛그림 상영은 마을주민들로부터 큰 호응을 불러일으키며 성황을 이루었다. 그리고 대천천에서 여름계절학교를 열고, 주민 교육 강좌를 개최하며, 대천천문화환경축전과 북구거리문화축제에 참여하였다. 마을공동체 만들기를 뚜렷한 목표로 세우고 그 전제로서 마을 알기 활동('다 같이 돌자 동네 한 바퀴')도 벌였다.

터전 이전 직후 어린이집과 방과후의 급격한 성장에 따라 부모조합원 가구 수도 마흔을 육박해 들어갔다. 그에 따라 쿵쿵어린이집 안의 방과후방이라는 위상을 갖고 있던 방과후는 2004년 2월에 독립 교육기관인 방과후학교 '징검다리놓는아이들'로 새 출발을 하게 되었다.

교육기관은 그것이 자리 잡고 있는 마을의 것이어야 한다는, 또 계층 통합 교육이 이루어져야 한다는 공공성의 과제와, 언젠가는 영구 터전을 마련해야 한다는 장기안정성의 과제를 해결하기 위해 기금 조성이 필요하다는 인식을 하게 되어 2005년 1월부터 기금 제도를 시행하고 있다. 기금 제도는 차등보육료제도와 함께 공공성 실현의 두 축을 이루고 있다.

많은 아이들이 초등학교 생활을 하게 됨에 따라 자연히 학교에 눈이 가게 되고, 교육운동의 외연을 확대할 필요를 느끼게 되었다. 그래서 2005년부터 학교운영위원회에 꾸준히 진출하였다. 또한, 부산 경남 지역의 대안교육단체들과 연대하기 위해 2006년부터 부산경남대안교육협의회를 구성하여 참가하였다.

어린이집과 방과후학교가 그동안 축적해온 세시 절기 중심의 전통 문화교육을 지역주민들과 공유하며 확산하는 것이 필요하고, 나아가 마을공동체를 만들어나가기 위해서는 전통 마을 축제를 부활하는 것이 필요하다고 생각하여 2006년부터 마을 단오 잔치를 열게 되었다.

화명동 단오 잔치

단오 잔치는 마을 안팎의 열 개가 넘는 단체들이 함께 개최하여 큰 성황을 이루어내고 있으며, 조합원들에게도 조합에 대한 자부심을 심어주고, 하루 행사가 한 해 내내 조합의 힘이 될 만큼 큰 성공을 거두고 있다.

공동육아협동조합을 모태로 마을 안에 다양한 기관과 모임이 만들어졌다. 이에 따라 조합원들의 활동도 다양화되었다. 2005년 어린이도서관 '맨발동무'가 개관하였고, 2008년 대천마을학교가 문을 열었다. 또한 터전 가까이에 조합원이 유기농가게 '신시 화명점'을 개업하고(2005년), 2008년에는 유기농 반찬 가게 '두레상'을 창업하였다.

또한 조합원들은 조합 바깥의 사람들과 함께 어린이책시민연대 서부지회, 정토회 북구법회, 부산생협, 푸른바다생협, 경전 공부 모임, 몸살림 모임, 집단상담/심리치료 공부 모임 등 다양한 단체와 동아리 모임을 장기간 진행해오고 있고, 면생리대 만들기, 텃밭 가꾸기, 풍물 배우기, 활법 배우기, 천연염색, 지렁이 기르기, 역사기행, 책읽기 등 다종다양한 행사와 활동을 진행하고 있다.

책과 함께 즐긴다 — 어린이도서관 맨발동무

2005년 7월 4일 어린이도서관 설립을 위한 첫 모임을 시작하여 네 차례의 모임을 더 가지고 같은 달 17일에 개관하였다. 이렇게 짧은 기간에 이루어진 것은 어린이와 책, 그리고 더불어 살아가는 마을에 대한 열망이 높은 사람들이 많이 존재하고 있었던 까닭이다. 북구공동육아협동조합원들이 어린이도서연구회 지역모임에 많이 참여하게 되고, 또 역으로 어린이도서연구회 지역모임 회원들이 북구공동육아협동조합에 가입하게 되면서, 두 단체에 모두 가입하여 활동하는 사람들 속에서 자연스레 어린이도서관 설립이 논의되고 추진되었으며, 두 단체 구성원들의 적극적인 참여가 보태어졌던 것이다.

맨발동무는 대천마을 가운데서도 용동마을이라 불리는, 대천천의 지류인 용동천이 흐르는 곳의 상가 3층 26평의 공간에 자리 잡았다. 이곳은 간선도로(금곡로)와 가까워 화명1동과 화명3동, 금곡동 주민들도 접근하기가 쉬웠다. 맨발동무는 바깥도서관, 찾아가는 맨발극장 등을 정기적으로 벌임으로써 활동을 더욱 광역화하였다.

현재 맨발동무에는 일일이 열거할 수 없을 만큼 많은 활동을 자원활동가들이 도서관 안팎에서 하고 있다. 처음에는 작은 힘이나마 도서관에 도움을 주고자 하는 마음, 혹은 엄마가 도서관에 자주 들락거리면 자식들의 책읽기에 도움이 되지 않을까 하는 마음에서 시작하지만 다른 사람들과 더불어 활동을 하는 동안 저절로 변화하는 자신을 발견한다. 혼자일 때보다 여럿이 어울려 사는 삶의 행복을 발견하게 된다. 자기 가족만이 아니라 이웃을 둘러보게 되고, 마을을 이루어 산다는 것이 삶을 얼마나 윤택하게 하는지 몸으로 깨닫게 되는 것이다.

맨발동무는 처음 문을 열 때 1,000권이 조금 안 되는 장서로 시작하여 지금은 10,000권을 넘는 장서를 확보하고 있다. 어린이도서관인 만큼 장서 대부분을 어린이 문학으로 채웠으나, 어린이가 행복해지기 위해서는 어른들이 먼저 행복한 삶을 사는 것이 우선이라는 사실을 깨닫고 어른 책의 비중을 점차 늘려나갔다. 또한 다양한 문화적 삶을 위해 도서 이외의 자료(DVD, 슬라이드 필름, 큰 그림책 등)도 구비하고 있다. 특히 작년에 만화책 서가를 마련하고부터 도서관에 머무는 초등 고학년, 청소년 이용자가 증가했다.

어린이도서관 맨발동무

맨발동무가 진행하고 있는 책 문화 프로그램들은 아래와 같다.

- **책 읽어주기** – 자원활동가들과 도서관 사서는 날마다, 주마다 아이들에게 책을 읽어준다.

  책 읽어주기 : 날마다 오후 4시

  달강달강 : 주마다 월요일 유아 책 읽기(2008년 9월 4일부터 현재까지)

- **재미있게 책 만나기** – 책꽂이를 넘어서 눈으로 보고 귀로 들으며 다양하게 책을 만난다.

  찰방찰방 : 달마다 둘째 토요일 3시. 노래 부르기, 옛이야기, 빛그림 공연으로 진행(2005년 8월 18일 제1회 찰방찰방을 시작으로 2009년 8월 현재 46회 진행, 매회평균 70~80명 참석)

  한반나들이 : 유치원, 초등학교 한반나들이. 빛그림 공연, 자유롭게 도서관 느끼기(2007년 6월부터 현재까지)

  맨발극장 : 달마다 셋째 금요일 저녁 8시(2007년 10월 19일부터 현재까지)

- **책 함께 나누기** – 도서관 이용자들과 지역주민들이 만나고 싶은 작가나 이야기 손님을 모셔 강연회를 열기도 하고, 책 속 이야기의 현장으로 찾아가보기도 한다.
  - 철마다 강연 : 년 4회
  - 해마다 주민강좌 : 년 1회
  - 해마다 문학기행 : 년 2회
  - 어른독서모임 : 현재 5모둠 진행

- **도서관이 필요한 곳으로 찾아가기** – 도서관에서만 이용자를 기다리는 것이 아니라 정기적으로 학교 근처나 도서관이 먼 지역으로 책을 들고 나간다.
  - 찾아가는 찰방찰방 : 매월 2회, 복지관과 주민센터, 아파트 등
  - 찾아가는 맨발극장 : 매월 1회, 주민센터
  - 바깥도서관 : 수시, 복지관, 아파트, 대천천 등

- **지역과 함께하기** – 마을 안에 있는 단체들과 함께 마을공동체 만들기를 위한 각종 행사를 함께 준비하고 연다. 또 부산지역의 민간도서관들과 공부도 하며 나아갈 길을 함께 모색해나가고 있다.
  - 북구지역 단오제
  - 대천천 생명문화축전
  - 금곡예술사랑방
  - 맨발동무 장날
  - 부산지역 민간도서관 관장/사서모임 : 월 1회
  - 부산풀뿌리네트워크 '풀내'

맨발동무가 이렇게 운영되어나가는 데에는 달마다 후원금을 내주는 120명가량의 후원회원들이 큰 힘이 되고 있다. 하지만 이것만으로 도서관을 안정적으로 운영하기는 어렵다. 그래서 뜻 있는 기업이나 단체의 후원을 위하여 적극적으로 노력하고 있다. 2007년에는 느티나무도서관재단에서 사서 1인의 인건비와 자료구입비와 교육을 지원해

주었고, 2009년부터 2011년까지는 미래포럼 만분클럽(풀무원, 유니베라, 주식회사 놀부, 유한킴벌리)에서 3인의 인건비를 지원해주기로 하였다. 이는 돌봄 사회로 가는 길에 기업과 민간도서관이 협력하는 지속가능한 연대의 힘을 보여주는 것이라는 점에서 의미가 크다. 2009년 6월부터는 처음으로 지역기업인 나눅스로부터 월 50만 원의 정기후원을 받기 시작했다. 기업이 아무런 대가를 바라지 않고 민간의 풀뿌리활동을 격려하고 지원하는 건강한 모습을 보여주는 사례라고 할 수 있다.

현재 맨발동무의 회원은 3천 명을 넘어섰다. 아이들에게 도서관은 책만 보는 곳이 아니다. 놀다가 물을 먹으러 오기도 하고, 학원 가기 전에 잠시 들러서 도서관이 잘 있는지 보기도 하고, 오늘은 누가 도서관에 왔나 확인하는 곳이기도 하다. 이렇듯 아이들은 도서관이라는 곳을 다양한 욕구를 드러내고 충족해가는 곳으로 활용한다. 생활에 지친 어른들도 도서관에 와서 고민을 나누기도 하고 속상한 마음을 풀어내기도 한다. 더러 같은 마음을 지닌 사람들과 차를 마시기도 하고 그러면서 건강한 어린이의 삶과 어른들의 삶을 가꾸어간다.

마을에서 배우고 가르친다 – 대천마을학교

공동육아협동조합에 견주어 어린이도서관은 마을에 좀 더 자연스레 다가설 수 있고, 주민들이 쉽게 참여할 수 있는 장점을 가지고 있다. 현재 공동육아협동조합원과 졸업 조합원으로서 마을에 계속 거주하는 가구는 100가구를 육박하지만, 여전히 특정한 필요를 매개로 한 소수자 그룹을 벗어나지 못하는 데 반해, 도서관은 마을 사람

모두의 필요에 부응하고 누구나
이용할 수 있다는 점에서 마을
공동체 형성으로 나아가는 주요
한 계기가 된다. 대천마을학교
또한 이러한 필요에서 탄생한
것이다.

대천마을학교 마당에 흥겨운 가락이 울려 퍼진다.

초등학교 아이들은 고학년이
되면 기호와 취향이 뚜렷해지기
시작하고, 학습에 대한 부담도
커진다. 월요일부터 금요일까지
생활을 온전히 공유하는 공동육아 방과후학교가 자신들의 몸에 맞지
않는 옷이 되어간다고 느낀다. 다른 한편으로, 방과후학교를 다니지
않는 많은 마을 아이들이 있다. 아이들의 기호와 취향을 고려한 다양
한 프로그램을 개설하여 자유롭게 선택하게 하고, 마을 아이들 누구
나 이용할 수 있는 방과후 문화센터 같은 것이 필요해졌다.

또한, 중고등학생을 위한 청소년교육문화기관과 성인을 위한 평생
교육기관이 필요했다. 그런가 하면 마을에만 해도 선생님이 되어줄
수 있는 사람, 취미와 앎을 나누고자 하는 사람들이 많았다. 배우고자
하는 사람과 가르칠 수 있는 사람, 취미와 앎을 나누고자 하는 사람들
끼리 서로 이어 동아리와 프로그램을 구성하고, 그것을 할 수 있는 공
간과 시설, 장비를 마련하기만 하면 자연히 배움의 공동체를 만들 수
있을 것이라는 생각이 들었다.

그래서 2007년 말부터 마을학교 준비모임이 구성되어 1,700만 원
남짓의 기부금을 조성하여 2008년 3월 8일에 대천마을학교가 문을 열

었다. 마을 교육 자원 발굴, 연계라는 측면에서는 큰 성과가 있었고 풍성한 식탁을 차려낼 수 있었다. 다만, 식탁에 참여하는 사람들의 숫자는 생각만큼 빠르게 늘어나고 있진 않다. 그래도 2년 동안 적자 없이 운영해왔고, 동아리와 프로그램들이 안착해나가는 모습을 볼 수 있었다. 또한 마을 안팎으로 다양한 연대 활동을 벌이고 있으며, 공간 대여도 활발히 이루어지고 있다.

특히 축구의 경우 부산민주항쟁배 축구 대회에 참여하고, 민주공원의 민돌이축구단과 함께 일본 기타규슈민족학교 축구단과 교류전을 가졌다.

2010년 현재까지 진행한 교육문화 활동은 아래와 같다.

- **초등 5, 6학년 교육활동** – 봄, 여름, 가을, 겨울 네 학기로 나누어 진행하고 있다.
    일상 프로그램 : 요리, 미술, 책읽기/글쓰기, 수학, 힙합, 축구, 배드민턴, 영상, 북아트, 숲생태, 단소, 장구/민요, 연극, 영어그림책 읽기
    방학 특별 프로그램 : 여름–영상캠프, 야구캠프, 겨울–여행학교, 제주도 자전거여행
    동아리활동 : 영어 듣기, 비즈 만들기
- **중학생 교육활동** – 마찬가지로 네 학기로 나누어 진행하며, 초등학생 고학년 프로그램이나 어른 프로그램에도 참여할 수 있다.
    일상 프로그램 : 책읽기/글쓰기, 수학, 영어동화책 읽기
    방학 특별 프로그램 : 초등학생과 같음
    동아리 활동 : 역사책 읽기

- **성인 교육활동**
    일상 프로그램 : 통기타, 민요/판소리, 미술
    동아리활동 : 바느질/염색, 한문고전 읽기, 배드민턴, 열하일기 읽기, 몸살림
    기타 : 영화 상영, 수학으로 보는 세상, 인문학 강좌, EFT, 호오포노포노, 비

폭력 대화 특강과 후속 모임, 시사 강연 등

· **주말 가족 프로그램**
자전거 트레킹, 역사기행

어린이책시민연대 서부지회, 대안문화공간 자인, 도랑

　　어린이도서연구회 지역모임이 일찍부터 활발한 활동을 전개
해오다가, 2008년 3월에 어린이책시민연대 부산서부지회 결성으로
이어졌다. 대천마을학교 공간을 같이 사용하고 있으며 어린이도서관
맨발동무와 긴밀히 연계하여 활동을 전개하고 있다.

　　책읽기 모임을 비롯한 일상 사업으로 전개하면서 지역 안의 복지시
설, 도서관, 공부방, 학교도서관, 다문화가정을 찾아가 책 읽어주기,
이야기 들려주기, 빛그림 상영과 같은 책 문화 활동을 펼치고 있다.

　　자인은 2008년 9월 화명신도시 상가에서 개관하였으나, 2009년 여
름에 화명2동 옛 대천마을회관 옆으로 이전하였다. 산성로 주변으로
상가가 발달하였으나 신도시 상가와 대형 마트가 들어서면서 매우 위
축 쇠락되어 비어 있는 공간이 많았다. 그러다 보니 임대료가 싼 탓에
여기저기에 화실들이 들어서 있기도 하였다. 자인은 대천천 주변으로
형성된 교육, 문화공동체의 활기에 주목하면서 이곳으로 이전하게 되
었던 것이다.

　　자인은 두 해 연속으로 '화명동 화가들의 이야기전'을 여는 등 화
명, 금곡 지역 화가들의 작품을 전시하면서 지역 미술인들의 구심점
역할을 하고자 하였고, 다른 한편으로 중학생들의 낙서 그림을 전시
하여 미술과 대중의 거리나 위계를 타파하려 하고, 용산참사 게릴라

기획전 '망루전', '당신이 대한민국입니다 부산전' 등 진보적이고 실험적인 전시 활동을 펼쳤다.

도예공방 도랑 주인은 다른 지역에서 미술학원을 경영하다가 단기간에 가시적인 성과를 얻으려고 하는 부모들의 등쌀이 힘겨워 문을 닫고 거주지와 가까운 산성로 주변 상가에 개인 작업실을 열었다가, 아이들을 만나고 싶어 한 주에 하루만 아이들을 가르치기 시작했는데, 마을 부모들의 장기간에 걸친 꾸준한 지지를 받으면서 교습일을 늘리고, 나아가 작업실 2층을 도예 갤러리로 꾸며 주민들에게 개방하였다. 교육, 문화공동체의 기운이 마을의 문화공간을 확충해나가는 모습을 보인다는 점에서 눈길을 끈다.

생태, 주거 공동체를 형성하다 - 대천천네트워크

교육문화공동체 형성과 거의 시기를 같이하여 생태/주거공동체가 형성되었다.

먼저 2003년 3월에 하천주민운동단체를 표방하며 화명포럼이 탄생하여 대천천의 보호, 탐사 활동을 중심으로 활동을 전개하였으며, 대천천 생태자료집을 발간하고 대천천 환경문화 축전을 주최하였다. 그 구성원은 주로 30~40대의 화명동 토박이들로서 화명초등학교 동창회를 기반으로 하였다.

다른 한편으로 도시그린아파트를 중심으로 하는 주거공동체 형성 움직임이 있었는데, 특히 2003년 11월 도시개발공사가 도시그린아파트 뒤편으로 임대아파트를 건설하려는 데 반발하여 '교통대책 없는 아파트 추가 건설을 반대한다', '고등학교를 지어달라' 는 요구를 내걸

고 도시개발공사를 대상으로 대규모 시위 투쟁을 전개하였다. 이 싸움은 주민의 승리로 귀결되어 금명여고 설립으로 이어졌다. 그 과정에서 화명2동 지역발전협의회가 구성되었는데, 주로 도시그린아파트 대표회의와 부녀회를 기반으로 하였다.

이듬해인 2004년 6월에는 화명포럼과 지역발전협의회를 중심으로 화명2동 소재 아파트 대표회의와 부녀회, 새마을협의회, 새마을부녀회, 새마을문고, 청년회, 통장협의회, 방위협의회, 바르게살기협의회 등 화명2동의 각종 단체들을 망라하여 대천천네트워크를 발족하기에 이른다. 그리하여 대천천의 체계적이고 종합적인 정화, 보호 활동, 환경 교육을 전개하고 나아가 살기 좋은 마을만들기운동, 주민자치운동을 펼칠 것을 천명하였다.

대천천네트워크는 출범과 동시에 금정산 고속철도 사갱공사 반대 투쟁을 벌이게 된다. 대천천네트워크가 화명2동 소재 주민단체를 거의 망라하고 있었으므로 신속히 사갱공사반대비상대책위원회로 전환할 수 있었던 것이다. 대규모 주민집회와 시위, 몸싸움으로 그해 여름을 뜨겁게 달구었던 싸움은, 공사를 허용하되 주민 피해 보상 몇 가지를 얻어내는 것으로 종결되었다. 그 가운데 가장 중요한 것은 도시개발공사 소유의 공공용 부지(313평)를 건설사들이 매입하여 3층 규모의 마을회관을 신축한 후 마을에 기부한다는 것이었다.

대천천네트워크는 형식상일지라도 조직 구성 면에서 화명2동 전체 주민을 대표하는 단체로서 위상을 갖고 있었지만, 이 싸움을 주도하면서 그 위상은 더욱 뚜렷해졌다. 이후 대천천네트워크의 회의에는 주민자치센터 사무장, 구의원 등이 배석하고, 구청에서는 협치의 주요 파트너로 인정하였다.

대천천네트워크는 무엇보다도 하천 주민운동을 펼치는 환경 단체로서 부산하천시민연대, 부산하천살리기시민운동본부에 참여하며 대천천 학생 환경 지킴이단 구성, 대천천 정화와 모니터링, 수생식물 심기, 금정산 오염원 탐사 활동, 환경 캠페인 등을 전개하였다.

또한, 마을에서 내려오던 정월대보름 달맞이 한마당 행사와 화명포럼의 대천천환경문화축전을 넘겨받아 해마다 주관하기 시작하였다. 나아가 주민 강좌, 찾아가는 작은 음악회 개최, 독거노인·결식아동 돕기, 양로원 봉사 활동, 생태·문화 기행을 활발히 전개하여 문화와 복지 방면으로도 활동 폭을 넓히며 주민 자치 공동체 형성에 힘을 쏟았다.

대천천네트워크의 활발한 활동으로 2005년 화명2동 주민자치센터가 전국 주민자치 박람회에서 프로그램 분야 최우수상을 수상하였다(주민자치센터와 비영리민간단체가 함께하는 지역공동체 프로그램). 나아가 2007년에는 건설교통부의 '살기 좋은 마을만들기 시범 마을'에 선정되어 대천천 옹벽과 다릿발 등에 대천천의 생태 환경을 담은 벽화 그리기 사업을 진행하였다.

2008년에는 대천마을학교, 맨발동무와 함께 부산광역시지역혁신협의회 살고 싶은 도시 재창조 프로그램 지원 사업에 '대천천 생태문화학교 운영' 프로그램으로 참여하여 생태적 생활문화강좌, 숲생태 아카데미, 자전거 트레킹, 문화기행 등의 활동을 진행하였다.

한편, 2006년 6월에 비영리 민간단체로 등록했던 대천천네트워크는 신축하는 마을회관(가칭 대천천문화환경센터)을 기부받기 위하여 2009년 사단법인으로 등록하였다. 2010년에 마을회관이 완공되면 대천천네트워크는 한 단계 더 위상을 높이고 더욱 왕성한 활동을 진행할 것이다.

대천천 마을공동체의 과제

　　당장 시급한 과제는 재개발 광풍에 어떻게 대응할 것인가 하
는 문제이다. 최근 화명2동에는 2개의 도시재개발지구가 지정되고 재
개발조합이 결성되었으나 금융위기 이후 진전을 보지 못하고 있다.
만일 재개발이 예정대로 진행된다면 재래 마을의 모습은 완전히 사라
지고 마을 전체가 거대한 아파트 숲으로 채워질 것이다. 그로써 마을
의 역사는 증발되어버릴 것이다. 대구 삼덕동이나 서울 마포 성미산
의 경우에서 보듯 도시에서 공동체운동이 활발한 곳은 단독주택이 밀
집한 지역이다. 화명2동에서 도시공동체운동이 활발할 수 있었던 이
유 가운데 하나도 대천천이라는 자연자산과 더불어 마을 한복판에 단
독 주택 지역과 마을 외곽을 에워싼 아파트 단지들이 공존하고 있는
상황에 힘입은 바가 컸다. 거의 100% 아파트로만 채워진 마을에서 공
동체의 싹이 자라날 수 있을지 매우 우려스럽다.

　둘째, 마을 아래쪽의 교육문
화공동체와 위쪽의 생태주거공
동체의 융합이다. 두 공동체가
단체와 단체로서 연대하고 협력
하기는 하나, 구성원 사이의 교
류는 매우 미약하다. 이는 교육
문화공동체 안의 단체들 사이에
매우 긴밀한 인적 교류가 이루
어지고 있어 하나의 공동체라는
인식을 갖고 있는 점과 대비된

대천천 주변 아파트단지

다. 교육문화공동체 구성원은 주로 30대 후반, 40대 전반의 중간층으로 마을 아래쪽의 중형 아파트에 거주하고 있다. 반면, 생태주거공동체 구성원은 주로 40대 후반, 50대 전반으로 마을 위쪽 도시그린아파트 거주민과 토박이들이다. 따라서 구성원이 거의 겹치지 않으며 활동 권역도 나누어져 있다. 이런 상황에서는 두 공동체가 각각 자기만족적이고 자기중심적인 태도를 보일 우려가 있다. 새로운 마을회관이 신축되면 대천천네트워크가 이를 소유하게 되고, 맨발동무와 대천마을학교, 자인이 그곳으로 이전하기를 기대하고 있다. 이전을 계기로 두 공동체의 융합이 일어나고 그것이 서로의 부족한 면을 채워줄 수 있도록 노력한다면 마을공동체운동의 큰 전기를 마련할 수 있을 것이다.

셋째, 옛 대천마을의 전통을 계승하고 두 공동체가 힘을 모아 경제공동체 영역을 열어나갔으면 한다. 아나바다 장터나 녹색가게 같은 재활용운동, 공제협동조합, 커뮤니티 비즈니스, 재래 상권 살리기 같은 다양한 경제공동체 사업에 눈을 돌려야 한다. 아울러 마을에 대한 체계적인 조사 작업을 진행하여 돌봄이 필요한 가구들을 파악하고 지원하는 복지 사업에도 좀 더 힘을 쏟아야 한다.

넷째, 주민 자치, 생활 정치 영역에도 관심을 기울여야 한다. 토호들의 사교클럽 같은 주민자치위원회를 개조하여 실질적인 마을자치를 위한 마을의회로 기능하게 했으면 한다. 아울러 주민 생활에서 제기되는 문제들 가운데, 마을의 영역을 넘어서는 부분은 공공 영역으로 제기하고 공공 차원의 대안 마련을 위한 담론을 형성하며 이를 정책적 이슈로 부각하는 작업도 필요하다.

다섯째, 경제, 자치 등으로 공동체 활동을 다양화함과 함께 활동의

광역화를 지향해야 한다. 북구 지역의 풀뿌리 단체들과 결합력을 강화하고, 이웃 금곡동, 화명1, 3동에도 풀뿌리 공동체 운동의 씨앗을 심고 북돋우려는 노력을 기울였으면 한다. 또한 부산 전역, 나아가 전국의 대안사회운동 단체들과 연대의 그물망을 펼쳐 정보의 교류가 활발히 이루어지기를 기대한다. 그와 더불어 우리 마을에만 매몰되지 않고 넓은 차원의 맥락에서 공동체운동을 이해할 필요가 있다. 시민사회의 커다란 흐름과 담론에 귀 기울이고, 그것이 우리 마을과 어떤 관련이 있는가 따져보고, 마을의 주민공동체 활동이 시민사회 발전에서 가지는 의미를 자각하는 일이 필요하다.

여섯째, 축제와 작은 음악회가 열리고 있으나 마을 바깥의 공연 단체를 초빙하여 진행하고 있는데, 주축을 주민들로 구성된 자발적인 동아리가 담당할 수 있도록 문화예술 동아리를 육성해야 한다. 그렇게 해야만 지역의 문화적 에너지를 지속적으로 성장시킬 수 있고, 공동체의 문화적 소통을 일상화, 다양화할 수 있으며 이를 통해 공동체의 외연과 내포를 확대, 강화할 수 있다.

진화하는 부산 공.공.미.술.

서상호 (오픈스페이스 배 디렉터)

공공미술(Public Arts)이 문화계에 굵직한 화두가 된 지는 오래다. 하지만 아직 그 화두가 여전히 화두로, 간과될 수 없는 지점으로 놓여 있는 것만은 확실하다. 현재진행형인 공공미술을 통해서 많은 예술가들의 생각이 바뀌기를 기대하고 있다. 공공미술은 작가들이 개인 화실에서 미술관 바깥으로 뛰쳐나오게 한 계기를 제공했다. 이는 미술이 개인 활동을 넘어서는 사회적 상호소통 속으로 한 걸음 더 나아갔다는 의미다. 시대의 요구와 같이하는 맥락이다.

작금의 시대는 소위 '1% 미술' (미술장식품)의 도입과 벽화 위주의 형태들이 공공미술의 대표적 사례로 회자되고 있다. 이는 공공의 공간에 소통하는 방식에서 면밀한 재고가 없었기에 모뉴멘탈적인 시각으로 우리들에게 보여왔다. 지금 유행처럼 벌어지고 있는 공공미술의 탈을 쓴 일련의 사건들은 딱히 시민사회와 공공미술에 대한 소통의 사례를 찾아볼 수 없고 과연 그런 과정에 대한 고민이 있었

는가 하는 의문점만 남겨진 채 공공미술을 논해야 하는 현실이다.

이러한 현실에도 불구하고 도시, 재개발, 유휴 공간, 커뮤니티 등등으로 스며드는 공공미술은 급격히 진화하고 있으며 다양한 시도를 빚어내는 중이다. 부산도 예외 없이 진화하는 새로운 공공미술의 가능성에 적극적으로 동참해야 할 것이다. 이는 짧은 시각(이미지)보다는 거시적인 안목(인문학) 아래에서 다루어야 할 사안이며, 단순히 공공미술을 '스펙터클한 시각 이미지'에 불과한 것으로 치부하는 것도 무리가 있음을 인지해야 한다.

부산에서 최근 몇 년간 이루어진 몇 가지 사례를 통해 부산 공공미술의 현주소를 읽어볼 수 있다.

국가단위로서의 공공미술 정책

'아트인시티' 공공미술프로젝트가 문화관광부, 복권기금 후원 아래 2006년 10개 지역, 2007년 16개 지역에 공모사업으로 진행되었다. 전국 각지의 예술가들과 기획자들이 대거 참가했는데 필자 또한 두 번의 공모에 당선되어 두 번 다 참여할 수 있었다. '아트인시티' 사업은 시행착오도 많았지만 공공미술의 새로운 가능성을 열었던 국가단위의 첫 사례로 볼 수 있다. 공동체성, 주민 참여적 맥락을 중시하는 커뮤니티

대학로 – 낙산프로젝트

아트를 열정과 희망의 메시지로 펼쳐낸 것은 성과지만, 소통의 부재와 경험 부족으로 고통을 겪은 것은 아쉬움이었고 사후관리 및 연속성에 대한 고민을 산재해놓기도 했다. 어쨌든 액티비스트로서의 활동을 이어가는 예술가가 곳곳에서 생겨났고 그 역할들이 향후 지역을 고민하고 상호소통의 예술을 가능하게 하고 있다. 그러나 단기적 사업공모와 실행기 및 정책의 변화 등으로 인해 '아트인시티' 사업은 흔적으로 자리하고 있다.

서울시의 '도시갤러리 프로젝트', 문화체육관광부의 '마을미술 프로젝트', 국토해양부의 '살고 싶은 도시 만들기' 그리고 각 지자체의 작은 지원 사업을 통해 젊은 예술가들이 새로운 상상력을 가동 중이다. 국가단위의 공모사업들은 예술가들을 바깥으로 유혹하고 있다. 한반도는 도시재생에 공공미술을 한 배에 태워 항해를 유도하고 있으며 목적지가 분명 다른 지점인데도 불구하고 공생의 관계로 지속해야 하는 정책과 구조는 면밀히 챙겨봐야 할 사안이다.

지역단위의 정책들이 근간 공공미술이라는 미명 아래 자생적 모델을 찾기 위해 분주하다. 예술가들도, 해당 공무원도 어느 때보다 공공미술의 관심에 촉각을 바짝 세우고 있는 것이다.

무엇보다도 지역에 대한 애정과 실천이 적극적으로 개진될 수 있는 안정적인 정책연구가 절실하다. 이와 함께 지속적인 실천이 실현될 수 있는 장치가 필요하다. 대부분의 사업기간이 1년 단위의 공모를 통해 이루어지고 있는 실정이다 보니 공모 준비와 결산에 절반의 에너지를 소비하고 나면 1년 안에 공공미술이라는 거대한 힘을 펼쳐 보인다는 것은 사실상 어렵다. 이는 지자체를 중심으로 장기적인 지원과 정책이 요구됨을 웅변하는 대목이다. 지역단위에서 장기적 플

랜이 가동될 때 공공미술의 역할은 더욱 굳건히 자리매김할 수 있을 것이다. 그로 인해 지역예술가들의 고용창출 효과까지 얻을 수 있게 되고 그에 따라 예술가들의 사회적 위치 확보와 가치 증대가 가능해 질 것이다.

공모사업을 위한 공공미술, 즉 기금수혜를 위한 사업이 그 본질이 될 수는 없다. 또 국가단위의 사업들은 단기적 사업방식에서 벗어나 더욱 체계적인 모니터링을 통해 지속적인 유지보수와 새로운 담론의 더께를 담을 수 있는 제도적 장치를 장기적 방식으로 구현해야 할 것이다. 그래야 새로운 공공미술의 한국적 색깔이 녹아나는 일이 가능하다. 또한 담론의 장과 타 사례 연구 및 교육프로그램 등을 통해 현 공공미술의 지점을 잘 인지할 수 있는 정책도 필요하다.

아직도 공공미술의 영역에 드리워져 있는 이른바 '1% 미술(미술장 식품)' 이 시민의 것이 아닌 건물주의 소유물처럼 여겨지는 우리 현실에서 공공미술의 도약은 새로운 미술시장으로까지 확장될 수 있다.

국가단위 공모 프로젝트 첫 삽

부산종합사회복지관과 수정아파트 12동 사이의 옹벽 그리고 그 아래 큰 벽 두 곳을 오픈스페이스 배 입주 작가들과 복지사 몇몇이 공공미술을 해보겠다고 2006년 첫 삽을 들었다. 같은 해 물만골 지역을 지역작가와 타 지역 기획자가 함께 머리를 맞대고 같이 삽을 든 것이 부산지역의 공적 첫 사건으로 볼 수 있겠다.

먼저 해당지역 단체 및 주민협의체가 대상지를 응모한 후 선정된 해당지에 예술가들의 기획을 응모 받는 형식으로 진행되었으며 수정

동에는 오픈스페이스 배가 선정되었고 물만골에는 해당단체 및 기획자 선정이 여의치 않아 기획 사업으로 전환하여 실시하게 되었다.

희망정원 – 수정동프로젝트

수정동 희망프로젝트는 3,000만 원의 사업비로 희망프로젝트라 명명하고 대형 옹벽에 부조로 된 구조물로 벽화의 새로운 방식을 채택하는 '희망의 항해'라는 작업을 걸어놓았으며 수정아파트와 복지관 사이 옹벽에는 주민참여형 벽 화단을 조성하여 주민들에게 분양하는 두 가지 작업을 진행하였다. 복지관의 적극적인 협조와 공조로 기대 이상의 효과를 이루어낼 수 있었으며 지금까지 관리와 활용이 잘 이루어지고 있다.

물만골 프로젝트는 수정동의 배가 넘는 예산으로 진행되었으나 물만골 공동체 몇몇 주민들의 대립적 행동 등으로 참여 작가들과 기획자 간의 마찰을 안고 작업이 진행되었다. 이는 공공미술의 선례가 없는 지역의 현실로 인한 불인식과 이미 공동체적 마을 단위를 실천해오고 있는 터라 집단이기주의에서 오는 배타적 행동 등으로 많은 숙제를 안겨주고 있다. 공공미술은 공동체와 동행하기 위해 때로는 갈등과 소외의 상황까지도 감당해야 했다

첫 삽을 든 부산에서의 사건은 이렇게 조용히 뒤풀이에서조차도 얘기가 없는 걸로 기억된다.

지속가능한 공공미술–안창고 프로젝트

　2007년 '아트인시티' 공모사업으로 다시 한 번 부산에서 이름만 알려진 안창마을에서 공공미술이 한판 벌여졌다. 이 공모사업에는 작년과는 다른 변화가 있었다. 예술가가 장소(Site)를 지정하여 공모하는 방식으로 바뀌었기 때문이다. 이는 생활 개선적 측면의 대상지 분석이 예술적 가치로서의 대상지 분석으로 비중이 바뀐 것이다.

　부산의 근대 역사를 품고 있는 부산시 동구 범6동과 부산진구 가야동, 이 일대를 굽어보며 펼쳐져 있는 마을이 바로 안창마을이다. 하늘 아래 첫 동네라는 수식어가 어색하지 않은, 부산 사람이라면 누구나 기억하는 고지대 동네이다. "범이 마을을 어슬렁거렸다"는 이곳 할머니들의 믿기지 않는 증언처럼, 이 마을은 아직도 "떡 하나 주면 안 잡

안창마을 전경

아먹지"라는 말이 나올 법한 그런 마을이라 해도 과언이 아니다. 그래서 부산의 도심 중 하나인 '서면'에서 차량으로 불과 5분 정도 거리의 지척에 있다는 건 어떻게 보면 아이러니다.

안창마을을 숱하게 찾으면서 마을의 아름다움에 여러 번 놀랐다. 처음에는 과연 공공미술 프로젝트가 아름다운 마을의 침입자 혹은 불청객이 되지는 않을까 걱정을 한 것이 사실이다. 이미 마을은 자연스럽게 색채(지붕)를 뽐내고 있었고, 좁디좁은 골목과 다닥다닥 붙은 집들은 시간의 흐름과 무관하게 세월의 흔적을 고스란히 간직하고 있었다.

공공미술의 접근 방식 중 인문학적 접근 방식은 이 프로젝트의 가장 중요한 요소이다. 시각적 스펙터클(벽화, 조형물)에서 지역민과의 동거(교육, 인문학)를 꿈꾸기 시작하였다. 연간 교육프로그램을 통한 어린이벽화, 마을지도그리기, 번지표 리폼 등 마을을 이해하기 위한 시도를 하기 시작했으며 1년 공모사업에서 3년간이라는 장기적 프로젝트로 이어가는 사례를 보여주었다.

좋은 프로젝트는 예술가들의 자발적인 움직임을 가장 큰 원동력으로 삼는다. "공공기금 없이도 계속하는 프로젝트의 사례를 보여주고 싶다"는 것이 지역작가들의 외침인 것이다.

안창마을로 뛰어든 예술가들이 마을을 대상화시키지 않고 그 속에 지속적으로 참여하고 개입하고 있다는 점은 매우 의미심장하다. 이것은 예술의 공공성과 자율성을 절묘한 균형감각으로 끌어안으려는 노력의 소산이다. 앞으로도 많은 예술가들이 자신에게 주어진 자율성의 영역에 뿌리를 둔 채 예술 활동을 통해서 공공영역을 형성하려고 노력할 것이다. 예술가에게 주어진 자율성이라는 덕목이야말로 공공미

술의 이름으로 예술가에게 주문생산을 요청하는 시대에 예술적 실천의 근본적인 힘을 신뢰하게 하는 최후의 보루이다. 예술적 자율성은 예술가 주체의 창의력과 진정성을 발휘하게 하는 근본적인 힘이다.

안창마을처럼 이미 자연스럽게 푸른 마을색채를 형성하고 있는 지역은 그 밑 색에 자연스레 묻어나는 작업들이 필요하다. 아이들이 뛰어노는 상상을 해보자. 골목골목 사이에서 숨박꼭질을 하고 있는 아이들……. 그래서 동네는 항상 아이들이 뛰어노는 듯한 함성이 들리곤 한다. 골목이 살아 있는 것이다.

2009 마을미술프로젝트 '꿈을 꾸는 부산의 마추픽추'

전국에 21개 사업이 공모를 통해 선정되었다. 이곳 부산에서도 '꿈을 꾸는 부산의 마추픽추' 사업이 1억 원의 예산으로 감천동으로 배정되었다. 감천2동 태극마을은 부산의 대표적 달동네로 감천항이 어느 집에서나 내려다보이는 곳이다. 해방 이후 피난민들이 모여 형성된 마을이지만 1950년대 후반 태극도를 믿는 사람들이 마을전체로 이주해 들어와 지금까지 태극마을로 불리고 있다. 허나 지금은 신도들이 떠나고 1만여 명의 주민들이 거주하고 있다. 1980년대에는 2만여 명까지 살았다고 한다. 대부분 노인들이다. 마을 언덕에는 아직도 공동우물

무지개가 피어나는 마을 – 2009마추픽추

이 있고 가옥 모두가 하루 종일 햇빛을 볼 수 있는 구조로 마을을 이루고 있다. 이곳에 2009년 '아트팩토리 인 다대포'에서 보존과 가치의 화두 아래 지역의 빈병을 수거하여 기념비적 상징조형물을 설치한 〈무지개가 피어나는 마을〉(문명탁 작), 20여 년 지켜온 지역 아동 공부방 '우리누리' 아이들과 희망의 메시지를 담은 〈희망의 노래를 담은 풍선〉(박은생 작) 외 총 10점의 조형물이 설치되었다. 한국문화예술위원회 공모사업으로 선정되어 부산의 또 하나의 공공미술 프로젝트로 진화 중인 것이다.

앞서 언급한 '아트인시티' 사업이 공동체성, 주민참여형 커뮤니티 아트를 지향하였다면 마을미술 프로젝트는 소위 시설물/조형물, 벽화의 비중이 높은 쪽으로, 즉 유지관리가 용이한 결과물 도출을 유도했다. 특히 사전장소 허가서 그리고 작품의 완성된 이미지를 제출하도록 하여 심사에 임하도록 함으로써 결과 도출에 시행착오를 최소화하고자 하는 의지를 볼 수 있다. 또한 사후관리비 3%를 의무적으로 책정해 차기년도에 유지관리에 대한 구체적 실천방안도 진일보한 사례로 볼 수 있겠다.

산복도로 1번지—도시에는 골목길이 있다

2009 부산시에서 이례적으로 2억 원이라는 예산으로 한 개 단체를 선정하는 "시민과 함께하는 문화예술"이라는 공모를 실시하였고 그 공모에 산복도로 1번지 공공미술 프로젝트가 선정되어 2010년 3월에 오픈했다.

그 내용을 보면, 망양로를 중심으로 펼쳐 있는 산복도로는 부산의

근대화 과정의 시간과 기억을 고스란히 같이하고 있다. 이곳 부산에는 많은 산복도로가 있지만 망양로에서 시작되는 산복도로는 대표적 산복도로로 불린다. 그 도로 아래로 펼쳐진 풍광은 부산의 대표적 인상을 심어주기에 충분한 조망권을 가지고 있다. 해서 '산복도로 1번지'라고 명명하고 판을 펼친 것이다. 산복도로와 골목길 주변을 대상으로 한 공공미술 프로젝트이다. 산복도로는 산 중턱을 지나는 도로이다. 우리나라 최초의 항구인 부산항을 내려다보고 있는 산의 중턱을 따라 굴곡지게 이어진 이 길은 수많은 이들의 삶의 현장을 담고 있다. 이러한 삶의 현장들이 부산의 근간을 이루었다. 산의 중턱을 따라 이어진 길 곳곳에는 삶의 현장과 그 기억들이 숨어 있다.

하늘계단 108(심점환 작)

산복도로에서 모세혈관처럼 흩어져 있는 골목길들을 따라가면 사람들을 만나게 된다. 이 골목길 사이에는 대형아파트가 아닌 다세대 주택들이 있고, 대형마트가 아닌 가게가 있고, 버려진 건물이 있고, 가파른 계단이 있고, 산책하는 사람이 있다. 산복도로와 그곳에 있는 골목길들은 부산만의 특징을 잘 보여주는 길이자 도시의 획일적인 시스템에서 소외된 목소리들이 숨 쉬고 있는

산복도로 1번지-번지표 리폼

길이다.

이 프로젝트는 산복도로라는 공간과 골목길이라는 상징성에 주목하고 있다. 다시 말해 공간에 숨은 역사의 기억과 현재 그들의 삶과 소통하는 데 집중하고 있는 것이다. 그리하여 그 속에서 방치된 삶들–시간, 기억, 역사, 공간–과 소통할 수 있는 기회를 마련하고자 한다. 이러한 노력을 구체화시키기 위해 8종류의 작업이 진행되고 있다. 산복도로 특유의 전망을 확장시키는 '전망대', 주민들이 직접 참여하는 '번지리폼 프로젝트', 산복도로의 구석구석을 테마별로 엮어내는 '산복여지도', '벽화 작업', 산복도로라는 공간구조를 바꿔보는 '그래피티', 산복도로에 숨겨진 소리와 시각 포인트를 찾아 나서는 '사운드 포인트 프로젝트', 다양한 소통을 엮어내고 산복도로의 아름다움을 확인 또는 재발견하고자 하는 '인문학 프로젝트', 산복도로의 빈집에 작가가 거주하면서 작업하는 레지던시 프로그램 등이 현재 진행되고 있다.

부산 공공미술의 필요성과 재고사항

먼저 공공미술이 작금의 도시와 도대체 어떤 관계일까? 그 미술은 여느 전시장에 있는 작품과 어떤 변별력이 있단 말인가! 공공미술? 많은 사람들이 궁금해하는 개념이지만, 관점과 해석에 따라 여러 가지 의미로 나타날 수 있다. 실체가 없는 화랑에서 상업의 도구로 사용하기도 하고, 작가들이 '공공미술'이란 이름으로 그 사업의 매개자가 되기도 한다. 제도나 관습적인 의미는 바뀌어야 하며 미술의 그 숭고함을 장기적 시각에서 해석할 필요가 있다. 그리하여 미

술은 거대담론이 아니라 삶 속에 묻어나고 우리 곁에 함께하는 일상이 되는 것이다. 공공미술은 본질적으로 열려 있다고 할 수 있다.

부산은 과거 도시의 형성 과정에서 타시도와의 변별력을 얘기할 때 '해양성'에 기인하여 목소리를 높인다. 개항도시, 항구도시 등의 수식어가 늘 따라다니긴 해도 지역 해양성을 기반으로 한 문화 콘텐츠는 자랑할 만한 구경거리가 없는 현실이다. 요컨대, 도시재생에 관한 화두에서도 이곳 부산은 살짝 비켜나 있는 것이 아닌가 할 정도로 미동이 없다. 굳이 부산에 필요한 공공미술이 이것이다, 라고 단언하기보다는 이미 세계 속의 부산을 지향한다면 부산다운 사실들이 공공미술을 통해 그 문화가 전달되어야 하지 않을까 곱씹어본다.

그러기 위해서는 우선 공공미술적인 목표를 설정해야 한다. 지역이나 현장에 대한 고려, 공공성에 기반한 목표 설정, 목표와 계획의 예술성과 창의성, 목표설정의 지속 가능성 등에 대해 검토해야 한다. 방법 또한 주요한 고려 대상이다. 그것은 예술가의 실천행위와 주민참여가 적절하게 이루어졌는지, 현장에서 발생하는 다양한 문제에 대하여 적절히 대응하는지, 현장에 맞는 매체를 선택했는지 등의 사안이다. 마지막으로 이러한 목표와 과정에 따른 결과에 대한 물음이다. 예술적 실천을 통해 발생한 결과가 공적인 공유를 이루었는지, 작가와 매개자, 협업자와 수용자들은 각각 자기의 역할을 수행했는지, 최초의 목표가 지속가능한 결과를 얻었는지 등이 그것이다. 이외에도 과정에 대한 기록 작업, 사후관리에 대한 계획, 예산집행의 합리성 등 검토해야 할 대상이 한두 가지가 아니다.

부산 공공미술의 전진을 기다리며

공공미술은 참여와 개입을 실천하는 예술, 비판적 성찰로서의 예술, 전위적 이슈의 생산기지로서의 예술은 도구적 유용성을 넘어 그 자체로 공공성을 확보하고 있다. 그것은 건축물미술장식품 같은 낮은 단계의 공공미술을 극복하고 예술적 공론장을 형성하는 하나의 대안이다. 건축물 미술장식이 미술을 건축에 대한 장식으로 폄훼해온 것은 그것이 미술을 심미적 가치를 담보한 물질형식으로 규정하고 있기 때문이다. 새로운 공공미술은 그와 물질형식으로서의 공공미술을 포함하여 여타의 예술적 실천이 가지고 있는 성찰과 생산의 기능에 주목함으로써 부산에서 예술적인 공공영역을 형성하는 주요한 매개로 위치할 것이다.

이제 부산 공공미술의 진전을 기다려야 한다. 명품 문화도시 만들기에 온 나라가 성장통을 앓고 있는 것을 보라. 예술이 사회와 소통하고 그래서 공공미술이 사회적 기능을 잘 수행해야 함은 자명한 사실인데도 그 공공미술이 많은 요소들과 소통해야 하니 쉬이 생각할 것이 아님은 분명하다. 공공미술이 공공의 적이 될까 두렵다.

문화 분야 마을만들기와
문화도시화 시민운동

전중근 (문화도시네트워크 사무국장)

　부산을 문화도시로 가꾸어가려면 빠질 수 없는 게 시민들의 참여와 관심이다. 문화도시를 만드는 과정이 기존의 도시개발과 다른 점은 바로 이 시민의 참여가 근간을 이루기 때문이다. 기존의 도시를 만들어가는 방식은 소수 전문가들이 도시의 비전과 개발방향을 정하고 개방적이지 않은 의사결정을 통해 도시를 만들어가는 형식이다. 그러니 시민들이 참여할 여지는 실제로 많지 않다. 이런 방식으로는 결코 지속가능한 문화도시를 만들어갈 수 없다. 그렇게 하는 방식은 전국 어디서나 똑같은 스테레오 타입의 도시를 만들어낼 뿐이다. 문화도시는 그 도시의 주인인 시민이 주체가 되어 행정, 전문가와 함께 도시를 만들어가는 것이다. 그런 점에서 시민참여가 문화도시를 창조하는 과정에서 핵심이다. 문화도시를 만들어가는 데서부터 시민참여가 시작되어야 할 것이다.

문화도시네트워크의 시민참여형 문화도시만들기운동 평가와 반성

　　　　문화도시네트워크는 10년 전 출범 때부터 시민참여형 문화도시만들기운동을 표방했다. 창립선언문에 '새로운 천년대를 위한 문화도시 창조운동의 성패는 궁극적으로 시민들의 자율적인 참여 여부에 달려 있다'고 보고, 이 운동을 범시민운동으로 확산하기 위해 문화도시네트워크가 앞장서야 할 것으로 판단했다. 2000년 창립 이후 몇 년간 문화자원봉사자 교육 및 양성사업, 도시디자인 시민운동, 푸른부산가꾸기 시민운동 등을 전개했다. 2002년도 3대 중점사업을 보면 다음과 같다.

- **푸른부산만들기운동(푸른부산네트워크)**
  꽃심기, 나무심기 등의 도시녹화운동
  녹색시민상 시상
  꽃사랑자원봉사단 활동
  푸른부산네트워크 구축 및 사업추진

- **문화자원봉사 활성화(문화자원봉사네트워크)**
  문화자원봉사자 양성교육
  찾아가는 문화공연 자원봉사
  부산문화회관 자원봉사단 운영
  문화자원봉사네트워크 구축 및 사업추진

- **도시이미지가꾸기운동(도시이미지네트워크)**
  '간판' 공모전 및 순회전, 캠페인 전개
  도시이미지네트워크 구축 및 사업추진
  도시이미지시민운동 전개

한편 '문화도시 부산'을 위해서는 주역인 시민이 나서야 할 것으로 보고, 시민 주체의 문화 분야 마을만들기운동을 추진하고자 다각적으로 모색했다. 초기 사업 중 문화 분야 마을만들기운동과 연관 있는 사업은 시민참여 도시녹화운동이다.

시민참여형 도시녹화운동을 지향한 '푸른부산네트워크'

문화도시네트워크는 2000년 9월에 발족한 MBC꽃사랑자원봉사단 활동의 경험을 바탕으로 2002년 3월 푸른부산네트워크를 출범시켰다. 푸른부산네트워크는 문화도시네트워크가 부산지역 20여 개 시민, 환경단체, 관련 기관들에게 제안해 구성한 시민참여형 도시녹화운동을 위한 연대기구이다. 당시 푸른부산네트워크에 적극적으로 참여한 단체는 꽃사랑자원봉사단, 경남정보대 환경조경과, 녹색도시부산21추진협의회, 100만평 문화공원조성시민협의회, 맑고푸른시민연대, 대한주부클럽부산지부, 기러기문화원, 신모라창조어머니모임, 부산꽃연합회, 좌동문화교실 자원봉사회, 동래원예고, 부산광역시 녹지사업소 등을 들 수 있다.[1)]

푸른부산네트워크는 시민 스스로가 주체가 되어 푸른 부산을 만들기 위한 운동을 범시민적으로 전개하기 위함을 내세웠다. 주요 활동은 2002년에서 2005년에 걸쳐 주민참여형 풀·꽃·나무심기행사, 푸른부산가꾸기사업 시민모니터링 활동, 참여형 도시녹화 가이드북 발간, 부산·후쿠오카 시민교류행사, 찾아가는 시민녹화교실, 선진도시 사례 탐방행사, 꽃심기, 나무심기 정보 제공 등이었다.

그중 푸른부산가꾸기사업 시민모니터링 활동은 부산시에서 추진

한 푸른부산가꾸기 녹화사업에 대한 현장 모니터링과 시민의식 설문 조사 활동을 하는 것이었는데, 그 결과는 시민 주체, 시민참여형 도시 녹화정책 수립을 위한 자료로 활용되었다. 또한 『시민참여형 도시녹화 길라잡이-우리 집을 푸르게』, 『푸른부산가이드북』과 같은 도시녹화 관련 책자를 컬러 옵셋으로 제작해 배포하였다. 『시민참여형 도시 녹화 길라잡이』 뒤표지에 "앞으로 이 도시녹화 시리즈는 이러한 녹색 리더 육성을 위해 식물가꾸기와 같은 기본적인 녹화기술 외에 환경녹지론, 지역활동론, 자원봉사활동론, 푸른동네만들기계획론 등을 펴낼 예정"이라고 되어 있으나, 푸른부산네트워크 활동이 부진하게 되면서 그 약속은 지켜지지 않았다.

『푸른부산가이드북』

반면, 시민들과 함께하고자 했던 참여형 도시녹화 행사는 월 1회 정도 정례적으로 진행되었다. 대상지는 우동천 일대 나대지, 온천천 옹벽, 시내 터널 옹벽 등의 삭막한 도시공간이나 아파트단지 내 화단, 공원 등이었다. 수종은 담쟁이와 같은 초화류와 나무 등이었으며 이

를 한마디로 칭해 '풀·꽃·나무심기행사' 라고 했다. 행사 참여자는 행사 공지를 보고 찾아온 시민, 각 단체에서 소집한 회원들이었으며, 평균 수십 명에서 100명까지 되는 경우도 있었다. 그러나 시간이 좀 지나자, 참여 인원을 채우기 위해 해당 지역 동사무소와 연계가 있는 관변 주민들이 동원되었다. 이러한 동력 상실은 곧 추진 주체들의 사업 동기를 떨어뜨려 관성적인 일회성 행사로 여겨지게 되었다. 행정 중심으로 추진해오던 나무심기, 꽃심기 행사를 민간이 스스로 나서서 자신이 사는 동네를 푸르게 가꾸어나가자는 참여형 도시녹화운동이란 애초의 의도가 역전되는 듯했다.

커뮤니티 리더 양성교육을 통한 지역가꾸기 문화운동 모색

이를 극복하고자 2004, 2005년 실시했던 사업이 '도시녹화 리더' 양성교육이었다. 이 교육을 통해 도시녹화운동을 앞장서 추진할 수 있고 지역에 기반을 둔 커뮤니티 리더를 양성하자는 것이었다. 아카데미 형식으로 진행하였고, 1회 8강 정도를 개설해, 아래와 같은 역할을 수행해야 할 것이라고 보았다.

- 지역가꾸기운동 계획 또는 프로젝트 참여
- 녹화지식 및 기술 습득이 가능한 조직 구성
- 공원관리 또는 가로수 관리를 전담하는 조직 구성
- 지역단체와 개인을 녹화운동에 참가 유도
- 지역가꾸기활동을 조정하는 인재 육성
- 각종 지역조직과 단체와의 네트워크 구축
- 행정 및 관련 민간단체와의 협의 등의 역할

또한 2005년 1월 초부터 2월 말까지 모두 8강으로 '문화가 도시를 바꾼다' 라는 주제의 지역가꾸기 문화운동 강좌를 개설했다. 커뮤니티디자인, 도시디자인 시대에 주민들이 함께 논의하고, 설계하고, 가꾸는 지역가꾸기운동을 활성화하자는 취지였으며, 문화와 지역을 중심으로 하는 도시디자인운동의 전략과 과제, 시민참여형 지역가꾸기 문화운동의 각종 사례를 소개하는 내용이 주를 이루고 있다.

산성마을만들기사업 활동과 평가

그러다 2008년 국토해양부의 살고 싶은 도시 만들기 시범마을사업을 맡게 되어 마을만들기사업의 주관단체가 되었다. 이를 계기로 마을만들기운동을 위한 추진 주체 구성에 나섰다. 이를 위해 3월부터 전문가 집단인 마을디자인가게, 부산교육연구소 등의 단체와 함께 산성마을만들기를 위한 참여단체를 구성하였다. 산성마을만들기는 마을 외부에서 프로젝트를 받아 주민들과 협의하는 것을 바탕으로 전문가, 주민의 마을만들기추진위원회를 구성하는 방식이었다.

해당 지역은 도심 내 산촌 성격이 두드러진 편이고, 주민 이동이 많지 않은 지역인 관계로 마을 내 공식, 비공식적 네트워크가 잘 형성되어 있었다. 반면, 지형상 외부와의 관계는 폐쇄적인 공동체로 나타나기 쉬울 수 있으며, 역사를 가진 촌락공동체의 특성상 주민들 간의 유대가 깊은 편인 동시에 반목과 내적 갈등 역시 구조적으로 안고 있는 곳이었다. 또한 주민 다수가 중소 규모의 요식업에 종사하는 편이어서 이해관계에 민감한 성향이었다. 추진위원회에 참여한 주민들은 마을을 대표하는 유지들로 마을 내 공식적인 대표성을 갖춘 편이다. 이

러한 주민들과 함께한 추진위원회는 마을 안에서 사업을 원만하게 추진할 수 있었던 반면에, 하드웨어, 토건 위주의 논의를 할 수밖에 없는 한계가 있었다.[3) 그것 이상으로 마을만들기 본연의 취지를 살려 주민교육을 통해 일상에서 주민들이 함께 모여 마을에 관해 논의를 만들어가는 충분한 기회를 갖기는 어려웠다. 마을만들기 담론 자체를 사실상 거부하는 보수적인 태도에서 장기적인 마을만들기 발전계획을 수립한다거나 참신한 발상을 기대하기는 쉽지 않았다.

산성마을만들기에 참여하여 미술 작업을 하고 있는 아이들

하루아침에 만들어지지 않을 문화도시

요즈음 녹색이라는 단어가 들어 있으면 의심부터 하게 마련이다. 대부분 녹색으로 위장한 그린워시가 판을 치고 있으니 말이다.

하나같이 거짓 녹색이 참 녹색을 가리는 형국이다. 문화도시 역시 마찬가지다. 문화도시는 도시를 포장하는 말 가운데 자주 사용되는 말 중 하나가 되었다. 전국의 어느 도시치고 문화도시를 표방하지 않는 곳이 없을 정도다. 그러나 많은 도시들이 문화도시를 지향한다고 하지만, 과연 문화도시다운 도시가 있는지는 의심스럽다. 왜 많은 도시가 문화도시를 표방하지만, 문화도시가 없을까?

우리나라에서는 문화도시를 대체로 특정한 이벤트를 지칭하거나 예술성이나 역사성 보존, 산업적인 측면에서 치우쳐 가리키는 경우가 많다. 이러한 태도는 문화를 일상과 동떨어진 어떤 부문으로 이해하거나, 문화를 예술과 동일시하거나, 역사와 전통으로 동일시하는 경향에서 나타나는 것이다. 반면에 선진국의 경우에는 도시공간 자체가 삶의 일상성과 개인의 규범에 어떻게 구조화되거나, 체화되어 있는가를 본다고 한다. 문화를 별도의 어떤 항목이 아니라, 일상과 삶의 체화된 정체성으로 인식한다는 것이다.[4]

문화도시[5]는 쉽게 말해, 기초가 잘 되어 있고, 도시가 아름답고, 공공영역이 고루 발달되어 있고, 거리에서는 다양한 문화공연이 펼쳐지고, 각종 전시회와 이벤트, 깔끔하게 디자인이 되어 있는 거리, 다양한 커뮤니케이션이 오가는 곳, 또 이런 곳에서 문화예술을 사랑하고 즐기는 시민들이 일상적인 삶으로 살아가는 곳이 바로 문화도시일 것이다. 그렇다면 많은 돈을 들여 거대한 공연장이나 미술관 등을 짓는다고 해서 갑자기 문화도시가 되는 것은 아닐 것이다. 또한 로마가 하루아침에 만들어지지 않았듯이, 문화도시 역시 어느 날 갑자기 만들어지는 것이 아니라, 역사와 문화, 전통에 기반을 두고 형성될 것이다.

마을만들기운동, '멀고도 험한 길'

문화 분야 마을만들기와 관련한 지금까지의 활동 경험은 너무 협소해 일반화하긴 어려우나, 몇 가지 소회를 밝힌다. 강조하건데, 추진 주체의 인력과 역량의 한계를 감안해서 독해해야 할 것이다.

지역환경에 대한 성찰적이고 전략적인 접근이 요구

급속한 세계화의 경향에 따라 커뮤니티 활성화를 위한 여건은 호전되기보다는 점점 악화되고 있는 실정이다. 급격한 산업화와 도시화의 영향으로 지역에서 삶의 문제를 풀어나가는 공동체문화가 더욱 취약한 상황에 처해진 것으로 볼 수 있다. 그런 점에서 지역에 뿌리내리는 일, 커뮤니티를 기반으로 하는 활동(사업)의 어려움, 공간의 급속한 변화, 공간특성의 상실과 표준화의 경향, 인간관계 접촉의 공간 초월적 성격 등을 정확히 파악하는 가운데서 문화·커뮤니티 거점 만들기 전략을 수립할 필요가 있다. 그동안 마을만들기 활동이 우리사회가 안고 있는 본질적인 문제들을 비켜가면서 다양한 사회현상이나 문제점들을 단순하게 파악하지 않았나 하는 의문이 든다. 그런 점에서 우리사회의 고유한 지역공동체의 특수성, 지역사회를 파고들 수 있는 다면적인 접근 방안 등이 모색되어야 할 것이다.

공동체적 연대의식을 높이고 주민 자발성을 키워야

지역에서 당장 부딪히는 것은 주민들의 무관심이다. 이미 신자유주의에 깊이 포박된 삶을 살아가는 주민들은 자신을 돌보기에도 바빠, 마을 전체의 공공 의제를 생각할 여지가 별로 없다. 이런 환경에서는

일시적인 접촉이나 단기간의 교류에 의해 주민들이 바뀔 가능성은 없다. 커뮤니티는 사람들의 관계를 통해 만들어지고 시간의 축적이 있어야 가능한 법이다. 마을만들기가 구체적인 성과를 내고 지속가능하기 위해서는 주민들의 마을만들기에 대한 학습이 필요하다. 마을만들기가 지속적으로 다른 활동과 연결되지 못하고, 일회성 사업으로 끝나지 않으려면, 주민들 중에서 자발적인 지도자가 형성되어야 한다. 행정과 전문가, 민간이 파트너십을 형성해야 하며, 이것을 무엇보다 주민들이 주도하는 시스템으로 전환해야 할 것이다. 작은 지역사회라 할지라도 학습과 토론, 합의를 이루어가는 민주주의적인 풍토가 필요하다. 마을만들기는 지역민주주의와 함께 발전할 수밖에 없을 것이다.[6] 조한혜정 교수는, 마을만들기는 '위로부터' 이루어질 수 없는 프로젝트라고 단적으로 말한다.

마을만들기와 토건국가[7] 시스템

우리가 현실에서 마주치는 도시풍경은 모순투성이다. 우리는 주민이 참여하는 문화도시를 만들어가자면서 공동체 활성화와 주민에 의한 마을만들기를 이야기하고 있다. 그러나 바로 옆 동네 아니면 시민생활에서 더 상징적인 도시공간 곳곳에서는 무차별하게 전개되는 난개발, 재개발사업들이 더 파괴적으로 전개되고 있다. 자본의 논리에 의해 곳곳의 공동체가 깨지고 도시공간이 분할되고 있는 것에는 침묵하고, 공동체 형성을 통해 마을만들기를 한다는 것은 딜레마이지 않는가? 이제 마을만들기운동이 가진 긍정적 요소와 함께 그 한계도 냉정하게 판단해야 할 것이다. 근본적으로는 도시를 바꾸는 사회운동으로서 마을만들기운동론을 새로이 점검하는 것이 필요하리라고 본다.[8]

풀뿌리 문화운동에 대한 다양한 모색이 필요하다

- 공간을 통한 문화운동 유형: 백년어서원, 민중의집, 인디고서원, 중구 동광동 일대 문화창작공간 프로젝트, 인천시민예술문화센터, 각종 도서관만들기운동 등
- 지역공동체 구성을 통한 문화운동 유형: 마포공동체운동(성미산학교), 물만골공동체, 화명지역의 일련의 문화마을 만들기, 금샘마을공동체, 희망세상, 울산 범서문화마당 등
- 문화단체 구성을 통한 문화운동 유형: 한밭레츠를 비롯한 지역화폐, 문화생협 등
- 커뮤니티 활성화 프로젝트를 통한 문화운동 유형: 안양천프로젝트, 산복도로 공공미술 프로젝트 등

전문 예술인에 대한 지원과 규모 있는 문화시설의 건립 등도 중요하지만, 이제 시민들의 자발적인 문화예술활동에 주목해야 한다. 경제적인 어려움으로 시민들의 삶은 팍팍해지고 있다. 그러나 다행히도 시민들의 문화예술활동에 대한 관심은 점점 높아지고 있다. 그동안 예술이라고 하면 소수 사회집단의 전유물로 받아들여졌고, 일반 시민들의 일상생활 영역과는 분리되어 존재해왔다. 시민들은 보통 예술은 내 삶과는 관계가 없다고 여기거나, 소외감을 가질 수밖에 없었다. 이러한 상황은 도처에 문화 관련 시설이나 공간이 즐비하고, 이벤트들이 벌어지는 지금도 별반 다르지 않다. 예술가들이 공연하거나 전시회를 열면 시민들은 가서 보고 감상하는 것에 머무는 것이다.

더 이상 문화예술 생산자와 소비자가 단절되어서는 안 된다. 이제는 시민이 문화예술의 생산자이자 소비자라는 시각을 가지고 문화예술을 바라봐야 한다는 것이다. 이런 시각에서 시민들이 문화예술을

스스로 즐기며 활동하는 것을 자발적 예술활동이라고 부르고 있으며, 세계적으로도 관심이 고조되고 있는 추세이다.

최근 성남은 이러한 시민 문화예술 동호회, 동아리, 시민의 자발적 문화공동체가 도시를 창조해나가는 힘이라 여기고, '사랑방문화클럽 네크워크'를 구축하는 등 자발적 예술활동 분야에서 모범적인 문화 도시로 인정을 받고 있다.[9] 일본의 '국민문화제'도 아마추어 예술가, 시민들이 모여 만드는 주목할 만한 문화축전이다.

또한, 문화 커뮤니티 활성화는 문화도시를 위한 기본이다. 대략 10 년 전부터 커뮤니티에 기반을 둔 문화 분야 마을만들기운동, 지역가 꾸기운동, 문화화폐, 문화협동조합, 대안문화공간 등 지역에 기반을 둔 다양한 문화운동이 등장하고 있다. 또한 지역에 뿌리를 내리는 대안예술로서 커뮤니티 아트와 공공미술 등이 많은 곳에서 실험되고 있다. 지금도 누군가에 의해서 하루가 다르게 새로운 목록이 추가되고 있을 것이다.

그러나 아직까지는 주체의 열정이나 정성을 들인 노력에 비해 이에 상응하는 성과 있는 사례를 쉽게 찾아보기 힘든 게 현실이다. 지금까지는 커뮤니티 활동의 소재가 한정되어 있고, 주민들의 일상 속에 깊이 침투하지 못하고 있는 것으로 볼 수 있다. 이벤트성 사업의 경우, 한두 번은 성공하더라도 지속적으로 다른 활동으로 연결되지 못하면 쉽게 흩어질 수가 있다.

주

1) 2002년 초는 아시안게임을 앞둔 시점이고, 부산시가 도심지 녹화사업을 적극적으로 펼치는 시기여서 환경·시민단체, 행정, 학교 등의 기관들이 자연스럽게 연대하는 민관협력형 네트워크를 구축할 수 있었다.

2) 사실 지역의 인적 기반 없이 지역 활동을 무난히 수행할 수 없다는 것은 2003년 해운대 달맞이고개 계수나무네트워크 활동, 중구 영주동 나누리터가꾸기 등을 통해 실감한 바가 있었다.

3) 이 지역은 산촌 지역의 특성상 주류사회 이외의 다른 공동체 또는 집단을 찾아내기 힘들거나 없는 편이라 할 수 있다. 스스로 마을만들기에 앞장설 참신하고 젊은 사고를 가진 주민을 만나기 쉽지 않았다.

4) 지역의 문화자원을 활용한 문화도시 조성전략 역시 성공한 지역이 드물다고 한다. 지역의 문화자원을 활용한 지역성장을 문화적 차원에서만 접근하는 것으로는 성공하기가 쉽지 않고, 문화를 통한 시민의 삶을 변화시키고, 이를 통해 삶의 질을 개선시키려는 노력이 동시에 수반되어야 한다. 이는 근본적으로 문화를 단순히 지역성장을 위한 인프라로 이용하려는 차원을 넘어 근본적으로 지역주민의 생활방식을 문화 중심적으로 전환하는 노력이 필요하다는 것이다.(문윤걸, 「문화전략을 통한 지역활성화 성공 사례연구: 일본 가나자와시를 중심으로」, 『문화전략을 통한 지역활성화 성공 사례연구』, 국가균형발전위원회, 2004)

5) 문화연대에서는 문화도시의 궁극적인 목적을 다음의 다섯 가지로 정리한 바 있다. '기본이 바로 선 도시', '고유한 자기정체성을 가진 도시', '공공성이 확장되고 보장되는 도시', '삶이 문화가 되는 도시', '문화도시를 위한 접근이 문화적인 도시'라고 한다. 다시 말해 '(도시의 모든 것이) 문화(적인) 도시'가 바로 문화도시인 것이다.

6) 마을만들기운동은 성과 위주로 평가하고 접근하기에는 쉽지 않은 사회운동이다. 눈에 보이지 않는 관계를 만드는 활동은 비용도 많이 들고 시간이 많이 걸린다. 결코 단기간에 표가 나는 사회운동은 아니다.

7) '토건국가'는 대규모 건설 사업을 통해 정치권과 관료, 기업, 토호들 사이에 권력과 부의 '나눠먹기 체계'가 가동되는 국가를 가리키는 용어

8) 마을만들기운동이 계층을 뛰어넘을 수 있는가 하는 문제도 간과할 수 없다. 마을만들기 활동이 생활 여유가 있는 중산층 중심으로 진행될 수밖에 없어, 저소득층이나 이주민 등 다른 계층과 협력이나 연계를 이루는 것이 쉽지 않다.

9) 성남문화재단에서 2009년 9월 '자발적 예술활동과 문화공동체 활성화'라는 주제의 세계문화클럽포럼을 개최한 바 있다.

| 지역화폐를 원용한 성남의 문화화폐 모색 |

성남문화재단은 지역통화 사업의 일환으로 2007년부터 문화통화 제도를 본격적으로 실시하고 있다. 이를 위해 성남문화재단은 사업 추진에 앞서 2년 정도 사업 기획단계와 연구사업, 시범사업, 정책 대화모임 등의 준비기간을 거쳐 신중하게 접근한 바 있다.

성남문화통화는 문화예술을 사랑하는 이웃들과 함께 일상 속에서 문화예술을 즐기고, 문화예술의 창조적인 가치를 주고받을 수 있도록 지역화폐를 발행해 품앗이 형태로 운영되는 문화화폐 제도이다. 쉽게 말해, 내가 가지고 있는 재능과 기술을 다른 시민들에게 제공하고, 다른 사람으로부터 내가 필요한 재능과 기술을 제공받을 수 있는 '문화 품앗이' 제도인 것이다.

문화통화를 추진하게 된 배경으로 세계화의 영향에 따른 군소 도시들의 경제적, 문화적 침체 현상에 주목하고 있다. 특히 한국사회는 저성장, 고령화 국가로 본격 진입하고 있어, 위기관리 측면에서 시민들

의 주체적인 대응이 절실히 요구되고 있다는 점이 주요한 상황 인식이다. 이러한 지역의 침체 현상과 사회적 양극화를 극복하고, 지역의 자본과 인력이 지역 안에서 건강하게 순환될 수 있기 위해서는 지역통화가 필요하다는 것이며, 지역통화는 지역문화의 균형적인 발전을 위한 도구로써 지역의 청소년, 소외계층, 가난한 예술가를 위한 새로운 대안적 활동자원으로 부각되고 있다.

성남문화통화의 주요한 사업으로는 문화통화를 이용해, 공간 사용, 공연 및 전시, 문화예술교육 프로그램 운영에 활용하고 있다. 공공기관이나 학교, 카페, 병원, 기업 등의 공간을 시민들의 문화예술 공간인 '사랑방'으로 지정하여 시민들에게 개방하는 '공간품앗이'가 있으며, 사랑방문화클럽을 초청하여 사랑방공간 구성원 및 지역주민을 위해 다양한 공연 및 전시회를 개최하는 공연 및 전시, 문화예술 프로그램 품앗이가 있다. 현재 사랑방문화클럽 회원 1,500명 중 문화통화에 320명(70개 클럽)이 가입해 있으며, 기타클럽·그림클럽 등 각 동아리들은 지정된 공간인 사랑방(1호 만나교회, 2호 보바스병원 등) 강당 등에서 연습을 한 대가로 환자들에게 기타 연주, 그림 치료 등을 하는 등 품앗이활동에 열심이라고 한다.

성남 문화통화를 활용한 문화공연

지역화폐가 우리나라에 도입된 이후 대표적인 사례로는 700여 명의 회원이 참여하고 있는 대전 한밭렛츠, 200여 명의 회원을 둔 과천 품앗이 등을 꼽을 수 있으며, 부산에서도 사하구에 위치한 사하품앗이가 활발하게 활동하고 있다. 그러나 우리나라의 경우, 종교적 공동체나 시민단체 중심으로 시도되어왔지만, 지속적으로 운영되고 있는 사례는 많지 않다. 그런 점에서 문화통화 제도가 과연 성공하여 정착할 수 있을 것인가에 대해서는 회의적인 시각이 없지 않다. 특히 경기문화재단이나 서울문화재단에서도 문화통화 제도 실시를 위해 관심을 갖고 연구 용역도 실시한 바 있으나, 아직까지 실행으로는 이어지지 못하고 있다. 그 이유로는 과연 이 제도가 지역에 안착해 활성화될 수 있는 우리사회의 사회적, 경제적 환경이 그만큼 성숙되었는가 하는 등의 문제의식이 있는 것으로 알려지고 있다.

2

문화도시와
문화**공간** 만들기

도시의 아름다움은 다양한 시간 층의 축적에서 우러나는 아름다움이라고 할 수 있다. 이런 점에서 지난 2009년 부산 초량의 남선창고가 철거된 것은 부산시 문화정책의 현주소를 보여준 일이었다. 남선창고는 20세기가 시작되던 1900년도에 우리나라 사람이 만든 최초의 수산 물류창고로서 한국 해양문화의 산 유적이었다. 이 아름다운 유적이 사라지는 것을 방관한 우리 시민들도 모두 깊이 반성해야 하리라 생각한다. 남선창고처럼 낡은 공간이 아름답게 느껴졌던 까닭은 시민들의 기억과 체험이 담겨 있었기 때문이다. 이처럼 도시 공간의 아름다움이란 단순히 시각적인 형태보다는 삶의 의미 자체와 연관되어 있다. 즉 삶의 행복과 자긍심에 대한 문제인 것이다.

이런 맥락에서 문화도시가 갖춰야 할 도시경관, 도시디자인, 도시건축과 같은 영역을 문화공간이란 범주로 얘기해보고자 한다. 문화공간은 바로 문화도시의 공간적 표현이라고 할 수 있다. 다시 말해 한 도시가 문화도시라는 근거, 혹은 인간이 인간답게 사는 도시라는 근거를 판별할 수 있는 가장 분명한 지표는 바로 문화공간의 유무인 것이다. 여기서 우리는 시민이 주체가 되는 문화공간 개념을 제기하고 싶다. 이것은 유네스코가 '2003 바르셀로나 도시포럼'에서 선언한 "도시의 인간화" 의제, 즉 "미래도시의 형태나 공간구조는 건축가가 아닌 지역주민이 맡아야" 한다는 선언과 맥락을 같이한다. 도시미를 높이는 것은 결국 지역주민이며, 좋은 경관을 만들어내는 것

도, 나쁜 건축을 막아내는 것도 모두 주민의 문화적 역량에 달려 있다는 것이다.

이 의제는 기본적으로 지역주민들의 문화적 역량뿐만 아니라 윤리적 책임을 전제로 한다. 여기서 책임이란 문화공간 만들기에 있어 개인성과 공공성의 조화라고 할 수 있다. 해외의 경우 "집의 내부는 우리의 것, 집의 외부는 모두의 것"이라는 공감대가 자리 잡은 사례를 많이 발견할 수 있다. 즉 지역주민들의 자발적인 '건축 부자유'의 노력이 도시 곳곳에 훌륭한 문화공간을 만들어낸 것이다. 이 '건축 부자유'라는 것은 단지 좋은 도시건축을 지어야 한다는 생각만이 아니라 공공성을 해치는 건축행위를 막아내야 한다는 생각을 담고 있다. 이것은 아름다운 간판 만들기를 비롯해 재개발, 재건축이 가져올 수 있는 공동체 파괴나 경관 파괴 등의 문제, 또 공공공간(광장, 공원)을 확보하는 문제에 직결되며, 궁극적으로 지역주민들의 적극적 참여를 요청하는 문제라고 할 수 있을 것이다.

문화공간은 이처럼 "무엇을 만들고 무엇을 만들지 말아야 할 것인가"라는 물음을 던지며, 시민들이 스스로 만들고 지켜내야 하는 것이다. 그것은 도시경관을 공공재로 인식하는 바탕 위에서 도시의 역사와 개성을 담은 공간을 지켜내고, 함께 누릴 공적 공간을 창출하겠다는 적극적인 자세를 요청한다. 특히 해안경관은 부산을 대표하는 공공재이므로 각별한 관심을 기울여야 하며 범시민 차원에서 '해양경관협정'을 맺는 것도 좋을 듯하다. 근래에 전국의 지자체들이 지역의 역사적 공간을 관광 자원화하려는 경쟁을 벌이고 있다. 하지만 지역민 스스로가 자긍심을 지니고 사랑하지 않은 공간은 결코 관광객을 감동시킬 수 없다는 사실을 잊어서는 안 될 것이다.

이러한 사실로부터 토지의 소유주보다는 생활주거인을 위한 경관 조성이 문화공간의 원칙으로 합당하다는 결론에 이르게 된다. 이 점에서 문화공간 만들기란 '마을만들기'의 연장선에 있다고 볼 수 있다. 원래 부산시 북구 화명동의 수정마을은 주택을 서향으로 지었다고 한다. 관례적인 동남향을 취하지 않은 까닭은 낙동강을 내려다보는 경관을 즐기기 위해서였다. 여기서 도시경관이 한낱 사치가 아니라 주민의 삶과 생태환경에 결합된 범주임을 확인할 수 있다. 나아가 생활주거인의 자발적인 경관 조성 노력이야말로 스스로의 행복을 증진시키는 동시에 도시의 형태와 공간구조를 아름답게 하는 원동력임을 확인할 수 있을 것이다.

이동현 박사는 도시디자인의 영역에서 구체적인 대안들을 밝힌다. 도시가 공동체의 공유 공간임을 확인하며, 이를 위한 공공디자인의 원칙으로 '삶의 기본권'을 보장해주는 '유니버설디자인' 개념을 제안하는 것이다. 후자는 역설적으로 기존의 도시디자인이 보편적인 삶의 가치가 아닌 남성 중심, 청년 중심으로 진행되어왔다는 사실을 깨닫게 해주며, 이를 극복하는 도시디자인이 문화도시로 향하는 촉매임을 말해준다. 또한 이동현 박사는 이 유니버설디자인을 실현하려면 형식적인 법 제정보다는 공공의 합의에 의한 기준 설립과 의식변화가 중요하다고 역설한다.

정달식 기자는 건축의 영역을 논의한다. 건축이 도시 내부를 분리하는 경계를 무너뜨리고 시민들의 공동체의식을 회복시키는 역할을 해야 한다는 점을 강조한다. 특히 재개발 재건축의 문제점을 지적하며, 도시개발이 건설자본의 사적 이익보다는 공동체의 행복을 위하는 것이어야 한다고 역설한다. 한편 이에 대한 해결책으로 대규모 도시

개발 사업을 오히려 공적 공간과 녹지를 넓히는 기회로 활용하는 대안을 밝힌다. 나아가 도시재생 과정에 지역 도서관을 만들어 공동체가 생성되는 실마리로 삼자고 제안한다.

류경희 선생은 지역의 역사에 대한 이해와 자긍심이 도시공간의 개성 있는 아름다움으로 나타난다는 점을 밝히며, 부산이 이처럼 역사의식에 바탕을 두고 중후한 품위를 갖춘 도시로 거듭 나야 한다는 점을 강조한다. 또한 공공미술이 현지주민의 삶에 기여하는 바가 적다는 점을 지적하며, 도시를 아름답게 만들려는 노력은 주민과 전문가들이 모두 각성해 주민의 행복지수를 높이는 방향으로 설정되어야 한다는 것, 또 이를 위해서는 인터넷 매체 등을 적극 활용하고, 지역 정치인과 언론매체도 함께 노력해야 한다고 제안한다.

토론자로 나선 동의대 김형보 교수는 "도시는 그릇"이라는 비유를 들며 도시가 "인간의 삶(문화)을 담을 수 있는 그릇"이 되어야 한다고 전제했다. 그러려면 인문학, 사회학, 예술, 공학을 아우르는 종합적인 접근이 필요하며, 도시구조에 있어서도 부분이 아닌 전체의 어우러짐이 중요하다는 사실을 역설했다. 현재로서는 개인성과 공공성의 대결에서 경제논리에 바탕을 둔 개인성이 우세한데, 앞으로는 공공성을 지지해줄 수 있는 '시민적 원칙'을 세우자고 제안했다.

시민을 위한 도시디자인과
문화도시 만들기

이동현 (부산발전연구원 연구위원)

사회가 다양화되고 성숙되면서 삶의 공간과 삶의 질에 대한 시민들의 관심이 증대되고 있다. 이전에는 일부 공무원과 전문가들이 주도하여 도시를 만들고 주민들은 그대로 수용하는 입장이었다. 기능주의 중심의 근대도시계획에서 흔히 볼 수 있는 양상이다. 그러나 최근에는 시민들이 주체적으로 도시공간을 만들고자 하는 시도를 하고 있다. 시민중심의 현대도시계획의 거대한 흐름이라 할 수 있다.

외국의 경우에는 이미 기능주의 중심의 근대도시계획에 대한 반성과 함께 삶의 질에 초점을 맞춘 시민중심의 도시계획이 자리를 잡고 있다. 뉴어버니즘과 어번빌리지, 마찌즈꾸리 등이 대표적인 사례이다. 이러한 사례들은 도시공간의 주인이 그곳에서 생활하고 있는 주민들이라는 것을 잘 말해주고 있다. 또한 시민중심의 현대도시계획에서는 도시디자인, 문화도시 만들기 등이 중요한 요소임을 알 수 있다.

우리의 도시공간은 도시구성원들의 삶의 양태에 큰 영향을 끼친다.

집 밖을 나서게 되면 모든 것은 타인과 공유해야 하는 공공적, 공동체적 관계에 들어서게 된다. 이러한 점에서 도시공간은 그 시대의 도시 구성원이 책임져야 할 사회문화적 책임영역이 분명하다. 나아가 시민들의 활동공간이면서 다양한 사회적 요구를 조정하고 수용하는 공적 공간이며 앞으로 후손들에게 물려주어야 할 유산이다.

따라서 도시공간의 미적요소와 동시에 문화적 풍부함을 위해 노력해야 한다. 이는 곧 도시이미지와 문화산업에도 영향을 미친다. 건축물과 주변공간의 조화, 도시경관의 고려는 분명히 공익에 속하는 사안이고, 환경과 문화에 있어 도시공간의 질적 중요성은 아무리 강조하여도 지나치지 않다. 이에 이 글에서는 시민을 위한 도시디자인은 무엇이며, 이를 통한 문화도시 만들기는 어떻게 해야 하는지를 유니버설디자인 관점과 문화도시디자인 관점에서 살펴보도록 한다.

도시디자인의 공공성

도시디자인이란 무엇인가? 단순하게 말하면 도시를 디자인한다는 것이다. 즉 도시라는 공간을 의도를 가지고 표현하고 디자인하는 것이다. 이 속에는 개별 조형물의 설치에서부터 도시계획에 이르기까지 모든 요소를 담고 있다. 도시를 계획하고 가꾸는 일련의 모든 행위라고 할 수 있다. 여기서 중요한 점은 도시디자인의 경우 일반적인 디자인과 달리 공공성이 매우 강조된다는 것이다.

공공디자인을 생각해보자. 디자인 주체와 객체, 지향하는 가치, 역할 등에 있어 기성의 상업적 디자인과 구별된다. 공공디자인의 주체는 일반적으로 기업이 아닌 정부나 지방자치단체 또는 공기관인 경

우가 대부분이며, 그 객체는 특정한 소비자가 아닌 불특정 일반대중으로 시민 모두가 되는 것이다. 일반 상업디자인이 개인의 취향과 선호에 초점을 맞추고 있다면, 공공디자인은 개인의 차원을 넘어 시민모두의 공통적 선호와 사회문화적 가치에 초점을 맞추어야 하는 것이다.

기본적으로 모든 디자인은 공공성이 전제가 되어야 한다. 가령 가슴이나 엉덩이가 드러나게 디자인한 옷이 있다면 집에서는 입을 수있을지 모르겠지만 거리에 입고 나올 수는 없다. 거리에 나서는 순간공공적 성격이 부여되기 때문이다. 개인이 그러한 옷을 선호한다고할지라도 공공의 장소에서는 일반적으로 허용되지 않는 것이다. 공공의 장소에 노출되는 모든 사물은 공공성을 띠어야 한다.

간판의 경우도 그렇다. 업주가 개인적으로 선호하는 간판이 있더라도 마음대로 달 수는 없는 것이다. 크기와 색상, 재료 등을 사회가 정하는 원칙과 기준에 맞추어야 하는 것이다. 간판은 점포주의 사유물이지만 사회 공공재이기도 한 것이다. 따라서 함부로 설치해서는 안된다. 시민들에게 시각적 불쾌감을 주는 잘못된 디자인은 일종의 사회적 폭력으로도 규정할 수 있다.

시민을 위한 도시디자인

좋은 디자인이란 그 기능에 따라 위치할 곳의 특성과 적합성, 합리성에 따라 시민들이 호감을 가질 수 있도록 디자인한 것이라할 수 있다. 반면에 잘못된 디자인은 기능을 최적화하지 못하면서 불필요한 요소와 시각적 불쾌감을 주는 것이라 할 수 있다. 궁극적으로

시민을 위한 디자인이 좋은 디자인인 것이다.

한국 도시설계의 원로인 고 강병기 교수는 다음과 같은 디자인이 좋은 디자인이라 제시하였다.[1] 첫째, 걷는 사람의 눈높이와 사람의 척도에 맞아야 사람 주체의 디자인이다. 둘째, 사람을 우선하는 도시 디자인이 지속가능한 도시의 전제이다. 셋째, 사회적 약자를 우선하고 더불어 사는 디자인이다. 그 외에도 남보다 튀기보다 이웃과 함께하는 디자인, 효율보다 효과를 우선하는 디자인, 창의력을 방해하지 않는 디자인, 이용과 유지관리가 저비용인 디자인, 다양성을 갖춘 디자인을 제시하였다.

이 중에서 특히 "사회적 약자를 우선하고 더불어 사는 디자인"이 주목된다. 이는 "Barrier Free 설계" 개념으로 모든 사람들의 평등한 사회 참가 실현이라는 목표를 두고 사회적 약자에게 불편함이 없는 도시디자인을 말하는 것이다. 최근에는 Barrier Free 개념을 포함한 보다 발전된 접근방식으로 유니버설디자인에 대한 필요성이 대두되고 있다.

유니버설디자인

'유니버설디자인'이란 나이, 성별, 국적, 개인의 능력과 무관하게 가능한 한 많은 사람들이 이용 가능할 수 있도록 "이용자 중심", "인간본위"의 관점에서 쾌적한 환경을 처음부터 디자인하는 것으로 이해할 수 있다. 미국 노스캐롤라이나주립대학, 로널드 메이스 교수(건축가, 디자이너)가 제창한 것으로 알려지고 있다. 그는 유니버설디자인이 다음과 같은 7가지의 원칙에 따라야 한다고 강조하였다.

- 누구나 공평하게 이용할 수 있는 것(공평성의 원칙)
- 이용자에 부합한 사용이 가능한 것(유연성의 원칙)
- 사용방법이 간단하고 바로 알 수 있는 것(단순성과 직감성의 원칙)
- 사용법이 틀려도 중대한 결과를 초래하지 않는 것(안전성의 원칙)
- 필요한 정보를 바로 이해할 수 있는 것(인지성의 원칙)
- 무리한 자세를 취할 필요가 없이 적은 힘만으로도 편하게 사용할 수 있는 것(효율성의 원칙)
- 이용자에 대응한 편리한 접근과 충분한 공간이 확보되어 있는 것(쾌적성의 원칙)

여성친화적 도시디자인

유니버설디자인 개념하에 도시기반시설과 사회시스템에 있어 여성친화적 도시디자인 실현을 위한 노력들도 나타나고 있다. 성별영향평가의 관점에서 도시공간을 바라보는 것이다. 성별영향평가란 정책을 입안, 집행, 평가하는 일련의 과정에서 성별요구와 차이를 고려하여 여성과 남성에게 고른 정책적 혜택을 줄 수 있도록 하는 제도이다. 국민을 위한 정책이 특정 성을 차별할 의도를 가질 리는 없지만 성에 따라 정책요구와 삶의 현실이 다르기 때문에 이를 고려하지 않을 경우 차별적인 영향을 미칠 우려가 있다. 따라서 제반 정책 분야에 대해 특히 상대적 약자인 여성의 입장에서 성별영향평가를 실시하여 사전에 차별적 요소를 해소할 필요가 있다.

그동안 우리나라의 여성정책은 중앙부처 주도하에 여성의 사회·경제적 지위향상과 법·제도적 차원의 평등은 주목할 만큼 개선되었다고 할 수 있다. 그러나 이러한 기존의 여성정책은 도시계획, 도로, 교통, 문화 등의 분야에서 여성의 시각과 경험을 제대로 반영하지 못

하여 도시생활인으로서 여성이 일상적 삶에서 겪는 불편과 불안 등을 해소하지 못하고 있는 실정이다.

지금까지의 양성평등을 넘어 여성의 관점과 경험을 도시정책 전반에 반영하여 여성들이 생활 속에서 느끼는 불안 · 불편요소를 없애고, 사회참여를 촉진하는 여성친화적인 사회 · 문화환경을 구축함으로써 여성이 살기 편한 정책이 필요하다. 향후 여성정책의 지평을 교통 · 문화 · 건축 · 도로 등 시민생활과 밀접한 분야까지 확대하여 여성정책의 시민체감도를 제고하여야 하는 것이다.

문화도시란 무엇인가

문화도시를 정의하기는 쉽지 않다. 문화를 정의하기도 결코 만만치 않기 때문이다.

협의의 의미에서 본다면 산업도시, 관광도시와 같이 한 도시에 있어 특화되거나 우월적 특성을 보이는 의미로서 문화도시를 말할 수 있다. 문화산업이나 자원의 비중이 높고 이에 종사하는 인구가 많은 도시이다.

그러나 광의의 의미로 본다면 여러 가지 의미로 이해할 수 있다. 기본적으로 도시는 시민들이 쾌적한 일상생활을 영위할 수 있도록 기초가 바로 서야 한다. 여기에 삶의 질을 더 높이 고양시킬 수 있는 상태로 옮아가는 도시를 문화도시라고 말할 수 있다. 그러므로 문화도시란 문화시설이 잘 갖추어져 있고, 문화예술에 대한 정책지원이 풍부한 도시만을 뜻하는 것은 아니다. 문화도시를 이루기 위해서는 문화적 지표에 앞서 기초적인 생활의 측면을 충실히 고려하는 관점이 요

구된다. 문화란 특별한 것이기에 앞서 삶의 다른 이름이기 때문에, 문화도시란 살기 좋은 도시, 또는 살고 싶은 도시의 다른 이름이라고 할 수 있다.[2]

영국의 ODPM(Office of the Deputy Prime Minister)에서는 살기 좋은 도시라는 차원에서 지속가능한 커뮤니티(Sustainable Community)의 조건으로 다음과 같은 7가지를 제시하고 있다. 첫째, 환경적 조건으로 친환경적으로 생활할 수 있는 장소, 둘째, 고품격의 주거와 건조·자연환경, 셋째, 양질의 대중교통과 일터, 학교, 의료 등에 대한 양호한 접근성, 넷째, 활기차고 다양한 지역경제, 다섯째, 공공, 민간, 커뮤니티, 비영리단체 등이 제공하는 모든 분야의 적절하고 접근 가능한 서비스 제공, 여섯째, 사회적·문화적 측면에서 활기 있고 조화로운 사회통합적 커뮤니티의 형성, 일곱째, 좋은 거버넌스 체계의 구축으로 효과적이고 적극적인 참여와 리더십 등이다

첫 번째에서 다섯 번째까지는 도시의 물리적 환경에 관한 사항이고, 여섯 번째와 일곱 번째는 물리적 환경이 효과를 발휘하기 위해 필요한 사회문화적인 조건이다. 지속가능한 커뮤니티가 있는 곳이 살고 싶은 도시이고 이곳의 중심에 도시디자인이 있다는 것을 알 수 있다. 이를 위해서는 도시전체를 문화적으로 디자인하는 것이 중요하다. 그 속에는 다양한 창조도시의 개념이 자리 잡고 있다.

유네스코 창조도시 네트워크

유네스코는 문화 다양성을 위한 국제적 동맹의 하나로서 2004년 10월 유네스코 이사회가 영국 에든버러를 선정한 것을 시작으

로 창조적 도시네트워크 프로그램(Creative Cities Network)을 추진 중에 있다. 국제협력의 새로운 형태와 창조적 산업발전을 통해 공공·민간은 물론 시민사회발전을 견인하고자 하는 취지에서 출발하였다. 지역 활동을 통한 문화산업의 사회성과 독창성, 경제적 잠재성을 드러내고 문화·사회, 경제발전을 위한 경험과 아이디어, 우수사례를 공유하는 것을 프로그램의 목적으로 한다.

대상이 되는 창조도시 분야는 문학, 요리, 음악, 공예와 민속예술, 미디어 예술, 디자인, 영화로서 2010년 현재 7개 분야 19개 도시가 지정되어 있다. 문학(영국 에든버러, 미국 아이오와, 호주 멜버른), 요리(콜롬비아 포파얀), 음악(이탈리아 볼로냐, 벨기에 겐트, 스페인 세비야, 영국 글래스고), 공예와 민속예술(이집트 아스완, 미국 산타페, 일본 가나자와), 미디어 예술(프랑스 리옹), 디자인(독일 베를린, 아르헨티나 부에노스아이레스, 캐나다 몬트리올, 일본 고베·나고야, 중국 선전), 영화(영국 브래드퍼드) 등이다.[3]

요코하마 시의 문화예술 창조도시 정책

요코하마 시는 그동안 "문화예술창조도시–Creative City 요코하마"를 주요 도시정책으로 정하여 추진해왔다. 역사적 건조물과 창고, 빈 사무실을 활용해서 아티스트와 창작활동가들이 창작·발표·거주하는 '창조구역' 형성을 위해 노력해왔고 특히 도심의 임해부를 중심으로 추진해왔다. 이 정책은 요코하마의 위상과 경쟁력을 높이는 데 크게 기여하였으며 경제적 효과 또한 큰 것으로 평가받고 있다.

1990년대 후반부터 10년 동안 요코하마 도심부에는 취업자가 2만 명 이상 감소하는 한편 거주민은 2만 명 정도 증가하는 양상을 보여왔다. 이러한 도심부의 무질서한 주택건설은 초등·중등학교 부족 등 심각한 사태를 불러일으키고 요코하마의 정취를 느낄 수 있는 역사적 건축물과 창고 등이 철거되어 오피스와 아파트가 증가하게 되었다. 결국 구시가지인 칸나이, 야마시타 지구의 쇠퇴로 이어지게 되었고 요코하마 시 차원에서도 큰 문제로 대두되기 시작했다.

　　이러한 상태로는 요코하마의 도심기능은 미나토미라이21에만 있고 기존의 칸나이 지구는 주택지로 전락하여 개항 이래 역할을 담당해왔던 요코하마의 역사와 문화가 상실되어버리고 만다는 위기감이 팽배하게 되었다.

　　이에 따라 워터프론트 공간과 역사적 건축물 등 요코하마 도심부의 풍부한 지역자원을 활용하면서 사람들에게 활력을 불어넣고 사람들의 집산을 통해 활성화에 이바지할 수 있는 도시공간을 형성시켜야 한다는 목표를 설정하게 되었다. 앞으로 도시의 활력 원천은 첨단기술의 연구개발과 신산업창출, 예술창조와 콘텐츠비즈니스 등 광의의 '창조성'에 있다는 판단하에 이러한 창조성을 도시계획의 주요 콘셉트로 삼은 것이다.[4]

　　요코하마 시의 문화예술 창조도시 정책의 기본 방향 및 목표는 다음과 같다.

　　첫째, 아티스트, 창작활동가가 살고 싶어 하는 창조환경 실현이다. 도심부를 중심으로 한 지역으로 스튜디오와 연습장 등의 활동거점을 확보하는 동시에 빈 사무실, 창고 등의 정보제공, 전시회장 및 지원제도 소개 등 아티스트들의 상담에 대응하는 기능을 충실히 한다. 또한

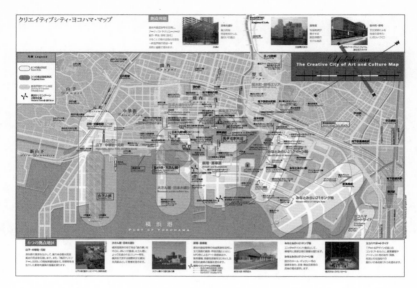

창조도시 요코하마 구상도

신진 예술가 육성지원을 위해 체재형 예술창조와 해외활동 기회 제공
등의 예술교류와 도시 간 교류 등을 실시한다.

　둘째, 창조적 산업단지 형성을 통한 경제활성화이다. 디자인·영
화·영상·음악·컴퓨터소프트웨어 등과 같은 창조적 산업은 향후
의 경제에 큰 영향과 활력을 줄 것이다. 따라서 동경예술대학대학원
영상연구과를 유치하는 등 창조적 인재 육성에 힘을 쏟는 한편 유치
지원제도 마련과 산학연계에 의한 영상계통 관련기업을 비롯한 창조
적 산업 집적을 추진하여 경제활성화를 도모한다.

　셋째, 매력 있는 지역자원의 활용이다. 워터프론트 정비를 중점적
으로 추진하는 동시에 요코하마의 매력인 도심부에 있는 근대건축물
을 활용하여 BankART1929YOKOHAMA와 ZAIM, 영상문화시설 등

문화예술 분야 활용을 촉진한다. 이를 통해 요코하마다운 도시 분위기를 나타내도록 한다.

넷째, 시민이 주도하는 문화예술창조도시 만들기이다. 시민이 문화예술과 사회를 연계시키는 활동을 주체적으로 담당할 수 있도록 시민·NPO 등이 문화예술을 손쉽게 접할 수 있는 환경을 조성하고, 젊은 예술가 등 창조성이 풍부한 인재에 대한 지원과 육성을 추진한다.

요코하마 시의 문화예술 창조도시 정책 중점 프로젝트

Creative Core – 창조구역 형성(문화정책)

마차도(馬車道), 오오토오리 등의 지역을 중심으로 역사적 건조물, 창고, 빈 사무실 등의 지역자원을 활용하여 예술가와 창작활동가 등

요코하마 ZAIM갤러리

이 창작·발표·거주하는 창조구역을 형성시켜 구시가지의 활성화를 도모한다. 특히 미나토미라이선 마차도역 주변을 대상으로 이 주변에 남아 있는 역사적 건축물과 임해부의 창고를 개보수하여 개성 있는 공간으로 재생시킨다.

동시에 동경예술대학대학원과의 연계와 이벤트 등의 실시, 예술가 등의 상담업무 등을 통해 예술가와 창작활동가가 오랫동안 정착할 수 있는 환경을 조성한다. 예술가, 창작활동가, NPO, 시민, 기업 등의 활동을 지원하는 원스톱 상담창구인 ACY를 설치한다.

이 프로젝트를 실현하기 위해 요코하마 시는 창조도시 정책을 주도하는 역사적 건축물 문화예술활용 실험사업으로서 'BankART1929'를 시작하였다. 구 제일은행과 구 후지은행 건물을 활용하여 예술활동이 가능하도록 변모시켰다.

BankART1929YKOHAMA(구 제일은행)는 다목적스페이스, 도서판매, 작품전시, 연극·댄스·음악공연, BankART스쿨, 시설대여, 스튜디오, 카페, 샵 등으로 활용하고 있다. BankART1929馬車道(구 후지은행)는 동경예술대학대학원 영상연구과가 이전해오면서 일본우선구(郵船舊)역사자료관을 빌려서 사용하고 있다.

내셔널 아트파크 구상(공간계획정책)

도심임해부의 6개 거점지구를 중심으로 역사적 건조물과 항구의 풍경 등의 자원을 살리면서 문화예술로 대표되는 창조적인 활동을 적극적으로 유도하여 국제적인 관광교류거점 형성과 창조적 산업 집적을 추진한다. 또한 도시의 매력을 높여 도시의 활성화와 경제발전을 도모함으로써 시민이 풍부한 도시문화 속에서 새로운 라이프스타일

을 즐기면서 그 매력을 세계로 발산할 수 있는 지역을 만들도록 한다.

예를 들면 도심부에 다수 남아 있는 요코하마의 역사와 문화를 느낄 수 있는 역사적 건축물을 보존활용하는 동시에 오래된 창고와 도심의 비어 있는 사무실 등을 활용하여 소호(SOHO)나 아틀리에, 스튜디오 등으로 사용하는 것이다.

내셔널 아트파크 구상은 BankART1929의 성공적 운영에 따라 탄력을 받게 되었고 주변지역으로 그 영향이 확산되어 다양한 창조거점이 새롭게 형성되었다. 예를 들면 北仲BRICK & 北仲WHITE를 필두로 해서 소위 크리에이티브 클러스트(Creative Cluster)가 형성되게 되었다.

요코하마 시의 문화예술 창조도시 정책에 대한 평가

BankART1929의 활동에 대해서 요코하마 시는 평가보고서를 통해 다음과 같은 평가를 내리고 있다. 첫째, 요코하마 도심부에 문화예술의 새로운 활동거점이 형성되어 문화예술창조도시·요코하마를 널리 알렸다. 둘째, 역사적 건축물 활용에 성공모델을 보여줌으로써 역사적 건축물 활용의 가능성을 개척하였다. 셋째, 창조구역형성에 의한 문화예술에 새로운 마을만들기운동의 기회가 생겨 중심시가지의 활성화에 공헌했다. 넷째, NPO 등의 시설운영과 경영노력으로 효율적이고 효과적인 시설운영을 실현하였다.

요코하마 시는 이러한 BankART1929의 활동을 높이 평가하면서 요코하마 시를 포함해서 향후의 과제로서 시민참가형 프로그램 구축, 세계로 향한 정보발신, 교류의 장을 더욱 널리 확대, 시설의 입지성과

특성을 살린 효과적 활용, 활동거점 확
보와 창조적 산업 유도, 좀 더 발전된 효
과적 · 효율적 운영과 경제적 자립을 과
제로 들고 있다. 한편 2008년 2월에는
BankART1929의 대표가 문화청의 예술
선장(選奬)상을 수상하였다.

또한 아티스트와 창작활동가가 창작
과 발표를 하는 창조구역거점이 집적해
있는 마차도와 오오토오리 지구에 경제
적인 파급효과를 전문기관에 의뢰해서
분석하기도 하였다. 그 결과 문화예술
창조도시 활동이 본격적으로 시작된

제일은행 요코하마지점

2004년 2월부터 2007년 3월까지 약 3년간 이들 지구에서 발생한 다양
한 활동에 의해 요코하마 시의 경제적 파급효과는 120억 엔에 달한다
는 결과였다. 시설정비에 의한 파급효과가 약 39억 엔, 입주기업 및
단체의 사업활동, 창작활동에 의한 효과가 약 65억 엔, 이벤트 참가작
의 소비활동에 따른 효과가 약 16억 엔으로 나타났다. 또한 향후에도
본 사업을 지속시킨다면 연간 약 63억 엔 이상의 경제파급효과가 기
대된다는 전망도 하고 있다.[5]

문화도시는 도시라는 공간에 도시디자인으로 문화를 담는 것

도시는 유기체와 같아서 흥망성쇠의 과정을 겪게 된다. 쇠퇴
하는 단계에서 이를 극복하면 다시 부활하게 되는 것이고 그렇지 못

하면 소멸의 길을 걷게 된다. 도시를 재생시키는 과정에서 매우 중요한 요소가 문화이다. 예를 들면 이전의 산업화시대의 산업도시들이 쇠퇴의 과정을 겪고 재생하는 과정에서 문화도시로 변모되는 것을 볼 수 있다. 버려진 산업공간을 문화공간으로 바꾸면서 이를 도시디자인으로 잘 꾸미는 것이다. 기존의 건물을 철거하는 것이 아니라 리모델링하고, 건물과 건물 사이의 외부공간을 사람들이 찾아오고 머물 수 있는 곳으로 바꾸는 것이다. 오픈스페이스나 보행공간에 많은 배려를 하는 것이다.

이러한 과정에서 외관적인 변화도 있지만 더 중요한 것은 도시민들이 도시공간을 바라보는 시각이 전환된다는 것이다. 단순한 물리적인 공간이 아니라 문화적 공간으로 바라보게 되는 것이다. 포스트모던은 문화의 시대이자 공간의 시대로서 문화로서 도시공간을 재편하는 시기이다. 이전에는 단순한 물리적인 용기로서의 공간이었다면 이제는 사회문화를 담고 생산하는 공간이 되어야 한다.

도시는 공적인 공간이다. 시민들을 위한 공공의 장소인 것이다. 따라서 시민들이 주체적으로 공간을 만들고 공간의 질을 높여야 한다. 이를 위해서는 공간을 바라보는 시각이 바뀌어야 한다. 경제적 공간관에서 문화적 공간관으로, 인공적 공간관에서 생태적 공간관으로, 권력자의 공간관에서 일반시민의 공간관으로 전환되어야 한다. 도시디자인은 이러한 공간관의 하나의 실천적 사례이다. 단순히 예쁘게 꾸미는 것이 아니라 시민들에게 쾌적하고 편리하며 안전하고 개방적인 공간을 제공하는 것이다. 도시라는 공간에 도시디자인으로 문화를 담는 것이다. 이러한 결과가 곧 문화도시일 것이다.

주

1) 강병기, 『걷고 싶은 도시라야 살고 싶은 도시다』, 보성각, 2007
2) 문화연대 공간환경위원회, 『문화도시 서울 어떻게 만들 것인가』, 시지락, 2002
3) http://portal.unesco.org/culture/en/ev.php-URL_ID=35257&URL_DO=DO _TOPIC&URL_SECTION=201.html
4) 野田邦弘, 創造都市―橫濱の戰略, 學藝出版社
5) http://www.yaf.or.jp/ycc/index.php

문화도시와 건축
– 도시, 경계를 버려라

정달식 (부산일보 문화부 기자, 『도시, 변혁을 꿈꾸다』 저자)

도시와 건축

도시는 시민, 도시시설(건축물, 토지 등) 도시민의 활동 등 수많은 구성요소로 이루어진 유기적 복합체다. 그중 건축물은 도시 변화의 본질이요, 중심에 있다. 그래서 건축을 빼고 도시를 이야기한 다는 것은 어불성설이다. 특히 현대도시에서는 더더욱 그렇다.

실제 세계 여러 도시의 건축물들이 도시의 얼굴이 되는 경우가 종종 있지 않은가. 그런 차원에서 보면 도시에 있어 건축은 '옷'과 같은 존재라 할 수 있을 것이다. 결국, 사람이 어떤 옷을 입느냐에 따라 다르게 보이듯이 도시도 어떤 옷으로 치장하느냐에 따라 달라진다고 할 수 있다.

그렇다면, 도시에 어떤 옷을 입혀야 할까?

건축이 갖는 본질적 구분 너와 나를 없애자

이 세상은 많은 경계들로 이루어져 있다. 성별이나 인종, 민족, 국가, 지역 등 외적으로 명확하게 구분되는 것에서 계급이나 계층 등 경제력으로 구분되는 것까지 우리는 수많은 경계 속에서 살아가고 있다.

여기에는 건축도 마찬가지다. 아니, 태생적 한계다. 건축물이 갖는 외부와의 차단, 단절, 구분이 모두 경계이기 때문이다. 건축주의 질펀한 욕망 속에서 한국의 도시도 어느덧 서로에 대한 관심과 사랑을 잃어가는 삭막한 곳으로 변모하고 있다. 단절과 경계의 공간 속에서 타인에 대한 배려나 자애는 점점 사라지고 있는 것이다.

건축물은 아니지만, 부산도시공사 앞 벤치에는 가운데 톱날 같은 날카로운 것이 있다. 벤치 위에서 함부로 자지 말라는 의미다. 이것이 도시 부산의 얼굴이다. 도시 속 벤치 하나까지 경계를 지어야 직성이 풀리는 도시가 바로 부산이다. 얼마나 삭막한가.

지하철의 노인석도 마찬가지다. 노인들의 편리를 위한다는 명목 아래 젊은이들과 동떨어진 노인석이 지하철 양쪽 구석에 마련되어 있다. 하지만 이곳은 노인과 젊은이들 간 경계만 더 뚜렷하게 지을 뿐이다. 상대적으로 노인들이 사회로부터, 도시로부터 더 소외당하는 곳이 바로 이곳이다.

이것이 오늘 대한민국 도시의 현주소다. 이러한 도시의 발걸음은 서울, 부산 등 대도시는 말할 것도 없고 지방의 중소도시들도 똑같이 반복한다.

도시 속 경계는 아이러니하게도 우리네 삶의 공간 아파트에서 가장

두드러진다. 아파트는 단순히 주거 공간으로서의 개념이 아니라 자신의 신분을 드러내는 지표가 되어버렸다. 아파트는 어느 순간 돈으로 변했고 권력으로 드러나 사람들을 구별 짓기 시작했다. 이전에도 초가집이나 기와집은 있었지만 오늘 아파트에 사는 사람들은 자신들도 모르는 사이 평수와 층수에 따라, 혹은 아파트 이름에 따라 서로에게 위화감을 만든다. 이것이 현실이다.

그렇다면 왜 이런 현상이 초래되었을까? 구매자의 욕구, 차별화가 단연 1순위일 것이다. 하지만 그것만으로 이 모든 현상을 답하기엔 부족하다. 그럼 뭘까. 그것은 지금까지 우리 도시 건축물에서 소통을 위한 공간을 무시해왔기 때문이다. 마음을 읽고 마음을 보여주는 공간 말이다.

옛날 시골 마을에는 정기나무가, 동네 빨래터가 소통의 장이었다. 이곳에서 대화가 이뤄지고 인간의 정이 샘솟았다. 심지어 가진 것은 넉넉하지 못해도, 도심 내 고지대에 살면서도 자연스럽게 마을의 커뮤니케이션은 존재했다. 하지만 최근의 건축은 이러한 커뮤니케이션의 장(場)을 너무 많이 앗아가 버렸다.

도시에 바깥마당을

어릴 때 시골 할머니 집에는 안마당과 바깥마당이 있었다. 안마당은 일반 가정집의 마당과 크기가 비슷했지만 바깥마당은 안마당의 2~3배 정도의 크기였다. 가을이면 그곳에서 타작을 하거나 수확물을 말리곤 했지만 그렇지 않을 때는 어린아이들의 놀이터였고 어른들의 얘기 장소였다. 지금 돌이켜보면 그곳은 동네 회관이나 마을 정

자나무 주변처럼 또 하나의 소통 공간이었다.

옛 추억을 더듬는 것은, 우리의 전통 건축은 오래전부터 마당이라는 빈 공간을 중심으로 자연과의 소통, 인간과의 소통을 해오고 있었다는 점을 상기하기 위해서이다. 하지만 아파트 현상이 전국을 휩쓰는 동안 이웃과의 소통 역할을 담당하던 마당이나 골목은 우리 곁에서 자꾸만 멀어져갔다.

여기서 이야기하고자 하는 것은 바로 이런 바깥마당을 되살리자는 것이다. 이웃 일본 록본기힐스의 아로나 광장처럼 말이다.

과거 우리 전통 건축에서 보여주는 바깥마당은 가진 자의 최소한의 윤리가 건축 속에 배어 있음을 보여준다. 자연과 인간에 대한 배려 말이다. 그래서 건축에도 윤리가 있다는 말은 이를 두고 하는 말이다. 한국의 전통적 공간 인식과 건축관은 사람과 자연이 따로 분리되어 있는 것이 아닌, 하나의 커다란 유기체라는 인식에 바탕을 두고 있다. 지금이야말로 사람과 자연이 어우러진 멋진 건축을 되살릴 때이다. 그러기 위해선 건축에서도 '노블리스 오블리제'가 필요하다.

열린 공간은 아파트 단지를 넘어 이제 도시 속으로 파고들어야 한다. 소통의 공간이 아파트 단지에서 도시 전체로 확대되면 도시가 생기가 돈다. 도시에 생기가 돌면 도시문화는 자연 꽃이 필 것이다.

건축에도 이야기를

여기에 더하여 문화를 덧씌우는 작업도 있어야 한다. 바로 이야기다. 이야기(Story)가 없는 도시는 죽은 도시다. 이야깃거리(스토리텔링)는 건축을 세우는 것보다 더 중요할 수 있다. 숨은 이야기를

찾아내 관광객과 공감대를 형성하고 재미와 감동을 더하는 방식이 중요하다.

수년 전 싱가포르에 갔을 때 우연히 우리 교민 2세 한 사람을 만났다. 그는 관광가이드 시험을 준비하고 있었는데, 싱가포르 건축물을 짓게 된 배경이나 이면의 이야기 등에 대해서도 공부하는 것을 보고 놀랐던 기억이 있다.

싱가포르에 가면 건축마다, 거리마다 이야기로 넘쳐난다. 이 건축은 어떻고 저 건축은 이렇다며 잔뜩 의미 부여를 해놓고 이야기를 만들어놓았다. 관광객들은 가이드의 따발총 설명에 신기한 듯 귀를 쫑긋거린다. 들으면 재미있다. 건축을 만들면서 고려했던 여러 상황이, 그 건축이 갖는 의미가 이야깃거리가 되어 관광 상품화됐다.

도시도 상품인 시대다. 21세기 소비자들은 그 상품이 이성적으로 판단했을 때 꼭 필요해서 구매하기보다는 감성적으로 끌리기 때문에 구매한다. 이제 사람들은 디자인, 이야기, 경험, 감성을 산다. 거대 건물을 짓는 프로젝트 공모 심사를 할 때 건물이 갖는 상징적 의미도 함께 심사대상이 되게 하는 것도 한 방법이 될 것이다.

별반 스토리가 없다면 상징적으로 서로 소통될 수 있는 프로젝트를 만드는 것 또한 도시가 할 일이다. 시각에 따라 다를 수 있겠지만 파리의 에펠탑이 그렇고, 빌바오의 구겐하임 미술관이 그렇다. 이러한 상징물 속에서 축제와 행사는 상징적 그릇에 담길 내용물이 된다. 축제와 행사가 상투적이지 않다면, 그 도시는 지역민을 즐겁게 할 뿐만 아니라 덤으로 관광객까지 유치할 수 있을 것이다. 죽어가던 도시도 부활을 꿈꾼다. 찰스 랜드리가 말한 '창조도시' 가 바로

이것이다.

명소를 만들기 위해서는 얘깃거리가 필요한데 돈을 주고도 살 수 없는 역사적 기억은 가장 좋은 소재가 될 것이다. 그것을 건축이 할 수 있어야 한다. 도시 재개발, 재건축에서 가장 많이 범하는 잘못이 바로 이것을 무시하는 행태이다. 새로 건물을 짓더라도 원래 그곳에서 살던 사람들, 영업하던 가게들이 가진 얘깃거리는 지켜가야 하는데 우리는 큰 건물을 올리는 데만 신경을 쓰지 않는가.

도시엔 삶의 정취가 있어야 한다

부산에는 독특함이 있다. 한국 제2의 도시로서가 아니라 6·25 전쟁의 피난지라는 독특함 말이다. 누군가에겐 잊어버리고 싶은 경험일 수도 있다. 하지만 그 피란시절의 애환은 부산 곳곳에 아직도 오롯이 묻어 있다. 산복도로도 그중 하나일 게다.

건축물로 보면 부산 동구 초량동 남선창고를 들 수 있다. 남선창고는 이미 사라져버렸다. 재개발은 사라짐, 없어짐이 결코 아닌데…….

외국에서는 오래된 건물뿐만 아니라 구시가지 자체를 원형대로 지키려고 노력하는 사례가 적지 않다. 건물을 신축해도 원래 있던 건물의 외벽이나 이미지를 남기는 식으로 설계를 한다.

개발주의로 부산의 기억들이 마구잡이로 사라지고 있다. 국제영화제 개최 도시 부산의 이미지가 무색하게도 동구 범일동 삼일극장이 도로 확장으로 인해 역사의 뒤안길로 사라질 운명이다. 1959년 개관할 당시의 모습을 그대로 간직하고 있는 전국 유일의 극장인 삼성극장. 어디에다 부산이 국제영화제 개최도시라고 명함을 내밀 수 있을

까? '영화도시 부산' 그 이름도 부끄럽게 자신의 기억조차 지워버리는 부산을 말이다. 부산 영화 역사의 산 증인들은 그렇게 하나둘 사라지고 있다.

수많은 재래시장은 부산이라는 도시의 살아 숨 쉬는 삶의 공간이자 또 다른 모습이다. 비록 삶은 고단했지만 절망보다는 희망이 넘쳤던 곳이었으며 부산의 묵은 상징이었다.

하지만 도심의 삶의 정취가 하나둘 사라지고 있다. 변화는 도시의 자연스러운 본질적 속성이지만 우리의 도시에서는 기억보다 훨씬 큰 욕망이 넘쳐흘러 그 변화를 조절할 제어력을 상실한 지 오래다.

부산에서 큰 재래시장 가운데 하나인 동래시장 모습

건축, 자연과 소통하라

　　　　도시 건축이 빠진 가장 큰 착각은 건축이 자연이라는 큰 환경에서 이탈할 수 있다는 생각이다. 하지만 이것은 진정 착각이다. 마치 "인간이 자연을 보호해야 한다"고 부르짖는 것과 같은 모순이다. 흔히 우리는 자연을 보호해야 한다고 이야기한다. 의미상으로는 틀린 말은 아니다. 하지만 엄연히 보호의 주체는 인간이 아니라 자연이다.

　그 자각이 바로 자연에 대한 올바른 인식의 출발이다. 모든 건축이 설사 도심에 들어선다고 할지라도 자연이라는 큰 환경에서 이탈할 수는 없다.

　스페인의 천재 건축가 가우디가 끊임없이 추구한 것이 바로 자연이 아니던가? 그에게 건축은 별도로 존재하는 것이 아니라 항상 자연과 함께 있었다. 표현하는 모든 것들이 자연 속에서 영감을 얻었고 추구했던 도시나 건축물 또한 '자연과 더불어'였다.

　"건축은 자연과 더불어 있을 때 빛을 낸다." 모두가 아는 사실이지만 유감스럽게도 제대로 실천하는 사람은 드물다. 건축은 자연을 본격적으로 대접하지 않고 되레 조경이라고 하는 부수적 요소 속에서 인공적으로 다루려고만 했다. 하지만 조경은 건축의 보조수단이 아니라 엄연히 주인임을 알아야 한다.

　도시에 꼭 필요한 것은 바로 녹색의 여유, 자연이다. 푸름, 나무, 숲, 잔디가 녹색이다. 인공 구조물이 아니라 자연과 함께해야 내면의 이야기를 나눌 수 있다. 속 깊은 대화를 할 수 있는 것이다. 단순히 이것만이 아니다. 나무에서 발산되는 공기를 정화시키는 휘발성 물질 '테

르펜' 은 항생, 살충, 강장, 진통, 구충, 항염, 항종, 이뇨 등에 약효가 있다고 하지 않던가.

그렇다면 우리의 도시들은 어떻게 해야 할까? 당장 건축물에서는 어떻게 해야 할까.

말레이시아 친환경 건축가 켄 양(Ken Yeang) 씨는 고층 건물 건립의 또 다른 대안으로 주목받는 건축가다. 그는 말레이시아 수도 쿠알라룸푸르 근처 수방자야에 있는 15층짜리 IBM사옥을 비롯해 오늘날 세계 생태건축학도들의 '교과서' 로 통하는 싱가포르 국립도서관(NLB) 등 세계 주요 도시에 10여 개의 고층 건물을 설계했다.

그의 건축의 특색은 고층 건물에서도 자연을 느낄 수 있게 하는 것. 자연과 통합한 건물을 추구하는 '녹색 마천루' 로 불리는 그의 건축은 마치 담쟁이덩굴이 담을 타고 오르듯 층마다 식물을 배치해 식물을 건물 안으로 끌어들였다. 어쩔 수 없이 고층 건물을 만들 수밖에 없을지라도 여기에 자연을 느낄 수 있게 만든 것이다. 그는 현재 빌딩 '숲' 과 자연의 '숲' 이 서로를 훼손하지 않고 공존하도록 해 온실가스 저감 문제를 자연스레 해결하도록 하는 진정한 의미의 '생태도시' 구축을 추진하고 있다.

싱가포르는 테라스에 담쟁이를 늘어뜨려 아파트 전체가 숲처럼 보이게 하고 있다.

건축의 거장 르 코르뷔지에가 그린 꿈의 도시는 바로 자연이 살아 숨 쉬는 곳이었다. 사람들은 르 코르뷔지에의 '빛나는 도시' 를 흔히 유토피아라고 한다. 꿈의 도시라는 얘기다. 하지만 녹지가 펼쳐지고 자연이 숨 쉬는 빛나는 도시는 결코 꿈의 도시가 아니다. 결코 못 할 것도 없다.

새 아파트를 만들고 새 집을 짓는 것은 순식간에 꺼져버리는 짚불에 불과하다. 앞으로도 지속될 밑불이 되기 위해서는 도시에 자연이 함께 공존하게 하자. 세계 명품 도시에는 자연, 특히 녹지 공간과 인간이 공존하고 있다. 21세기 도시는 자연과 공존하는 도시환경이 핵심 경쟁력이다. 도시 쾌적성(Amenity)의 본질 역시 뭐니뭐니해도 자연으로부터다.

하지만 도심의 재개발과 재건축은 차분히 걸어가며 사람의 온기를 느끼고 자연의 숨소리를 이젠 더 이상 들을 수 없게 만들어버렸다.

도시의 매력과 호감

그렇다면 우리는 어떤 도시를 만들어야 할까? 혹자는 경쟁력을 갖춘 도시가 되어야 한다고 하고 혹자는 친환경적인 도시가 되어야 한다고도 말한다.

그러나 대부분의 대답은 구체적이기보다는 추상적이다. 그리고 그 가운데 상당수는 울림이 있는 도시, 흡인력이 있는 도시를 만들어야 한다고 말한다. 2000년에 출간된 『창조도시(The Creative City)』라는 책을 쓴 찰스 랜드리도 "도시는 모름지기 울림과 흡인력이 있어야 한다"고 말했다. 여기서 랜드리가 말하는 울림과 흡인력은 도시의 매력과 호감이다.

그렇다면 울림과 흡인력을 주는 요소에는 어떤 게 있을까? 도시의 주택을 비롯한 다양한 건축, 색, 사람, 디자인, 자연 환경 등을 들 수 있다. 하지만 가장 큰 비중을 차지하는 것은 역시 도시의 외형을 책임지는 건축이다.

건축이 가지는 시각적인 부문은 도시의 이미지를 좌지우지하기에 부족함이 없다. 하지만 유감스럽게도 한국의 도시 건축은 주거공간이 대부분을 차지한다. 따라서 유독 아파트가 많은 우리나라로서는 치명적 결함이다.

왜냐하면 일직선, 사각형, 성냥갑, 바둑판 등 아파트가 주는 단조로운 이미지들 때문이다. 이런 획일화된 건물들로 켜켜이 쌓여 있는 도시는 자칫 우리네 삶마저도 단조롭게 만들고 획일화시킨다. 천편일률적 디자인이나 설계야말로 무미건조한 도시의 이미지를 만드는 주범이다. 홍콩이나 싱가포르에는 조금이라도 비슷한 건물을 찾기가 힘들다. 하지만 유독 우리나라에서는 비슷비슷한 건물이 넘쳐난다.

우리의 삶은 가면 갈수록 많은 변화와 다양한 삶을 원할 것이다. 그런 다양한 삶은 지금의 성냥갑과 같은 수직적 판상형 아파트에 만족하지 않을 것이다.

기존의 아파트가 정연하게 줄을 맞추듯 일직선상으로 쌓아올린 것이라면 춤추는 듯 뒤틀린 아파트는 가구마다 각자의 자연적 테라스를 만들어주며 사선으로 혹은 지그재그로 쌓아올린 아파트가 된다. 여기에는 공공건물도 예외일 수 없다. 공공건물은 시민들의 편의와 복리 증진을 위해 시민들이 직접 이용할 수 있는 시설이다.

아파트나 주택 등 주거 건축은 지금까지는 내부변화에 초점을 맞춰왔다. 그러다 보니 잃어버린 것이 너무 많다. 그중 하나가 비로 사람이 함께 숨 쉴 공간이다. 바람도 불고 바깥 소리도 들리는 곳, 나무도 자라고 아이들이 뛰놀 수 있는 마당 말이다. 주택이 아파트가 되는 과정에서 건물은 쌓였지만 마당은 사라졌다.

아파트에서도 마당은 가능하다. 현관 위치를 고정하지 않고 층의

개념을 획일화하지 않는다면 얼마든지 마당이 아파트 속으로 들어올 수 있다. 좀 더 확대한다면 아파트 동마다 마을 마당을 조성할 수도 있다.

외부 공간은 규제에 의한 공지가 아니라 필요에 의한 다양한 모습의 공간으로 연출되어야 하며 이웃과 친밀함을 유도할 수 있는 공간이어야 한다. 그래서 도서관이나 유아원, 탁아소는 필수적인 마을 마당이 되어야 한다. 체육시설이나 상업시설 등의 공간도 마을 마당으로 건물의 한 부분이 된다. 나아가 숲이 마당이 되지 못하란 법도 없다.

미래의 아파트는 우리를 느낄 수 있는 공간, 이웃과 함께하는 삶이어야 한다. 어깨를 맞대고 사는 아파트 말이다.

해운대 달맞이고개에 들어선 아파트와 빌라들

도시, 다시 묻노니

또 하나, 도시 건축에 대한 이해가 필요하다. 도시 건축은 산업, 문화, 예술, 사회, 경제가 얼개처럼 얽힌 종합판이라는 사실을 이해해야 한다. 도시의 많은 콘텐츠는 문화의 성장에 기초가 되며 현대는 문화와 문화 간 결합과 상호작용이 중요한 문제로 대두되고 있다. 이제 문화는 경제와 손을 잡으면서 새로운 특성을 개발하고 있으며 문화를 하나의 산업과 환경으로 구성하기 위해 아이디어를 내고 있다. 도시계획가와 건축가, 디자이너들은 예술과 문화를 이해해야 하며 이것이 어떻게 경제적으로, 유기적으로 작용하는지를 연구하는 시대가 됐다. 그래서 도시는 문화며 문화는 경제다.

유럽의 변방이라 할 수 있는 스페인 바르셀로나에는 연중 관광객이 끊이지 않는다. 관광객 유인의 한가운데는 독창적인 디자인으로 유명한 건축디자이너 안토니 가우디가 바르셀로나를 캔버스 삼아 곳곳에 '본인의 흔적'을 남겨놓은 건축물이 있다. 스페인의 빌바오도 구겐하임박물관이라는 건축물 하나로 인구 50만 명의 한적한 도시가 매년 400만 명이 찾는 유럽의 명소가 됐다.

이는 창조적인 건축가 한 명, 특별한 건물 하나가 도시의 브랜드 가치를 제고하는 '힘'을 보여주는 대목이다. 건축 디자인이야말로 거시적인 안목에서 볼 때 고객의 욕구를 간파하고 부가가치를 창출하는 성공의 핵심 요소가 되고 있다. 프랑스 파리의 에펠탑도 마찬가지다. 퐁피두센터는 또 어떠한가. 파리시민의 문화적 자존심이다. 싱가포르도 같은 경우이다. 대부분의 건축물들이 도심의 환경과 함께 어우러져 있고 독특하다.

도시 변화의 한가운데는 세계적 건축가나 건축물이 있다. 건축이 도시에 단순히 또 하나의 건축을 더하는 것이 아니라 문화의 얼굴을 입히고 있는 것이다.

한 도시의 인구가 지속적으로 줄고 있다면 그 도시는 사람들에게 도시의 매력을 점점 잃어가고 있다는 반증이다. 그런 의미에서 본다면 부산이란 도시도 유감스럽게도 이 흐름의 한 축에 있다고 볼 수 있다.

나가는 도시를 들어오는 도시로 만들어야 한다. 그러면 어떻게 하면 들어오는 도시로 만들 수 있을까? 공장을 많이 유치한다고, 아파트를 많이 건설한다고 도시 인구가 크게 늘어나는 것은 아니다. 강제적, 일시적 인구 증가현상은 있을 수 있지만 장기적으로 볼 때 도시 인구는 늘어나지 않을 것이다. 하지만 도시에 문화가 있다면 달라질 수 있다. 그렇다고 큰 문화시설이 있고 문화축제와 박람회가 펼쳐진다고 해서, 또 문화도시를 표방한다고 해서 달라지는 것은 절대 아니다.

세계의 도시들은 지금 모두 문화도시를 꿈꾸고 있지만 모두가 문화도시가 되는 것은 아니다. 어떻게 하면 진정한 문화도시가 될 수 있을까?

도시 고유의 역사가 기록되고 그 안에서 오늘의 역사 또한 살아 숨쉬는 것이 보일 때 도시는 그 고유의 상징적 이미지를 갖게 된다. 오래된 낡은 건물 하나가 그 도시를 대변할 수는 없겠지만 도시민들의 삶의 발자취가 묻어나고 그것이 오늘에도 이어지는 도시의 다양한 표정이 바로 문화도시를 위한 토대요, 기초인 것이다.

인구가 줄고 있는 부산이 변화를 갈구한다면 시작은 적어도 문화에서 찾아야 한다. 도시민의 삶이 마치 자갈치시장의 고기처럼 살아 움

직이는 다이나믹한 부산을, 그러한 부산을 오감으로 느끼고 싶다.

마지막으로 우리가 간과하는 것이 있다. 그것은, 도시는 또 하나의 자연이라는 인식이다. 우리의 도시는 콘크리트로 포장된 차가운 도시가 아니라 생태적으로 건강한 도시가 되어야 한다. 자연은 가장 훌륭한 도시의 건축재이며 가장 화려한 장식품이다.

더불어 도시는 인간적인 커뮤니티가 성장하는 곳이어야 한다. 사람들이 걸어 다니는 공간이어야 하고 어린이부터 노인까지 다양한 계층이 살아야 하며 자연과 가깝고 자동차로부터 보호받을 수 있는 곳이어야 한다.

아름다운 도시를 위한 시민운동

류경희 (문화관광해설사)

부산이 살 길은 문화다

부산의 거리 풍경엔 대부분 문화적 향기와 낭만이 존재하지 않는다. 아름다운 하늘선을 가린 판상형 고층 아파트와 조잡하고 커다란 간판으로 뒤덮인 무미건조한 사각건물이 보행자를 숨 막히게 짓누를 따름이다. 상가들은 쓰레기 더미를 상가 앞에 방치하고 진열품과 집기들을 도로에 내어놓아 도로를 점령하고 보행자를 내몰기까지 한다. 보행자와 주변을 배려하는 모습은 도저히 찾아보기 어려운 살풍경이다.

차경과 남향방위 등의 풍수를 고려한 친환경적인 건축철학과 초려삼간을 지어도 자연과의 조화와 멋을 생각하고 당우는 물론이요 소박한 사랑방과 문에도 이름을 붙이며 삶의 자세를 중시하던 우리 선인들의 전통이 더 이상 우리에게는 없는 건지 묻고 싶다. 왜 아파트 단

지의 정자 외엔 한국적인 선과 분위기를 담은 건축물이 이 도시에 지어지지 않는 건지 묻고 싶다. 언제까지 우린 삼포지향의 도시 부산에서 강과 산과 바다를 온통 가로막고 서는 건물들을 바라보고만 있어야 하는 건지 묻고 싶다.

해변에 빽빽히 들어선 고층빌딩

문화가 도시경쟁력이다

이 시대 전 세계 도시들의 화두는 당연히 도시 매력 창출이다. 문화산업, 그것이 경쟁력이기 때문이다. 유럽의 유명 관광도시들조차 역사문화자산만으론 부족하다는 인식하에 산업시설 혹은 평범한 기존의 지역문화자산에 생각과 이야기를 입히고 레저, 예술의 메카로 재창조하여 새로운 면모로 관광산업계에 부상하고 있다. 앞으론 창의적이고 문화적이지 못한 도시는 경쟁력을 가질 수 없다. 21세기 관광

은 단순히 구경만 하는 관광에서 다양한 문화를 심도 깊게 체험하는 관광 형태로 바뀌었기 때문이다. 지구촌이라는 말을 실감할 만큼 세계인들은 친자연적이거나 매력적인 문화도시로 몰려가 몇백 킬로를 걷거나 음악 · 미술 · 건축 등의 분명한 테마를 가지고 문화 투어를 한다.

일본의 경우 삿포로맥주 옛 공장건물을 복합상업시설로 재탄생시킨 '삿포로팩토리', 방적공장을 재활용한 '가나자와 시민예술촌' 등 방치 · 폐기되는 산업유산을 지역자산으로 재창조하여 시민에게 돌려주는 프로그램을 꾸준히 실행하고 있다. 중국 베이징 798예술구의 경우 정부의 전자타운 조성계획으로 인한 공장 이전 후에 방치되던 대규모 공단지역이 예술공간으로 재활용돼 이제는 세계에서 문화적 상징성과 발전가능성이 큰 문화공간이 된 곳이다. 수많은 화랑 · 카페 · 아트샵이 공장과 함께 공존하며 중국의 현대미술을 세계에 알리고 있다. 영국의 테이트 모던(Tate Modern)은 화력발전소로 사용되었던 건물을 세계적인 미술관으로 재탄생시킨 사례로 유명하다.

부산은 어떠한가? 부산은 반문화적인 개발로 천혜의 자연환경과 문화유산을 파괴하는 이율배반의 개발을 하고 있다. 문화란 다양성 · 조화로움 · 변화의 모습으로 성장하며, 교감과 소통으로 전파된다. 서로 다름을 포용하지 못한 획일적 개발 방식은 이제 바뀌어야 한다. 지역성을 담지 못한 기념품이 외면당하듯이 기능성에만 치중하여 지역 문화와 시민과의 유기적 관계를 무시한다면 진정한 문화가 될 수 없다. 문화는 박제된 아름다움이 아니라 살아 움직이는 생명체이기 때문이다.

부산다움을 보여주는 매력을 창출해야 한다

부산이 세계도시 반열에 서려면 부산다움을 가져야 한다고 도시공학자들은 이야기한다. 아름다움을 말할 때 절대적 기준이 있는 것은 아니지만 개성은 중요한 요소가 된다. 한 도시의 개성, 즉 고유한 분위기는 자연 환경과 유·무형의 문화자산이 어우러진 총체적인 것이다. 도시의 매력은 도시가 역사와 전통에 닿아 있고 오랜 내력을 지닌 이야기가 쌓일 때 생겨난다.

건설과 산업에 매진하던 시절 우린 역사와 문화를 경시한 탓으로 전통을 잃어버렸고 자연을 훼손시켰다. 부산다운 본연의 모습을 잃은 것이다. 개성 있고 매력적인 도시가 되기 어려운 이유가 거기에 있다. 그러나 부산은 아직도 천혜의 경관이 있는 곳이다. 이제라도 올바른 도시운영을 하고 민관 모두가 한마음으로 부산다움에 대한 진지한 고민을 하면 부산의 매력을 창출할 수 있을 것이다.

역사·문화를 가꾸고 부산의 정신을 담아야 한다

지금부터라도 문화재를 보존하고 복원하는 작업을 해야 한다. 먼저 중구에 방치되어 있는 몇 남지 않은 근대문화유산을 보존하는 작업이 시급히 이루어져야 한다. 그리고 더 중요한 것은 그곳에 부산의 정신을 담는 일이다. 단순한 보존과 복원이 아닌 미래와 연관해서 활용할 수 있는 방안이 있어야겠다. 문학과 연극, 영화를 통해 부산 정신과 역사를 재해석해보는 작업이 활발해지면 좋겠다. 왜관과 조선통신사를 소재로 한 이야기도 도시의 자부심을 키우고 척박한 문화를 개선하게 하는 자극이 될 수 있을 것이다.

영혼을 울리는 부산의 노래가 만들어지면 좋겠다. 뜨거운 가슴으로

부산을 생각할 수 있다면 우리 사회에 많은 변화가 일어날 것이다. 우리에겐 잃어버린 공동체 의식이 필요한 때다. 예전 우리 조상들은 마을과 지역의 대소사를 자기 집 일처럼 신경 쓰면서 한마음으로 해냈다. 말하자면 우리 전통 마을문화는 마을공동체였고 선인들은 모두 자원활동가였던 셈이다. 애향심을 가지고 모든 시민이 한마음이 된다면 우린 뭐든 해낼 수 있을 것이다. 선인들의 지혜를 빌리고 월드컵에 나간 우리 선수들을 응원하는 마음으로 한마음이 된다면 부산은 이미 문화도시의 길에 들어서게 되는 것이다.

의식개혁과 시민운동이 답이다

결국 도시는 살아가는 시민들이 만드는 것이다. 문화도시를 구현하기 위한 시민운동의 시작은 시민들이 문화의식을 가지는 것에서 출발한다. 시민의 문화의식과 수준이 올라설 때 문화도시는 가능한 것이다. 문화의식은 자신의 문화를 아는 것에서 시작한다. '가장 한국적인 것이 가장 큰 경쟁력이다' 라는 말이 있다. 제 문화를 알지 못하면 가치도 모르니 그것을 활용할 능력도 가지지 못하게 되며, 그 수준에서 경쟁력 있는 문화란 애초에 불가능한 것이다.

가우디의 굴뚝에 경탄하지만 우린 교태전 굴뚝을 가졌다

스페인 바르셀로나에서 천재건축가 안토니오 가우디가 만든 공동주택 '카사 밀라' 투어를 하면 많은 이들이 사진을 찍는 명소가 있다. 바로 굴뚝과 환기탑이 있는 옥상인데 생활시설을 예술작품으로 승화시킨 가우디의 독창성에 경의를 표하게 된다. 그곳에 다녀온 사람들

이 우린 왜 그런 게 없냐고 부러움 섞인 한탄을 하는 걸 가끔 듣게 된다. 구엘공원, 사그라다 파밀리아 교회 등 몇 날을 가우디의 작품을 보러 다니다 보면 가우디가 먹여 살리는 도시 바르셀로나가 솔직히 부럽다. 그런데 우린 그런 게 없을까, 정말?

수수하지만 은근한 멋이 있는 민가의 황토 굴뚝에서부터 재료와 형식의 다양함을 보여주는 반가와 절집의 굴뚝, 화려하면서도 격조 있는 자경전 십장생 굴뚝과 경복궁 교태전 후원 굴뚝 등 우리 굴뚝 문화는 그야말로 세계에 내세울 수 있는 고유한 한국의 미를 보인다. 굴뚝은 연기를 배출하는 기능 외에 뜰의 품격을 높이는 조형예술품이 되기도 하거니와 연기로 모기 등의 해충을 쫓기까지 했단다. 조상들의 지혜에 새삼 탄복하게 된다. 우린 그런 굴뚝을 가진 것이다.

생활용품조차 우리 조상은 기능과 멋을 아우르는 예술적 삶을 생활화했다. 우리가 건설과 산업의 속도전에서 특히 많이 잃은 것은 삶을 예술로 창조했던 선조의 생활문화이다. 안녕과 번영·풍요·다산 등을 희구하는 깊은 뜻을 예술적 낭만으로 승화시켰던 선조들의 풍요로운 정신과 유·무형자산을 배우고 그런 멋진 문화를 현대에도 적용시킨다면 도시가 훨씬 문화적인 분위기가 되고 예술과 디자인 분야에서도 경쟁력을 가질 수 있을 거라고 생각한다. 시민들이 자신의 문화를 잘 알고 자긍심을 가지는 도시의 문화는 당연히 고급스러워질 수밖에 없다.

깨어 있는 시민의식과 시민운동 활성화는 사회를 지키는 힘이다

거대도시가 순조롭게 운영되려면 많은 기능이 정밀하게 이루어져야 한다. 일방적인 행정수행은 많은 틈과 역기능이 있을 수 있다. 시민들

의 주체적이고 능동적인 의식은 그것을 보완하는 방안이 된다. 깨어 있는 시민의식과 시민운동 활성화는 사회를 건강하게 지키는 힘이 된다. 우리 모두가 이를 귀하게 여기고, 행정기관이 진정성을 가지고 협업할 때 값으로 환산할 수 없는 기적 같은 일들이 일어나게 될 것이다.

도시 기능의 많은 영역을 시민 감시단을 활용해 모니터링하고 계도할 수 있다. 홀륭한 자원이 될 것이다. 사실 시민운동 하면 명분 있는 구호와 단체행동이 먼저 떠오르지만 시민 개인이 자기 지역에 대해서 가지는 관심과 지적하는 말 한마디도 시민운동의 시작이다. 수많은 꿀벌이 수많은 식물의 꽃가루받이를 도와 자연의 생명력을 이어가는 것처럼 시민 한 사람 한 사람이 가장 소중한 자원이다. 시민의식을 일깨우고 시민안목을 키워주는 일이 문화도시를 가꾸는 기초작업이 된다.

미래도시의 자원이 될 차세대 교육이 중요하다

인간사회의 문화가 변화하려면 많은 시간이 걸린다. 인간행태가 항상성을 가지기 때문이다. 예를 들면, 이민을 가서 몇 세대가 지나도 교민사회의 문화가 그 사회에 완전히 동화되지 않고 원래의 문화를 상당부분 유지하게 되는 것이 그런 이유에서다. 잘못된 문화를 개선하기 위해선 현세대의 의식개혁운동과 함께 어린 세대를 위한 적극적 교육이 이루어져야 한다. 유치원에서부터 공공정신과 공중도덕심을 키워주고 자연과 환경교육을 하는 것이 외국어 몇 마디를 가르치는 일보다 우선해야 한다.

초등학교 학생들에게 살고 싶은 집을 그리게 했더니 아이들 대부분이 고층아파트를 그리더라는 얘기를 들은 적이 있다. 아마도 그 아이

들은 자기들이 나서 살아온 아파트 외에는 다른 주거 형태를 상상하지 못했을 것이다. 이것은 한 도시와 국가의 미래를 생각할 때 중요한 얘기이다. 문화적 감수성과 예술성이 많은 부분 일상적 삶을 통해 스며드는 것임을 생각하면 이런 도시공간에서 자란 아이들이 어떤 안목과 미감을 가질 것인지 한번 생각해보라. 그래서 아이들에게 색채나 디자인 등 도시경관에 대한 교육을 시켜 안목을 키워주는 일도 중요하다. 미래도시의 자원이 될 그들마저 획일적이고 창의적이지 못하다면 우린 미래조차 암울할 따름이다.

이젠 진실과 핵심을 논하고 대안을 제시해야 한다

지금 우리 사회의 병적인 여러 현상은 산업화와 의식 없는 도시 난개발이 가장 큰 원인이지만 그 바탕에는 철저한 이기주의와 자본의 논리 속에 내 것이니까 내 마음대로 해도 된다는 생각, 내 것이 아니면 훼손해도 괜찮다는 생각, 공공의 것은 크게 걱정할 일이 아니라는 생각이 있었고 그것이 사회를 이토록 병들게 한 것이다. 이제 우리는 진실과 핵심을 논해야 한다. 한 쪽에선 다 밀어붙이고 초고층 아파트를 올리는 논의를 하고 다른 한 편에서 보존과 환경을 논하는 이율배반적인 일들이 많은 곳에서 벌어지고 있다.

자본주의 사회에서 거대 기업들의 막대한 이익이 되는 건설사업을 도의와 윤리로 막기는 어렵다. 하지만 지역의 문화와 역사를 고려하지 않는 건설사업은 이제 지양해야 됨을 인지시키고 도시의 미래를 생각해 지속가능한 개발모델을 제시해야 한다. 도시경관을 해치는 주범인 획일적인 초고층 아파트 건설에서 벗어날 수 있는 대안을 민관이 적극적으로 내어놓아야 한다. 그런 점에서 시가 추진하는 '산복도

로 르네상스 프로젝트'의 결과를 기대해본다.

언론이 시민의식 개혁에 적극적으로 동참해야 한다

언론을 통해 간판문제 등에 대한 기획과 지속적인 캠페인이 이루어지면 좋겠다. 특히 도시 경관의 많은 부분을 차지하는 간판은 개인의 소유물이 아닌 도시가 공유하는 것으로 함께 가꾸어나가야 한다는 인식을 심어주어야 한다. 크고 조잡한 간판과 전면 유리창을 광고물로 다 씌우는 대신 진열장을 멋있게 단장하거나, 입구를 장식하는 싱그러운 꽃 화분 몇 개와 친절함이 손님들의 마음과 발길을 끄는 비결임을 알려줘야 한다. 아름다운 가게를 소개하고 그런 상점에 손님이 많은 걸 입증하는 통계연구와 사례를 소개하면 효과적일 것이다. 예를 들어, 광복로 경관사업이 어느 정도 진척된 상태에서 후반작업이 진전이 되지 않고 지지부진할 때 한 레저용품 판매점 주인이 간판 개선 이후 영업매출이 증가된 사실을 얘기함으로써 나머지 상인들도 적극적으로 개선사업에 협조하게 된 경우가 있었다.

언론사가 도시의 시급한 문제점을 고민하고 대안을 제시하는 자세를 가지는 건 그 지역의 발전을 위해 무척 중요하다. 근래 부산의 신문들이 그런 자각을 가지고 노력하는 모습을 보여 참으로 반갑고 기대하는 마음 또한 크다. 언론의 노력은 시민과 행정주체, 그리고 정책 감시와 대안제시에 소홀했던 지식인, 활동가들에게 지역 투지를 일깨우는 자극도 될 것이다. 또한 언론이 부산 정신을 보여주는 역사 속 인물과 정신을 발굴하고 평범한 시민들의 선행과 미담, 아름다운 가게·식당 등을 소개하면 시민의 의식은 절로 고양되고 따뜻해질 것이다. 시민정신과 언론의 역할은 밀접한 상관관계가 있다. 언론이 시민

의식 개혁에 한몫 해내기를 진정 기대해본다.

인터넷을 적극적으로 활용하라

부산 시민운동 단체들의 인터넷 활용도는 비교적 낮아 단체 인지도
가 낮고 시민의 호응도도 낮다. 인터넷을 활용한 시민운동은 이젠 시
대적으로 필수불가결한 사항이다. 시민운동은 젊은이들의 적극적인
참여를 필요로 한다. 인터넷은 폐해도 있을 수 있지만 소수의 목소리
를 전달하고 힘을 모으는 강력한 매체임에 틀림없다. 정보전달, 홍보,
여론수렴, 활동기금마련뿐만 아니라 활동 내용을 기사화하여 언론사
기자들에게 전달하기 위한 보도자료실 운영 등에 더욱더 적극적으로
힘써야 한다.

시민운동 사례별 고찰

문화도시화운동은 우리 사회가 필요로 하는 절실한 사업임에도 많
은 문제점으로 한계에 부딪혀 포기하는 경우가 허다하다. 국내외 문
화도시의 성공과 실패 사례를 연구하는 노력이 있어야겠다. 시민참여
의 역사가 오랜 선진국들은 우리의 시민운동의 문제점인 저조한 시민
참여, 재정문제, 사업내용의 빈약함 등 여러 가지에 대해 답을 줄 본
보기가 될 것이다.

문화부가 제창한 문화도시화 운동

1996년 초 문화부에서 문화복지를 주요사업방향으로 정하고 도시
의 문화를 증진시키기 위한 '문화도시화운동'을 제창한 이래 2000년

대 즈음에서 많은 도시들이 문화도시의 비전을 걸기 시작했다. 그러나 좋은 의도의 시작과는 달리 많은 일회성 지역축제들이 생겨나고 시군구의 완성도 떨어지는 성급한 문화개발사업이 나라 여기저기에 벌어지게 되었다. 문화를 걸고 자연과 문화를 올바르게 가꾸고 사람들의 삶을 존중하는 공간정책을 펴는 것과는 거리가 먼 일들이 일어난 것이다. 문화도시를 위해서도 개발은 필요하지만 투명한 도시계획과 성실하고 진실한 도시운영이 기본이 돼야 한다. 문화도시화운동은 민관이 머리를 맞대고 진지한 논의를 할 때 올바른 성과를 기대할 수 있을 것이다.

문화도시네트워크 사업

90년대 말 관 주도의 문화도시화운동이 한창일 때 문화도시네트워크는 진정한 문화도시의 비전을 가지고 민간영역 지식인들의 주도하에 지방정부영역 · 언론 · 기업까지 포괄하는 큰 틀로 출범을 했다. 문화도시네트워크는 설립 당시의 원대한 의도대로 꿈을 실현할 수는 없었지만, 문화가 척박한 부산에서 꾸준히 다양한 사업을 펼쳐왔다. 도시경관과 관련해 '간판문화시민운동', '야간경관', '도시디자인시민학교', '경관교육', '도시문화탐험' 등의 사업이 이루어졌다. 사실 문화도시화운동의 기치를 건 시민운동 사업은 수도권에서도 지속적으로 추진하는 사례가 잘 없고 광주의 경우 문화중심도시 국책사업으로 추진하고 있는 현실에서 문화도시네트워크가 시민참여형 운동방안을 다양하게 모색하며 실천하려고 애썼던 노력은 높이 평가할 만하다.

도시문화탐험활동은 활동내용과 강사진의 훌륭하고 치밀한 행사진행으로 시민들의 호응이 갈수록 좋아 2005년 이후 지속되는 사업이

다. 다른 답사회에서 운영하는 프로그램과의 차별성과 심도를 고려해 단순참여형의 답사가 아닌 복합적인 프로젝트를 고민하고 있다.

간판문화시민운동은 문화도시네트워크 설립 초기부터 주요활동으로 역점을 둔 사업으로 부산이 해결해야 할 심각한 문제임에도 불구하고 시민운동을 이끌 전문가 집단의 부재, 시민의 낮은 관심, 사업비 조달의 불안정 등으로 사업 운용이 지속적으로 이루어지지 못했다. 사실 간판문화에 대한 부산 시민의 관심은 2007년 광복로 시범가로 조성사업 이후 시들해진 실정이다. 그러나 간판문화는 하루 이틀에 해결될 문제가 아니기 때문에 지속적인 시민운동을 필요로 하는 점에서 아쉬움이 크다.

도시디자인 시민운동은 문화도시 구현을 위한 시민운동 의제여서 설립 취지와 잘 맞아 의욕적으로 추진되었다. 건축, 환경, 색채, 디자인 전공 연구자와 교수 등의 전문 집단으로 구성된 도시이미지네트워크 중심으로 과도한 야간경관 개발 문제 점검활동과 주변 환경과 어울리지 않고 튀는 아파트 색채문제 지적이라든지, 도시디자인시민학교 개설, 도시경관 감시운동 사이트 개설 등의 새로운 도시경관 시민운동 영역을 개척하고자 시도했다. 또한 2000년 중반 이후 나누리터 가꾸기, 산성마을만들기, 화명2동 생활문화공동체 시범사업 주관 등으로 문화가 있는 마을만들기운동을 확산시키고자 모색하고 있다.

부산길걷기시민운동

2008년 5월 부산길걷기운동 방향 수립을 위한 워크숍 이후 문화도시네트워크 · 생명그물 · 낙동강공동체 · 녹색도시부산21 · 온천천네트워크 등 여러 시민단체와 국제신문이 연대해 펼친 부산길걷기시민

운동은 황폐한 부산에 걷는 문화를 확산시키고 시·구·군이 걸을 수 있는 길 조성에 관심을 가지게 함으로써 생태도시 가능성을 연 사업이었다. 인간 중심의 '느린 도시(slow city)'가 전 세계적인 화두로 떠오르면서 걷기에 대한 부산 시민의 열망이 증대되는 시점이었고, 무엇보다 몇 개 시민단체가 협업을 통해 활동인력과 재원을 집중시켜 효율적인 체계로 힘을 모으고, 언론기관이 동참함으로써 사회분위기를 고조시킨 것이 주효했다. 더욱이 시가 희망근로사업을 연관시켜 그린웨이사업을 본격화시킨 것이 길걷기 붐을 조성했다. 결국 시민운동은 민관협력이 중요하다는 것을 상기시킨다.

길걷기시민운동의 결실은 (사)걷고싶은부산의 탄생으로 이어지고 그린워킹문화를 정착시켰다. 그린워킹사업의 일차 목표는 시민들이 쉽게 걸을 수 있는 산책로를 조성하는 것이다. 그러나 궁극적으로는 도시의 모든 도로환경을 보행자 중심으로 개선하여 어디를 걷더라도 쾌적하고 안전하며 친자연적인 환경을 구현하는 것이 장기목표가 되어야겠다. 그렇게 되면 산책, 자전거타기 등의 야외활동을 즐길 수 있을 뿐만 아니라 출퇴근과 통학경로로 이용할 수도 있어 시민은 건강하고 친환경적인 삶을 실현할 수 있게 된다.

삼포지향의 도시인 부산은 도시 어느 지역이나 바다와 산을 쉽게 접근할 수 있는 천혜의 환경이다. 그린워킹운동이 부산이 생태도시로 전환하는 데 확실한 기여를 하기를 바라고, 더불어 부산시의 그린웨이사업이 친자연형이 아닌 과도한 개발 사업으로 시민의 바람과 멀어지지 않도록 협업하는 일이 중요하겠다.

2010년 그린워킹사업은 갈맷길 700리를 부산 대표길로 만들고, 지역민에 의한 코스의 관리와 체류형 에코관광 수요창출을 통한 지역경

제 활성화 및 지역 애향심 고취를 사업과제로 하고 있다. 또한 지역 스토리텔링의 개발과 예비길해설사를 조직하는 과제도 설정했다. 부산의 이야기를 인문학적으로 풍부하게 담은 길가이드북을 계속해서 냄으로써 '길걷기=부산알기' 가 되고 '생태도시=문화도시' 가 되기를 기대해본다. 느린 도시의 구현을 통해 시민은 산책하며 건강을 얻고 도시를 걸으며 이웃·지역과 소통하게 된다. 그린워킹의 최종목표는 생태도시와 문화도시 구현이 되어야 한다고 생각한다.

해운대 바다와 철로가 만나는 골목

문화관광해설사회 활동

1990년대 후반 유홍준 전 문화재청장의 저서인 『나의 문화유산답사기』 덕분에 일반인의 문화유적 답사 열풍이 크게 일어났다. 이후

2001년 문화관광부의 문화정책으로 우리문화유산을 내·외국인에게 올바로 알리기 위해 문화유산해설사제도가 탄생했다. 각 지역의 역사와 문화 및 외국어의 전문적인 소양을 갖춘 시민들을 선발하여 지역에서 역사문화유산 중심의 해설을 하였으며, 점차 생태·녹색관광 등의 영역으로 해설주제가 확대됨에 따라 2005년에는 문화관광해설사로 이름을 바꾸고 폭 넓은 해설을 하고 있다. 문화관광부에서 기획한 프로그램이지만 자발적인 시민들의 참여로 이루어진 자원봉사단체로 운영되고 있어, 민관협력을 바탕으로 하는 시민운동의 한 형태로 문화영역에서 한몫을 하는 단체이다.

전국의 문화유적지를 찾은 많은 내·외국인에게 우리의 귀중한 문화유산에 대한 자부심과 함께 그걸 잘 보존해야 된다는 인식을 심어준 것은 무엇보다 해설사들의 열정적인 활동 덕분이다. 초·중·고등학생들의 특별활동 시간에 문화유산체험 프로그램이 큰 비중을 차지하게 된 것과 해설을 들으며 탐방하는 답사여행문화가 새롭게 형성된 것도 해설사 제도의 영향이라고 할 수 있다. 그러나 현장에서의 재밌고 유익한 해설도 중요하지만, 향토사발굴작업, 가이드북작업, 초청프로그램, 방과후교육프로그램 등 활동영역을 능동적으로 창출할 필요가 있다. 초기에 재부산외국인을 대상으로 하는 여러 부산알기프로그램이며 책 발간작업 등이 이루어질 수 있었던 것은 부산시립박물관 학예사와 부산문화유산해설사의 의식과 열정이 있었기에 가능했었다. 올바른 의식을 지니고 시민단체와 행정주체가 함께 힘을 모아 지속적으로 부산 문화운동을 실천할 때 진정한 문화도시로서 부산이 탄생할 것이다.

마무리하며

　　쾌적하고 아름다운 도시환경은 시민의 권리이다. 저급한 환경은 시민에게 폭력이나 같다. 물리적 환경이 좋은 곳에 사는 사람이 질 높은 삶을 영위한다는 이론은 맹자를 뛰어난 학자로 키워낸 맹모삼천지교를 통해서 예로부터 입증이 된 사실이다.

　이야기를 간직한 역사적 건물·문화유산이 현대와 어우러지는 오래된 거리들, 도시 곳곳에 있는 숲과 수변이 조화로운 쾌적한 공원, 산책로, 가로수 그늘이 드리워진 넓은 보행로와 자전거도로, 부산의 색깔과 멋을 지닌 휴식과 낭만이 있는 항구 주변의 친수공간들, 편리하고 친환경적인 도시교통체계, 산과 바다에 어울리는 예술성이 넘치는 아름다운 주거건물과 도심의 사무·상업 공간, 훌륭하고 특색 있는 대학과 연구소, 시장·박물관·미술관 등 부산의 힘과 고유한 문화를 보여주는 공간들, 그곳에서 여유 있고 따뜻한 마음으로 이웃과 도시의 미래를 생각하는 사람들이 사는 도시, 부산이 그런 도시가 되기를 간절히 바란다.

간판문화, 쉽게 바뀌지 않는 이유

우리나라 간판은 어지럽고 조악하기로 악명 높다. 도시 가로에 넘쳐나는 현란한 간판들이 도시미관을 망가뜨리고 시민들의 삶의 질을 저하시키는 주범이 된 지 오래이다. 곳곳에 붙어 있는 간판들을 보고 있으면 현기증이 날 지경이다. 낡고 지저분한 간판들은 그것들대로, 새로 생겨난 것들은 새 것대로 울긋불긋 떠들썩하게 불협화음을 쏟아내고 있다. 한 건물 빼곡히 들어선 간판을 보면, 간판들이 하나가 되어 날 보라고 아우성을 치고 있는 것 같다.

다들 간판문화가 문제라고 말은 해도, 정작 이 간판에 대해 관심 깊게 보는 사람들은 많지 않은 듯하다. 간판 제작을 주문하는 사람, 간판을 디자인하는 사람, 간판을 제작하고 시공하는 사람, 간판을 허가해주는 사람, 또 아침저녁으로 출퇴근하면서 차창가로 간판을 늘 쳐다보는 시민들 모두가 도시가 간판으로 도배당하는 데 한몫 거드는 것이 아닐까. 모두 예나 지금이나 변치 않는 촌스러움을 별일 아닌 듯이 여기고 있는 것이 아닐까. 그야말로 시각공해는 가장 가까이 접하면서도 그 폐해를 실감하지 못하는 공해인 것이다.

아무렇지도 않은 것, 따라서 범속하다는 것 그 자체가 악에 대한 감각을 말살시켰다는 통찰을 도시의 간판에 대해서도 그대로 적용할 수 있을 것이다. 우리사회의 가장 추한 현상들이 너무나도 가깝고 평범한 것으로 우리 곁에 존재하고 있다고 볼 수 있다. 순전히 우리 곁에 늘 가까이 있다는 이유로 무관심할 수 있다는 것은 '일상 속에 스며든 악의 꽃'을 방관하는 것이나 다름없는 것이 아닐까.

불성사납게 만들어진 간판 중에서도 플렉스(Flex)간판의 폐해는 특히 심각하다. 플렉스간판으로 인해 발생하는 것이 우리나라 간판문제의 70~80%는 차지한다고 보기 때문이다. 플렉스간판이란 다국적 기업인 3M에서 생산하는 유연성 원단으로 제작하는 간판을 말하는데, 80년대 후반 이후부터 생활간판의 80%를 점하고 있다. 간판하면 '플렉스'라고 할 정도로 간판에 많이 쓰이는 일반적인 소재가 플렉스이다. 80년대의 아크릴간판에 비해 파손 염려가 없고 컴퓨터 편집을 통해 미려한 화면 구성을 할 수 있다는 게 큰 장점이고, 제작이 간편하고 비용에 비해 광고효과를 극대화시킬 수 있다는 것 때문에 간판의 주 소재로 사용되고 있다.

간판으로 도배한 건물

그러나 이 소재로 인해 파생되는 문제는 심각하다. 싸고 제작이 간편한 관계로 광고주나 옥외광고물 제작업자들이 천편일률적으로 플렉스를 이용한 판형 방식의 간판을 선호한다. 그러다 보니 업소별 개성적인 이미지를 갖는 데 한계가 있고, 다양한 소재를 복합적으로 활용한다든지 하는 미적 감각을 발휘할 수 있는 여지를 갖지 못한다. 지금 길거리에 내걸린 대부분의 간판들은 직사각형 모양의 틀에다 플렉스를 입히고 문자를 새긴 것이라고 보면 된다. 또 디자인 능력이 없는 사람도 쉽게 제작할

수 있어 과다한 크기, 자극적인 색상, 과도한 문자 사용을 남발하게
된 원인을 제공하기도 한다. 납작하고 몰개성적이고 조악한 평판형
간판들이 대량으로 거리 곳곳에 내걸리는 것에는 이 소재가 갖는 이
런 특성이 크게 작용한다.

3

문화도시의 씨앗,
문화**시민**

전 세계적으로 지역공동체와 지역문화예술은 함께 성장해 왔다. 한국도 시민의 문화예술 향유 권리를 인식하고 있으나 아직은 여러모로 미흡하다. 그런데 문제는 현재 지역민들 다수가 문화적 욕구를 강하게 느끼고 있다는 사실이다. 이를 해결하려면 문화공간의 건설보다는 활용이 중요하며, 개별적인 지원보다는 문화예술 활동의 수요와 공급을 위한 네트워크의 활성화가 중요하다는 사실을 다시 확인해야 할 것이다. 근본적인 차원에서 문화의 수요를 만족시키고 공급을 확충하려면 시민들이 스스로 수용자에서 생산자로 바뀌게 하는 프로그램이 필요하다.

이 프로그램의 출발점은 각 지역의 아마추어 예술동아리를 지원하는 데 있다. 지역별로 '자발적 예술활동'을 장려하는 것이다. 여기서 중요한 것은 동아리들이 자생력을 갖추고 프로그램의 주체로 성장할 수 있어야 한다는 것이다. 따라서 활동비보다는 공간, 시설, 네트워킹 서비스 지원이 바람직하다. 먼저 지역별 예술동아리의 수요를 조사하고, 이 결과에 따라 일종의 '맞춤형 교육'을 실행하는 것이다.

자발적 예술활동의 지원은 예술가와 수용자 양쪽에 창조적인 매개가 될 수 있다. 예술가와 지역 예술동아리를 연결함으로써 예술가에게 일거리를 제공하는 한편, 그 성과를 지역공동체의 자산으로 삼아 지역을 재생, 발전시키는 것이다. 이 과정을 통해 시민들은 전문예술인이 생산한 문화의 소비자가 될 수도 있고, 자신이 문화를 생산하는

공급자로 바뀔 수도 있다. 즉, 스스로 문화예술을 통해 공공 서비스를 제공하는 주체가 되는 것이다. 따라서 자발적 예술활동의 지원은 시민이 주체가 되는 문화도시에 다가가는 방안이라고 생각된다. 앞으로는 지역 예술가의 지원도, 공공예술의 발전도 자발적 예술활동의 활성화와 연계해서 방향을 잡아보자.

이선정 기자는 시카고의 사례를 들며 공공예술의 본질이 지역주민들과의 소통에 있음을 거듭 밝힌다. 그리고 "스스로 미술관을 설립해 문화를 주체적으로 향유하는 독일 쿤스트페어라인"의 사례를 제시하며 문화복지란 시민 "스스로 창조하는 것"이라는 명제를 제시한다. 또 어린이 예술교육이 부족한 현실을 지적하며 해외 시립미술관의 사례들을 대조한다.

김성연 대표는 부산 미술계에서 대안공간이 걸어온 역사를 조명한다. "아래로부터/내부로부터의 의지"에 따라 미술운동을 실천해온 사례를 들며 그 미래적 의미를 성찰한다. 대안공간이 지역예술동아리와 예술가를 연결해주는 매개가 된다는 점에서 시사해주는 바가 크다.

전중근 국장은 "전문예술가들을 지원해 예술 향유자를 늘린다는 하향적 예술정책"의 한계를 지적하며 자발적 예술활동의 중요성을 강조한다. 후자가 문화클럽으로 발전하게 되면, "지역주민의 생활방식" 자체가 "문화 중심적으로 전환"할 수 있으며, 생활형 문화도시가 만들어질 수 있다는 가능성을 보여준다.

토론자로 나선 정두환 음악평론가는 다양성을 줄이고 획일화를 조장하는 교육과정에 대한 근본적인 변화를 역설했다. 어린이 예술교육부터 바뀌어야 시민의 문화의식이 변화하고, 그래야 문화예술이 튼튼하게 자라날 수 있다는 것이다. 또한 정부의 예술지원을 요구하는 동

시에 시민참여가 필요하다고 했다. 즉 자발적인 "밑으로부터의 상향" 노력이 요구된다는 것이다. 후자를 위해 지역의 예술동아리들을 데이터베이스화하는 작업이 필요하다고 제안했다. 또한 그린피스는 후원회를 결성할 수 있는 후보자 DB를 시드니 시에서 제공받는다는 사례를 들며, 부산시가 지역예술가를 위한 네트워킹 사업을 할 것을 제안했다.

　김준기 부산시립미술관 큐레이터는 시민들의 자발적 예술활동이 성숙하려면 풀뿌리 문화민주주의를 확립해야 하는데, 이것은 지역성(locality)의 활성화와 병행한다고 지적했다. 아울러 시립미술관의 교육기능을 활성화해 미술문화를 시민차원으로 확산함으로써 미술이 미술관의 폐쇄적 공간을 벗어나는 가능성을 확보하자고 했다. 또한 예술의 생산자와 소비자를 매개하는 예술협동조합을 설립하고, 공공미술 감시단을 만들어 공공미술의 성과를 비평하자는 제안을 덧붙였다.

문화복지와 공공예술

이선정 (국제신문 기자)

문화복지와 공공예술

　　공공예술(Public Art)은 말 그대로 일반 대중(Public)을 위한, 그리고 그들을 향한 예술이라고 할 수 있다. 예술가의 개인 작업, 그리고 이를 향유하는 일부 계층의 소비자들이라는 기존 예술의 틀에서 생산자와 소비자의 개념이 좀 더 확장된 형태라 할 수 있다. 생산자는 대중 속에서 예술의 본연을 찾으며, 특히 소비자의 범위는 특정 소수 상위계층에서 점차 아래로 확산된다. 그런 의미에서 공공예술은 '문화 민주주의' 이자 '문화복지' 라 표현할 수도 있겠다. 공공예술은 포괄적 의미로 문화복지의 개념을 포함한다고 볼 수 있다.

　공공예술은 주로 요즘 한국에서 유행하는 '공공미술' 을 지칭하지만 미술의 영역을 벗어나 음악 등 다양한 장르를 포괄하는 개념이다. 미술 장르를 중심으로 공공예술의 역사와 현황, 공공예술의 실천 현

장을 살펴봤다.

공공예술(공공미술)의 역사와 한국에서의 전개 상황

　　세계 공공미술사의 출발점을 어디로 잡을 것인가는 여전히
논란의 대상이지만 오늘날과 같은 사업(1% 미술이나 공공미술 프로
젝트) 개념의 공공예술 시작은 1930년대로 거슬러 올라간다. 당시 미
국에서 뉴딜정책의 하나로 실직 미술가들에게 일거리를 주기 위해 공
공건물 벽화 등을 의뢰하면서 공공예술은 시작됐다. 1950년대 들어서
면서 공공예술은 벽화에서 1% 미술로 확대된다.

　1951년 프랑스에서 공공건물 건축비의 1%를 미술품에 사용하도록
하는 이른바 '1% 건축조형물'을 법제화하면서 대중을 대상으로 한
예술인 공공예술은 본격화된다. 이후 미국 등 다른 나라도 비슷한 법
을 채택하면서 '건축 속의 예술(Art in Architecture)' 개념의 공공예술
이 자리를 잡게 된다. 전쟁 기념조형물이나 위인 동상 위주의 권위적
야외조각물들이 현대미술 조각들로 대체돼나갔던 것이다.

　건축 조형물 위주의 공공예술은 이후 영역을 더욱 확장해간다. 공
공 건축물 이외에 광장이나 공원 등 개방된 공간에서의 미술품 설치
(공공장소 속의 예술·Art in Public Places)가 늘어났고, 미술가가 도
로시설물을 직접 디자인하는 등 도시계획과도 결합(도시계획 속의 예
술·Art in Urban Design)했다.

　1990년대 들어 공공예술은 '대변혁'의 시기를 겪는다. 건축물이나
특정 장소 속의 조형물이나 디자인에서 벗어나 예술이 공동체 삶 속
으로 들어가 지역의 일들을 예술로 표현하고자 하는 이른바 커뮤니티

아트(Community Art)로 진화한 것이다. 이는 지역공동체 주민들과 대화하면서 예술을 통해 마을의 문제를 해결하고자 하는 시도였다. 1993년 시카고 일대에서 펼쳐진 대규모 프로젝트인 메리 제인 제이콥의 '행동하는 문화(Culture in Action)'를 대표 사례로 들 수 있다. '행동하는 문화'는 1991년 시작해 2년간의 준비 과정을 거쳐 1993년 5월 20일~9월 30일 공개된 프로젝트. 커뮤니티라는 공적 영역에서 작가의 역할을 강조하는 활동을 통해 예술의 사회적 역할을 환기시킨, 공공예술의 패러다임을 바꾼 프로젝트로 평가되고 있다. ①실내정원을 만들어 HIV/에이즈 환자에게 대체식량 채소를 공급한 하하와 플러드 그룹의 '플러드' ②청소년들과 지역공동체 구성원을 인터뷰하고 이를 비디오로 제작, 거리에 설치한 '스트리트 레벨 비디오' ③훌륭한 업적을 남긴 지역여성 100명을 선정해 도심에 바위기념물을 설치한 수잔 레이시 등의 '일순(一巡)' 등 8개 프로젝트로 구성됐다. '행동하는 문화'는 공동체에 들어가거나 새로운 공동체를 만드는 방식으로 구성원의 참여를 유도하고, 이들의 교육하는 과정 전체를 예술로 보았다.

이 같은 1990년대 공공예술의 변화를 두고 작가 수잔 레이시는 '새 장르 공공예술(New Genre Public Art)'이라고 정의했다. 미학적 가치보다 사회적 의미, 결과보다는 과정을 중요시하는 새 장르 공공예술은 다양한 지역 이슈와 결합하면서 지금까지 계속 확대, 발전하고 있다. 이러한 커뮤니티 아트는 모더니즘 시대 이후 지나치게 개인주의화, 탈정치화된 순수미술에 대한 반격으로 해석된다. 사회적 관계성과 지향성을 내세워 미술의 새로운 활로를 모색한다는 것이다. 사회적 관계성이냐 개인성이냐, 공공미술은 결국 예술 본질의 문제를 건드린다고 할 수 있다.

공공예술의 사회미학은 "미학은 감성적 인식의 문제이며, 감성적 인식은 개인적 차원에서만 이루어진다"는 개인주의적 미학의 관점을 넘어 '공공적 성격을 띤 미학적 실천', '사회적 관계에 기반한 공공성의 미학'을 의미한다. 사회미학은 '미학의 사회화'와 '사회의 미학화'를 동시에 모색하며, 개인의 감수성과 작품(텍스트)에 고립되는 개인주의 미학이 아닌 관계성의 미학을 지향한다. 공공예술의 사회미학은 공공성, 관계성만이 아니라 다양한 지향성과 특이성을 내재할 수 있는데, 예를 들어 "개인의 미적 취향을 넘어 사회적 관계성과 의미화를", "주관적 개인 작업을 넘어 집단적 공동작업을", "관조적이고 대상화된 작품을 넘어 맥락적이고 상호작용적인 작품을" 추구한다.(이원재, 「공공예술, 지역문화를 만나다」, 지역신문 기자 대상 공공예술 워크숍 자료)

시카고 공공미술 밀레니엄 파크(Millennium Park)의 크라우드 게이트(Cloud Gate)

한국에서는 1982년 '1% 건축조형물법'을 권장사항으로 도입하면서 '건축 속의 예술'이 뿌리를 내린다. 1%법은 1995년 의무화됐고 현재 '1% 이하'로 하향 조정돼 공공 및 민간 건축물에 적용, 유지되고 있다. 그러나 선정 과정에서 일어나는 비리가 사회문제화되면서 폐지론이 끊이지 않고 있으며, 1% 조형물은 넘쳐나지만 공간과 겉돌아 '풍요 속의 빈곤'을 겪고 있는 실정이다.

사회적 관계성을 중요시한다는 점에서 공공미술을 1980년대 민중미술과 연결하는 해석도 있다. 사회에 대한 참여와 변화를 요구하는 목소리를 미술을 통해 드러내는 민중미술의 지향점은 공공미술의 그것과 다르지 않다. 때문에 이러한 우려도 나온다. 지나치게 개인화된 미술작업에서 벗어나 사회적 참여를 외쳤던 민중미술이 한때 큰 반향을 일으켰으나 인기가 잦아들어 작가들은 개인 작업으로 돌아갔다. 다시 사회 참여를 요구하는 공공미술이 거대한 사이클, 즉 또 하나의 유행이라는 것이다.

최근 지자체들이 도심재생, 문화도시 등의 이름으로 공공예술 프로젝트에 일제히 뛰어들면서 공공예술 움직임은 어느 때보다 뜨겁다. 현재 서울시는 디자인총괄본부(본부장 부시장급) '도시갤러리'를 운영하면서 도시디자인과 결합한 공공예술 프로젝트를 시행하고 있다. 경기도 안양시는 도시 전체를 '아트 시티'로 만든다는 목표로 '안양 공공예술 프로젝트'를 가동, 지난 2005년부터 안양유원지와 평촌신도시 등 일대에 미술품을 설치해오고 있다.

2006년 문화관광부가 공공미술추진위원회라는 공공예술 지원 공식기구를 만들면서 국내에서도 '커뮤니티 아트' 범주의 공공예술이 확산되기에 이른다. 2006년과 2007년 공공미술추진위원회는 전국 각

12곳과 15곳에서 '아트인시티' 사업을 시행했다. 부산에서는 대안공간인 '오픈스페이스 배'가 위원회의 지원을 받아 2006년 동구 수정동에서 '희망 프로젝트', 이듬해에는 범일동 안창마을에서 '안창고 프로젝트'를 벌였다. 현재 이 위원회는 존재하지 않고 정부나 지자체가 주관하는 공공미술 프로젝트가 활발하게 진행 중이다.

부산에서는 요즘 부산시가 2억 원을 지원한 동구 망양로 일대의 '산복도로 1번지-도시는 골목길이 있다' (오픈스페이스 배)와 문화관광체육부가 1억 원을 지원한 사하구 감천동 산복도로 일대의 '꿈을 꾸는 부산의 마추픽추' (아트팩토리 인 다대포) 등 굵직한 공공미술 프로젝트가 진행 중이다.

그러나 이처럼 전국적으로 대유행하고 있는 공공미술 프로젝트가 '행동하는 문화'처럼 얼마나 지역민의 삶에 들어가 예술이 그들의 삶과 호흡하고, 삶을 변화시키는 기제가 되고 있는지는 프로젝트 진행자들이 안은 과제다.

커뮤니티 아트에서는 어떤 작품을 설치했는지보다 지역민들과 얼마나 소통하고 그들의 삶에 근접했는지, 즉 보이는 결과물보다 과정을 중요시한다. 2008년 10월 미국 시카고의 메이폴 마을에서 커뮤니티 아트 작업을 진행했던 시카고 예술대 학생들은 이렇게 말했다. "작가로서 '이건 내 작품이다'라는 생각을 버려야 한다. 내 작품이 아니라 마을 주민들의 것이며 그들이 원하지 않는다면 철거할 수도 있다. 당연히 그들의 선택이다. 커뮤니티 아트에서 90%는 과정이고 10%가 결과물이다."

그런 의미에서 지난해 10월 부산 대안공간 반디에서 펼쳐진 '광안2동의 삶과 기억'이라는 공공미술전이 눈에 띈다. 광안2동 사람들을

인터뷰하거나 그림을 그리게 하는 등 지역민을 미술의 영역으로 적극적으로 끌어들인 미술전이었다. 개막 파티도 지역민들이 어우러지는 마을파티 형식으로 진행했다. 반디는 "점차 거대해지고 스펙터클해지는 공공미술에 대한 반동"이라고 표현하기도 했다.

화려한 외형 속에서 공공미술이 담아야 할 본질을 놓치지 않는지, 미술을 매개로 한 또 하나의 '사업'에 그치지 않는지 고민이 필요하다.

시민이 스스로 만드는 공공예술과 문화복지 – 독일 쿤스트페어라인

쿤스트페어라인(Kunstverein)은 독일의 독특한 미술문화로 시민이 세운 공공미술관이라고 할 수 있다. 전시장을 갖추고 최신 현대미술을 지역주민들에 선보이는 역할을 하는 쿤스트페어라인은 독일 전역에 400여 개나 된다. '미술협회' 정도로 해석되는 쿤스트페어라인은 미술가들의 이익단체인 우리나라 미협과는 다르다. 미술을 후원하는 일반 시민이 조직의 핵심이다. 작가도 정부도 아닌 시민사회가 독일미술의 주체가 되는 것이다. 가령 1827년 설립된 슈투트가르트 쿤스트페어라인의 현재 회원은 3,000여 명. 이 중 절반은 작가이고 나머지는 미술애호가들이다. 즉 시민이 직접 나서 지역작가들의 작품 생산을 지원하고 전시 지원을 하는 '지역 미술관'을 만든 것으로 쿤스트페어라인은 곧 시민 스스로 예술의 주체로 참여한 공공예술의 전형을 보여준다고 하겠다. 스스로 개척한 공공예술의 장, 이를 적극적으로 향유하면서 문화복지도 자연스레 실현되고 있는 것이다.

독일에서 시민이 미술 생산과 소비의 주체가 된 데는 시민사회의 역사와 궤를 같이한다. 쿤스트페어라인은 18세기 후반(1796년 뉘른

베르크에서 처음 생김) 설립돼 지역별로 확산됐다. 프랑스 혁명과 영국 산업혁명에 의해 유럽 전역에서 시민사회가 무르익을 당시, 봉건제가 강했던 독일에서는 지역별로 부유한 지식인층이 미술문화를 널리 향유하자는 취지로 쿤스트페어라인을 설립했다. 단순히 그림을 구매하여 작가들을 후원하는 방식이 아니라, 조직(협회)을 만들어 미술을 지원하고 발전을 추동해내는 시스템을 정립한 것이다. 이러한 자생적 작가–시민 네트워크는 동시대미술이 시민 속에서 자연스럽게 정착하게 만들었다.

시민이 나서 작가와 다른 시민을 중개하는 독일의 이러한 체계는 작가와 정부와 시민이 늘상 따로 움직이는 한국과 비교된다. 쿤스트페어라인 재정은 회비(개인당 연간 25유로)와 기업후원이 일부 포함되지만 대부분은 주정부와 시로부터 충당한다. 설립 초기에는 시민회원들이 복권을 사고 판 돈으로 운영됐으나 전후인 1950년대부터 정부로부터 재정 지원을 받는 형태로 변화했다. 하지만 설립의 주체는 여전히 시민이다. 7명 이상이 모이면 쿤스트페어라인을 만들 수 있다. 이것이 정부 승인을 얻으면 재정 지원을 받을 수 있는 방식이다.

대상이 지역이 아니라는 점도 독특하다. 각 쿤스트페어라인은 '지역 미술협회' '지역 미술인회관'이지만 그 대상은 지역이 아니다. 물론 지역작가의 주요 등용문이고, 매년 정기적으로 회원들의 전시도 연다. 그러나 '무대'는 전국, 나아가 전 세계 현대미술이다.

슈투트가르트 쿤스트페어라인에서는 한국의 작가들도 전시에 참가했다. 사진작가 노순택은 2008년 3월 슈투트가르트 쿤스트페어라인에서 '비상국가'를 주제로 한 개인전을 열었다. 전준호, 이용백 등도 이곳을 거쳐갔다.

함부르크 쿤스트페어라인(Kunstverein)

슈투트가르트 쿤스트페어라인 한스 크리스트 디렉터는 쿤스트페어라인에 대해서 이렇게 설명했다. "지방 사람들이 스스로 문화를 향유하자는 취지로 18세기 후반 지식층에 의해 생겨난 쿤스트페어라인은 상당히 독일적인 시스템으로 당시 유럽에서는 획기적 제도였다. 쿤스트페어라인은 지역별로 주요 미술 인프라로 기능을 한다. 쿤스트페어라인은 처음에는 지역작가 작품을 위주로 소개하다 2차 세계대전 이후 시야를 넓혀 세계의 다양한 현대미술을 선보이는 장소로 탈바꿈했다."

시민들은 자신이 직접 설계한 공공미술관에서 난해하다는 현대미술을 일상적으로 맛본다. 현대미술은 이렇게 시민의 삶에서 녹아난다.

문화예술교육을 통한 문화복지와 공공예술

　　문화복지와 공공예술 사업이 제대로 시민들 사이에서 정착하기 위해서는 문화예술교육이 필수다. 문화예술교육을 강조하는 프랑스와 부산의 사례를 알아봤다.

프랑스 퐁피두센터 어린이미술관

　프랑스 파리 퐁피두센터 어린이미술관(Gallerie des Enfants)은 1977년 설립된 세계 최초의 어린이미술관이다. 주로 8~10세 전후 아이들을 대상으로 무료로 개방된다. 퐁피두센터 1층 매표소 왼쪽에 위치한 어린이미술관은 현대미술관(5~7층)과 공간을 분리해 어린이미술 전문 교육 공간으로 기능을 한다.

　퐁피두센터 어린이미술관은 전시 연계 미술 프로그램, 어린이 아틀리에, 워크숍 등 다양한 방식으로 어린이들에게 미술을 '느끼게' 하고 있다. 2009년 6월 방문했을 때 이 미술관은 '알렉산더 칼더 작가 전시 연계 교육프로그램'을 진행하고 있었다. 특별전으로 키네틱아트의 대가 칼더(1898~1976)의 전시가 본 미술관에서 열렸는데 이와 연계해 어린이들의 눈높이에 맞춰 칼더의 미술을 이해하도록 다양한 프로그램을 마련했던 것이다. 작가의 작품원리를 어린이들이 직접 경험하도록 해 전시는 물론 미술에 대한 이해를 돕는다는 취지였다. 아이들은 하얗고 빨갛고 노란 색색의 판 달기를 반복하며 모빌의 균형을 맞추는 놀이를 한다거나, 아틀리에에서는 모빌을 직접 만드는 교육이 열리기도 했다. "2, 3차원이라는 각기 다른 공간 속에서 선이 어떻게 다르게 보이는지 보여줌으로써 선을 대단히 중요하게 생각한 칼

더의 의도를 유추하게끔 했다." 퐁피두센터 셀린느 장비에 언론담당의 설명이다.

퐁피두센터 어린이미술관은 교육을 전담하는 담당자가 10여 명의 큐레이터와 프로젝트별로 협업하는 방식으로 운영된다. 전시 연계 프로그램이나 어린이들이 직접 작품을 만들 수 있도록 한 아틀리에, 전문 수업인 워크숍 등 프로젝트별로 참가하는 방식으로 운영되고 있다. 이용자도 많다. 프로젝트마다 6개월 단위로 운영되는 어린이미술관은 6만~7만 명, 수강료를 내고 참가하는 어린이 아틀리에는 1만 5,000명~1만 7,000명 정도에 이른다.

일본 나가사키현미술관 어린이미술 프로그램

일본 나가사키현미술관의 어린이 미술교육 프로그램도 주목할 만하다. 이곳은 어린이 미술교육을 전문으로 하는 에듀케이터만 3명을 두고 있으며, 학교 교사가 미술관에 파견돼 어린이 미술교육 프로그램을 직접 주도하고 있다.

2009년 7월 부산시립미술관에서 교류전 형식으로 나가카시현미술관에서 일정 기간 프로그램을 수강한 어린이들의 작품 전시회가 열렸다. 선보인 작품들은 전시연계 프로그램 결과물로, 스페인 작가 호세 마리아 시실리아의 개인전이 열려 이 전시와 어린이 미술교육을 연결시킨 것이다. 당시 인터뷰한 나가사키현미술관의 고지마 히데토시 치프 에듀케이터는 중학교 미술교사로, 미술관에 파견 근무 중이었다.

외국 미술관을 돌다 보면 항상 부러운 것이 미술관 작품 앞에서 학생들이 수업을 하고 있다는 점이다. 거장들의 작품을 직접 보며 학생들은 창의성과 감수성을 키운다.

부산시립미술관은 어린이 미술교육의 기회가 적은 데다 있어도 실기 수업 위주로 편성돼 미술의 일반화 또는 공공화를 외치기에는 부족한 면이 많다고 본다. 2008년 신설돼 연간 한 차례 진행되는 전시 연계 프로그램('작품이랑 일촌맺자')과 방학 중 단기과정(과정당 3일) 정도에 그칠 정도로 빈약한 실정이다. 부산시립미술관이 어린이 미술관을 별도로 설립할 계획이 있는 것으로 알려지고 있다. 이러한 움직임이 어린이 미술교육의 본질에 근접한 운영과 활동으로 이어져야 할 것이다.

한국의 엘 시스테마를 꿈꾼다─부산 동평초등학교

부산 부산진구 당감동 동평초등학교 어린이 오케스트라단은 2009년 12월 2일 부산문화회관에서 학교 오케스트라와 세계적 성악가 조수미 씨를 초청해 협연을 펼쳤다. 동평초 재학생들 100여 명은 2003년부터 부산시교육청의 지원으로 오케스트라단을 설립, 운영하고 있다. 바이올린 팀파니 등 모든 악기는 대여가 가능하고 참여를 원하는 재학생이면 누구나 오케스트라단에서 연주할 수 있다. 월 강습비는 3만 원가량. 기초생활수급자나 차상위계층 자녀 등 저소득층 학생들은 문화바우처사업 등과 연계해 강습비를 면제받는다.

참여 학생들 대부분이 저소득층 자녀들이어서 동평초 어린이 오케스트라단은 문화예술교육은 물론 문화복지도 실현할 수 있는 기회로 평가되고 있다.

뉴욕 카네기홀 공연 등 유명세를 떨치고 있는 소년의 집 오케스트라단과 함께 동평초는 베네수엘라의 독특한 문화예술교육 시스템인 '엘 시스테마'를 연상시킨다. 저소득층 학생들에게 음악교육을 시키

는 엘 시스테마는 전 세계적 주목을 받고 있다. 비행 청소년 감소 등 교육적 효과를 거뒀을 뿐 아니라 이곳 출신 학생들이 프로 연주인이 돼 수준 높은 연주를 선보이고 있기 때문이다. 엘 시스테마 출신 20대의 젊은 지휘자 구스타프 두다멜은 요즘 세계 클래식계의 수퍼스타다. 엘 시스테마를 거쳐 연주 실력을 인정받은 이들이 모인 오케스트라단 '시몬 볼리바르 유스 오케스트라'도 연일 화제가 되고 있다.

그러나 동평초 어린이 오케스트라단은 지속적 예산 확보에 어려움이 있어 운영에 난항을 겪고 있다. 부산시교육청 문화예술교육담당 박우양 장학사는 "(동평초가) 저소득층 비중이 높은 지역이라서 자연스레 문화복지 효과를 내긴 하지만, 후원이 지속적이지 못해 운영에 어려움을 겪고 있다"고 말했다. 동평초 오케스트라단은 재정 문제로 존폐 기로에 몰리기도 했으나 2010년에는 부산지방변호사회가 2,000만 원을 후원하기로 해 운영은 지속될 전망이다. 그러나 이도 한시적이다.

서울시에서 최근 동평초 오케스트라단을 벤치마킹하기 위해 부산시교육청을 찾았다고 한다. 서울시와 서울시향이 동평초와 같은 학교 내 어린이 오케스트라단을 서울시에서도 만들겠다는 계획을 갖고 있다는 것이다. 문화복지를 위해 적극 뛰어드는 서울시의 태도가 곧 부산시의 벤치마킹 대상일 것이다.

문화복지는 스스로 창조하는 것

공공예술과 문화복지의 테마를 미술 장르를 중심으로 살펴봤다. 공공미술은 경기부양을 위한 벽화사업에서부터 출발해 1% 미

술, 커뮤니티 아트 등 다양한 형태로 진화하고 있다. 국내에서도 정부와 지자체가 경쟁적으로 벽화 사업 등 다양한 공공미술 프로젝트를 확대하고 있다. 공공미술 프로젝트가 벽화를 그리고 조각물을 설치하는 데 그친다면 미술품은 대중과 관계하지 않는 그저 단순한 대상물에 지나지 않을 것이다. '대형 이벤트'로 전락하지 않기 위한 프로젝트 시행자나 참여자의 공공예술에 대한 고민이 수반돼야 할 것이다.

더불어 문화복지 실현을 위한 공공예술을 확대시키기 위한 어린이 문화예술교육에 대한 심층적 접근이 부산에서도 이뤄져야 할 때다. 어린이미술관 설립이나 음악교육 등을 통해 체계적으로 문화예술교육에 대한 시스템을 적립하고 예산도 안정적으로 확보돼야 할 것이다.

무엇보다 공공예술의 주체는 대중, 시민이라는 점이다. 직접 공공예술에 대한 '그림'을 만들고 정부나 지자체 지원을 얻어내는 능동성이 공공예술을 꽃피울 수 있다는 점을 스스로 미술관을 설립해 문화를 주체적으로 향유하고 있는 독일 쿤스트페어라인에서 배울 수 있다.

문화복지는 아래로 내려오는 '시혜'가 아닌 아래가 스스로 창조하는 것이다.

※ 이 글은 국제신문 2008년 11월 '공공예술은 지금' 시리즈와 2009년 7~9월 '부산 공공미술관, 10년의 지도를 그리다' 시리즈 등 필자가 작성한 기사 내용을 중심으로 재정리한 것이다.

지역미술운동의 현황과 과제

김성연 (작가, 대안공간 반디 대표)

밖으로 나간 미술

　　부산에서 제도권 공간을 벗어난 전시로서 공식적으로 언급될 만한 것은 부산지역 미술인들의 규합으로 1987년부터 열렸던 〈바다미술제〉를 들 수 있다. 〈바다미술제〉는 야외전시인 대성리 전에 자극받아 부산의 환경적 특성을 살려 바다를 무대로 열렸던 전시였다. 당시 많은 지역의 젊은 작가들이 참여하고 관심을 받았던 〈바다미술제〉는 이후 〈청년비엔날레〉(1981년)와 함께 부산비엔날레로 통합되어 열리게 된다. 이러한 대규모 행사들은 지역미술과 해외를 포함한 외부의 미술이 만나는 긍정적 계기로 작동한다. 하지만 바다라는 환경적 요인이 다른 점이긴 하지만 야외조각이라는 개념의 전시는 이전부터 있어왔고 이처럼 제도로 구축된 경우를 논외로 한다면 그룹 '미디움'의 활동이 주목할 만하다.

'미디움'의 시도

1999년 초 광안리 폐건물에서 있었던 전시 〈14개의 방〉은 '미디움'이라는 젊은 미술그룹이 주축이 되어 새로운 전시방식으로 미술의 영역을 공공의 영역으로 확장한 부산 최초의 시도로 기록될 수 있을 것이다. '미디움' 그룹은 1998년 큐레이터 이영준이 기획한 매체를 중심으로 한 전시가 발단이 되어 구성된 젊은 작가그룹이었다. 영상, 사진, 설치, 퍼포먼스와 같은 다양한 장르의 지역작가 14명이 의기투합하여 음습한 폐건물(사라토가)을 공략한 〈14개의 방_사적영역〉전은 형식과 내용 면에서 당시 지역미술계에 파격으로 다가왔다. 전시에서 비평가 고(故) 이동석은 이 공간을 '무절제하게 개발되어 방기된 부산이라는 절망적 도시환경의 상징'으로 비유하며 '새로운 형태의 미술을 추구하는 일군의 젊은 작가들이 척박한 전시문화 속에서 짐승처럼 쫓기다가 발견한 공간이었다'라고 묘사하고 있는 것처럼, 그룹 '미디움'은 제도공간을 벗어나 미술과 도시공간의 문제를 제시하였다.

이 전시는 연일 많은 일반 관객이 찾아왔고 심지어 인근학교에서 단체로 줄지어 관람을 오기도 하였으며 입소문을 타고 일반인들이 끊이지 않았다. 한 번 왔던 아이들은 마치 무료 놀이공원(혹은 귀신의 집)을 발견한 양 친구들을 데리고 다시 찾기도 했다. 결국 수일간 연장전시를 하게 되었고 10일간의 전시기간 동안 수천 명의 관람객이 그 험한 콘크리트 구조물을 찾아들 정도로 반향이 컸다.

당시 '미디움' 그룹은 사회적 문제에 대한 발언과 같은 전시도 하였으나 주로 공공의 장소 그리고 관객의 적극적인 참여로 이루어지는 전시를 기획하였고 그 의미와 실현가능성을 고민했다. 이처럼 10년

전 '미디움' 그룹은 미술의 새로운 형식적 실험과 탈 제도적 공간에 대한 적극적 접근, 관객의 참여, 시민에게 다가가려는 시도를 통해 미술의 확산이라는 생각과 열정만으로 제도적 지원 하나 없이 일련의 전시를 만들었다.

전시도록에서 고 이동석 선생은 "이 전시는 작품이 사유(私有)되는 것이 아니라 공유되는 것이며 미술은 소유되는 것이 아니라 향유되어야 한다는 점을 보여주었으며 나아가 새로운 소통이란 관조가 아니라 참여를 전제로 한다는 사실을 분명하게 증언하였다"라며 "공적미술과 사적미술의 불분명한 경계에서 제도적 관성과 급진적 대안을 조화시키는 것은 양립의 문제가 아니라 선택의 문제인지도 모른다"고 기술하고 있다. 또한 미술은 "수동적 물신(物神)으로 경배되는 것이 아니라 환경과 공동체를 향해 활짝 열려 있어야 하며 부산이라는 무절제한 도시공간은 오히려 젊은 작가들에게 하나의 가능성과 도전의 대상이 될 수 있을 것"이라며 "거리와 건물이 나아가 도시 공간 전체가 매체가 되는 미술운동을 촉구"하였다.

이 전시 외에도 '미디움' 그룹은 2000년 4월 동아대병원 앞 가정집에서 〈House & Home〉전, 같은 해 12월 용두산 공원 공중화장실 내부와 외부를 이용한 〈화장실_Rest-Room〉전을 개최하였다. 특히 화장실전은 이전과 달리 실제로 수많은 시민들이 사용하는 장소라는 점에서 더욱 독특한 전시로 기억되었고 어떤 작품은 화장실 관리부서에서 소장하기도 하였으며 오프닝 퍼포먼스 때는 용두산공원의 많은 노인들이 모여 관심을 보였다. 이런 전시는 건축가들과의 유대와 협의가 있었기에 가능하였다. 하지만 매번 전시에서 오는 비용의 문제나 개인적 여건들로, 많은 아이디어가 있었음에도 실현하지 못하고 더

이상 공공장소에서 전시를 하지 못하였다. 하지만 이런 '미디움' 그룹의 활동은 이후 다른 단체들의 전시로 이어졌다.

다양한 공간을 찾아간 미술

2년 뒤인 2002년 8월, '21c Art Growth Group' 이 기획하여 젊은 작가 21명이 참여하여 부산대 앞 상설할인매장을 무대로 〈가라사니 진열창〉 프로젝트가 열렸다. 옷가게의 쇼윈도우를 활용한 전시로 초상화 그리기 같은 이벤트도 진행하였는데 상업적 공간에서 우연히 만나는 미술을 통해 적극적으로 시민들에게 다가가려는 프로젝트였다.

또한 2003년 1월 병원에서도 전시가 열렸다. 건축가와 기획자(이영준)가 건축주와 협의하여 강서 프라임병원의 병실에서 〈치유와 은유〉라는 주제로 공간의 의미와 부합되는 전시를 개최하였다(참여작가: 김성철, 김성연, 그룹 PLAY, 김지현, 심점환, 박재현, 진성훈). 병원이라는 공간의 특성을 배려한 전시개념으로 물리적인 치료를 넘어 문화적 접근을 통해 전신적인 치유를 위한 적극적 의미를 담고 있었다.

이후 같은 병원에서 〈미술종합병원-즐거운 치유〉라는 전시가 2004년 10월 '현시대미술발전모임' (이하 현미발모)의 기획으로 진행되었다. 이들은 전국 공모를 통해 작품 스케치를 기준으로 심의하여 작가를 선정하였으며 이러한 방식은 추후에도 유사하게 진행되었다. '현미발모' 는 특정작가들로 단체가 구성되지 않고 기획별로 작가를 선정하여 열린 작가참여방식을 취하였고 이를 통해 더욱 많은 작가들의 관심과 참여가 가능하도록 하였다. 즉 공공장소 전시의미에 동조하는 작가들의 자발적 참여를 유도하고 좀 더 많은 작가들의 관심을 이끌 수 있었다.

2005년에는 많은 여행객이 오가는 부산역에서도 전시가 있었다. 문화기획단체인 '종합선물세트'에 의해 14명의 작가가 참여하여 〈Box in Busan Station-간격전〉이라는 주제로 역내 곳곳을 미술작품으로 구성하였다. 이 전시 이후에도 같은 그룹에 의해 2006년에도 부산역과 부전역에서 지역의 미술대학 팀들이 참여하여 전시가 이어졌다.

이외에도 부산 보수동 책방골목에서 전시가 수차례 진행되었고 꽃마을 자연예술제도 지속되고 있는 행사이다.

최근에는 2009년 10월에 삼성극장(동구 범일동)에서 열린 〈극장전〉과 옛 백제병원(동구 초량동)에서 열린 〈도시는 재생을 꿈꾼다〉전(부산미술포럼) 등이 대표적인 사례로 들 수 있다. 이 두 전시 모두 극장과 병원이라는 역사성을 지닌 근대건축물에서 이루어졌고 공간이 지닌 의미에 중점을 두었다. 이들은 모두 도시의 개발과 보존의 문제와 연관되어 사라져가는 근대건물의 기억과 가치를 환기시키고 자본논리에 의한 도시개발에 대한 문제제기를 하였다. 즉 단순히 미술전시가 가지는 미학적인 접근을 넘어 도시문제에 관한 사회적 관심을 촉구하는 의미를 지닌다.

공간을 거점으로 한 미술활동

사인화랑

최근 부산의 미술환경을 보면 주로 비영리 전시공간을 거점으로 활발하고 다각적인 미술활동이 일어나고 있는데, 이러한 공간 활동의 모태격인 부산의 비영리화랑은 1984년 고정진윤, 박은주, 김웅기, 예유근 네 명의 작가들이 운영했던 '사인화랑'으로 거슬러 올라간다. '사

인화랑'은 국내 최초의 대안공간으로서 역할을 했던 화랑으로 신진작가 발굴과 『미술통신』이라는 매체발간을 통해 지역미술을 활성화하는데에 기여했던 공간이다.[1] 비록 적극적 활동 시기는 몇 년으로 그치긴했지만, 80년대의 한국민중미술과는 차이가 있는–정치적 성향이 표면적으로 등장하지 않는 표현주의적 성향의 이른바 '부산형상미술'의태동에 적극적 역할을 하였다. 그리고 신진작가들의 등용방식이나 운영 방식 면에서도 여러 새로운 시도를 하였고 미술의 형식 면에서도명확한 성격을 보여준 경우이다. 최근 대안공간이라는 명칭으로 불리는 비영리 화랑들의 원조격으로 재조명될 필요가 있다.

대안공간 섬

부산에서 공식적으로 대안공간이라는 명칭을 처음 사용한 것은 현재 '대안공간 반디'의 전신이라 할 수 있는, 1999년 설립된 '대안공간섬'이다. 당시 시립미술관 학예사이던 고 이동석과 큐레이터 이영준(현 김해문화의전당 전시팀장) 그리고 김성연(작가)이 의기투합한 비영리 공간이었다.[2] '대안공간 섬'은 당시 서울의 '대안공간 Loop',
'대안공간 풀'과 같은 공간의 출범과 함께했고 부산에서 대안공간의활동을 인식하게 되는 계기가 되었다. 기획공모를 통한 신진작가 발굴, 건축이나 만화와 같은 타 장르를 아우르는 탈장르적 전시, 사회적문제의식이 반영된 전시를 비롯하여 당시 국가금융위기사태로 위축되었던 지역미술계에 신선한 시도로 기억된다. 그러나 1년 남짓 활동하다 공간확보에 어려움을 겪게 되었고 매체발간과 대안적 전시기획등 하고자 했던 활동을 지속하지 못하고 표류하게 되었다.

대안공간 반디

'대안공간 섬'의 활동을 지속하기 위해 기획동인이었던 필자가 이 전보다 작은 규모지만 '대안공간 반디'라는 이름으로 2002년 재개관 하였다. '대안공간 반디'는 전시기획공모를 통해 신진작가와 기획자 를 지원하였으며 사회적 메시지가 담긴 전시 혹은 여러 인접장르를 아우르는 기획전 특히 지역에서 상대적으로 활발하지 못한 다양한 매 체미술을 적극적으로 수용하는 전시기획을 하고 있다. 특히 상업성과 무관한 젊은 작가들의 실험공간으로 기능하고 있으며 일반인들이 참 여하는 프로젝트와 같은 전시방식의 활동 이외에도 작가와 일반을 위 한 다양한 교육프로그램을 수행하고 있다. 또한 지역작가들의 지속적 인 활동을 지원하기 위해 작가자료구축과 도록발간을 통한 지역작가 홍보를 위한 노력을 하고 있다. 그리고 매년 〈부산 국제비디오 페스 티발〉을 주최하고 있고 2007년 1월 광안리의 동네 목욕탕 건물로 이 전한 이후 더욱 대외적인 인지도가 높아졌다. 최근 『B-ART』라는 지 역의 미술문화잡지 발간에 주도적으로 개입하였으며 국제 네트워크,

대안공간 반디

지속적인 작가지원과 홍보를 통해 반디에서 발굴하고 거쳐 갔던 젊은 작가들이 활발한 활동을 하고 있다.

오픈스페이스 배

도심을 벗어나 넓은 배 과수원(기장군 일광면)일대에 위치한 '오픈 스페이스 배'는 전시공간뿐만 아니라 축사를 개조한 작업실을 확보하고 국제 레지던시 프로그램과 아동미술 프로그램 그리고 공공미술 활동에도 적극적으로 참여하는 비영리 공간이다. 접근성이 불리하지만 야외라는 조건을 오히려 잘 활용하고 있으며 지역과 지역을 잇는 네트워크 구축과 해외교류 프로그램 등 활발한 활동을 하고 있다. 특히 지역에서 최초로 아티스트 레지던시 프로그램을 수행하여 국내외 작가들과 부산의 네트워크 형성에 큰 역할을 하고 있다. 그리고 최근의 굵직한 공공미술을 수행하여 활동범위를 확장하고 있다.

아지트

부산대학교 인근의 '아지트'는 언더그라운드 음악과 그래피티, 미디어활동 등 몇몇 장르를 아우르는 복합적 성격을 활용해서 이루어진 집단이며 공간을 통해서 자신들의 작업을 수행한다. 미술만이 아니라 다양한 장르의 '재미난 복수' 팀이 함께하여 시민들을 찾아가는 다양한 프로그램을 수행하고 있다.

그외

그리고 '아트팩토리 인 다대포'는 개인 기업인이 공장을 할애하여 작가 작업실과 레지던시 시설 그리고 전시공간을 갖추고 있다. '소울

아트스페이스'(구서동)는 2005년 말 개관 이후 젊은 작가들을 지원하는 전시가 많이 열리고 있으며 교육프로그램, 세미나, 그리고 작가 작업실을 제공하고 있다. 또 '아트 인 오리'(기장군)는 90년대 말 조각가들의 공동 작업실로 출발하여 전시공간과 함께 지역민과 연계한 마을프로젝트를 수행하는 등 지속적인 활동을 하고 있다.

대안을 위한 공간

사인화랑, 대안공간 섬, 대안공간 반디, 오픈스페이스 배, 아지트 등과 같은 비영리 전시공간은 기존의 상업화랑이 수행하지 못했던 새로운 시도로 부산미술의 지평을 넓히는 데 기여했다. '사인화랑'은 부산의 80년대 형상미술과 같은 형태의 미술을 소개하는 데 공헌하였고 그들의 시각으로 젊은 작가들을 장으로 끌어들였다.[3] '대안공간 섬'과 '대안공간 반디'는 더욱 체계적인 방식으로 지역 젊은 작가들의 활동을 지원함과 동시에 그 활동범위를 확장하고 새로운 동시대 미술의 저변확장과 관심을 유도하는 등의 대안적 시도를 하였다.[4] '대안공간 섬'과 '대안공간 반디'의 활동은 이후 '엄태익 갤러리'의 출현이나 '아트 인 오리'에서부터 '오픈스페이스 배'에 이르는 공간에도 자극제가 되었고 잠시활동하다 사라진 여러 공간을 비롯하여 오늘날 활발한 부산의 비영리 공간의 활동에 촉발점이 되었다.

또한 '오픈스페이스 배'도 부산에서 '아티스트 레지던시' 개념을 최초로 도입하여 지역미술에 활력이 되고 있으며 아지트와 같은 복합문화공간의 새로운 시도들도 주목할 만하다. 최근 시도되고 있는 이들 대안공간들의 노력과 실천이 지역미술의 미래를 긍정적으로 볼 수

있는 하나의 요인이다.

이러한 활동들은 척박한 부산미술이 만들어낸 자생적이고 대안적 시도이다. 작지만 독특한 색을 지닌 다양한 공간/단체의 시도는 부산의 미술지평을 좀 더 풍요롭게 넓히는 계기가 될 것이다. 다만 비영리 공간은 항상 경제적인 어려움이 따르기 마련인데 의욕적으로 시작한 몇몇 공간이 운영상의 문제로 휴관하는 등 이러한 대안적 활동들이 지속되지 못하는 아쉬움이 있다. 물론 지속성만이 중요한 것은 아니겠으나 이들의 활동을 위한 제도적 지원이나 운영을 위한 자구 노력은 여전히 숙제로 남아 있다. 그렇지만 최근 몇 년간 이런 시도들이 전국적인 인지도와 국내외 네트워크를 형성해나가고 있다는 것은 과거 부산미술에서 볼 수 없었던 중요한 변화이며 주목할 만한 시도이다.

미술포럼과 미술매체

부산에서 미술과 연관된 학술행사와 지역미술 현안에 대한 논의의 장으로 기능해온 단체로는 부산미술포럼이 대표적으로, 지난 10여 년간 꾸준한 활동을 해왔다. 미술 전문매체가 부재했고 건강한 담론의 장이 부족했던 당시 부산미술포럼은 지역의 중요한 논쟁의 장으로 기능해왔다. 공동대표체제로 운행되다 수년 전부터 일인대표제제로 바뀌었고 초기 의도했던 다양한 인적구성에서 차츰 작가위주의 구성으로 바뀌었다. 비록 최근의 활동이 예전만 못하고 미술인 참여도나 관심이 줄어들긴 하였으나 전국적으로도 이러한 미술포럼이 10년 넘도록 지속된 사례는 찾기 힘들다. 학술, 미술현장, 미술행정과 연관된 행사를 30회가 넘게 진행했고 미술장식품제도, 미술관, 미술

시장, 비엔날레, 미술교육과 같은 주제를 다루어왔으며 미술현안에 대한 공론의 장으로 역할을 해왔다.

이처럼 부산미술포럼은 담론이 빈약한 지역미술계에 문제 제기와 논의를 가능하도록 하는 광장의 역할을 수행해왔다. 하지만 시간이 흐를수록 참여인원이 줄어들거나 미술인들의 관심도도 낮아지는 경향을 보인다. 이는 미술인 내부의 무관심이 가장 큰 문제이겠지만 포럼 자체가 뚜렷한 지향점을 가지고 있지 않고 인적구성의 결속을 담보할 수 없는 구조적 한계가 있기 때문이기도 할 것이다. 그리고 논의의 장을 마련하는 것만으로 포럼의 소임을 다하는 것이라고 여겨 대안제시와 같은 결과물을 마련하기위한 노력이나 혹은 실천적인 대응을 적극적으로 하려 하지 않았던 경향이 있었다. 그리고 대부분 작가들로 구성되어 있어 자체적인 연구기능과 합리적 대안제시가 어려운 한계도 있다.[5)]

단편적으로 이루어진 행사였지만 기획자(김준기)의 관심으로 미술활동가라 불릴 수 있는 이들을 모아서 포럼과 전시를 하였던 〈액티비스트 포럼〉도 미술실천의 중요성을 인지하고 확산하려던 시도로 들수 있다. 부산의 경우 타 지역과 달리 적극적인 활동을 보이는 개인이나 단체는 많지 않지만 이러한 행동들을 확인하고 기록하는 의미 있는 기획이었다.

한편, 부산미술에 있어 비평부재의 현실은 어제오늘의 이야기가 아니다. 과거 『미술통신』, 『조형과상황』, 『부산미술』과 같은 매체발간 시도들이 있었지만 지속되지 못했다. 부산미술은 제대로 된 전문매체 하나 갖지 못했으며 적극적으로 장에 개입하여 활동하는 평론가는 몇되지 않는다. 그나마 이들 평론가의 활동을 지원하고 목소리를 담을

매체도 없으니 '전시는 있되, 담론은 없다' 는 말은 바로 부산을 두고 하는 말이다. 이런 현실은 중앙과 지역의 간극이 여전히 지속될 수밖에 없는 원인 중 하나이다.

이런 상황에서 작년부터 발행되기 시작한 잡지 『B-ART』는 긍정적 시도로 볼 수 있다. 비록 흑백으로 된 작은 잡지이지만 정기간행물인 『B-ART』는 매월 무가지로 발행되는 부산 미술문화잡지로 2010년 4월 현재 8호째를 발행하였다. 잡지의 구성은 주목할 만한 현장의 비평적 접근을 위한 현장초점, 주제에 따른 특집, 담론과 쟁점, 인물 심층 인터뷰, 두세 건의 전시읽기와 그 외 지역 미술계 소식과 다음 달의 전시소개로 이루어져 있다. 지역 내 미술매체 부재를 극복하기 위해 시작은 하였지만 월간이라는 부담과 경제적 어려움이 항시 존재한다. 발송료 정도의 개인구독료와 개인후원금을 받고 있지만 지속적인 발행을 위한 대책이 필요해 보인다.

『B-ART』의 발간 이후, 전시비평 위주로 구성되는 격월간 매체 『CRACKER』가 현재 2회에 걸쳐 만들어졌다. 두 매체는 지속성을 주목해봐야겠지만 지역미술의 매체 부재 상황과 전시는 있되 비평은 없는 부산의 미술계에 신선한 시도로 평가된다.

남은 과제

언급한 사례 외에도 크고 작은 미술운동과 활동이 있었겠지만 이상에서 살펴본 것처럼 부산의 미술운동은 80~90년대부터 의미 있는 활동이 전개되었으며 최근 수년간 수적인 면에서도 증가하고 있다. 제도 공간을 벗어난 미술운동은 적극적으로 일반시민들과 만

나 미술에 대한 관심을 증대시키고 근대건축물 혹은 도시재생과 연관된 문제 제기에 이르기까지 미술의 의미를 확장시키려는 시도와 같이 다양한 맥락에서 진행되었다. 한편 미술담론의 장으로 기능해온 미술포럼은 앞으로의 방향설정과 변화에 따라 그 역할의 중요성이 판단될 것이며 최근 시작된 미술매체를 통한 담론의 장들은 앞으로의 전개를 주목할 필요가 있다. 그리고 공간을 거점으로 한 활동의 경우 각각의 공간성격과 특성을 지니고 과거와는 다른 새로운 의미를 생성하며 지역미술계에 신선한 활력이 되고 있다. 이들의 활동으로 장르적 다양성과 함께 젊은 작가들의 활동 폭이 확장되었으며 제도권에서 수행하지 못했던 교육 프로그램이나 작가 레지던시와 같은 다양한 프로그램을 통해 과거와 다른 차원에서 지역미술의 가능성을 보여주고 있다.

하지만 이러한 미술운동이 좀 더 확장된 의미를 생성하기 위해서는 여전히 많은 과제가 남겨져 있다. 지금까지 산발적으로 일어났던 의미 있는 미술운동은 몇몇 개인의 희생이 요구되는 방식으로 전개된 경우가 대부분이었다. 물론 개인 의지에서 시작된 것이기도 하고 또 독립적이거나 파생적 활동으로 일어난 경우가 많아 자연스러운 현상으로도 이해될 수 있겠지만 지속적 활동을 담보하기가 어렵고 개인에 따르는 부담도 클 수밖에 없다. 일정한 시스템을 통해 이루어지지 못하는 현재의 방식으로는 항상 한계에 봉착할 우려가 있고 또 전문 인력의 지속적인 활동과 배출을 기대하기 힘들다. 이를 위해서는 공간이나 단체를 구성하는 인적 구조와 운영방식을 체계화하는 것이 필요해 보인다. 또한 기금을 포함한 경제적 구조가 안정적이지 못하다는 것이 문제이고 또한 앞으로의 과제이다.

이러한 문제가 간단히 해결될 수 있는 것은 아니다. 지역 내의 미술 관련 교육이나 미술행정과 같은 전반적 미술환경과 맞물려 있다. 현재의 미술환경에서 전문기획자의 활동이나 배출을 기대하기는 힘들다. 대부분 작가들이 위에 언급한 활동의 기획이나 운영을 주도해왔는데 앞으로는 전문 인력의 포진을 위한 장치와 제도적 지원이 필요하다. 구체적인 예로 공공기금의 예를 들면, 담론확산이 가능한 기획전에 대한 지원을 늘리고 전시비용에 기획예산을 산정하도록 해서 기획에 대한 가치를 인정하는 것과 같은 것이다. 지금까지는 몇몇 개인의 의지와 노력으로 여러 실천이 이루어져왔지만 앞으로는 전문인력의 참여와 체계적인 운영 그리고 합리적인 공공기금의 투입이 요구된다.

부산지역 미술이 근대미술 이후 거의 공전을 거듭하고 있는 것처럼 여겨지는 것은 부산지역 미술이 안고 있는 여러 구조적 문제를 해결하지 못한 채 역사적 이행만을 반복해왔기 때문이다. 물론 지역미술이 안고 있는 저간의 구조적 문제들이 단번에 해결될 수는 없고 지속적인 실험과 실천이 수행되어야만 이를 돌파할 수 있는 최소한의 가능성을 확보할 수 있다는 점은 분명하다. 지역에서 지속적으로 이루어지는 다양한 형태의 예술적 실천의 실패 경험이 축적되고 또한 개선 노력이 개인의 차원을 넘어 이루어질 때 지역미술의 구조적 문제를 풀 수 있다는 것이다. 그러므로 80~90년대부터 다각적인 실험이 오늘날까지 맥을 이어오고 있는 것처럼, 미술적 실험/실패를 거듭하는 일이 '무의미' 한 일로 처리되지 않도록 축적되는 방안을 고민하는 것이 필요하다. 이를 위해 대안적 미술실천세력들이야 말로 대안이 필요한 지점이다.

주

1) 조선령, 「1980~90년대의 부산미술」, 『도큐멘타 Ⅲ: 일상의 역사』, 부산시립미술관, 2007 참조
2) 김성연, 「부산미술과 대안공간 반디」, 『미술과담론』 19호, 2005 참조
3) 김만석, 「시장 이후」, 『대안공간 반디를 기록하다』, 비온후, 2009 참조
4) 조선령, 「1980~90년대의 부산미술」, 『도큐멘타Ⅲ: 일상의 역사』, 부산시립미술관, 2007 참조
5) 창립 10주년 행사로 치러진 부산미술포럼에서 발제자 이영준은 작가중심의 구성에서 건축 공공디자인, 예술행정 등 각 분야 전문가들도 운영주체로 참여할 필요가 있고, 또한 학술 행사와 시의성이 강하거나 논쟁이 될 만한 포럼과 구분할 필요성을 역설하면서 시의성을 요구하는 사안에 대해서는 적극적으로 순발력을 발휘하는 운영의 차별화가 요구된다고 피력하였다.

자발적 예술활동과 문화시민의 역할

전중근 (문화도시네트워크 사무국장)

문화도시의 씨앗, 시민의 자발적 예술활동

'문화와 예술'이라는 단어가 갖는 이미지는 여전히 일반시민들에게는 거리감을 준다. '문화와 예술'이라는 것이 소위 지식계층이나 예술적 재능을 가진 사람들만의 영역이라고 보기 때문일 것이다. 물론 당장 살아가는 데에는 크게 관계없다고 현실적인 판단을 하는 것도 한 요인이다. 시간이 갈수록 문화 관련 영역이 확장되고, 다양한 문화이벤트도 열리고 있다. 예전과 달리 문화에 대한 시민들의 관심은 높아졌지만, 여전히 많은 사람들에게 문화는 만들어진 '상품'을 일방적으로 수용하는 '소비자' 입장을 벗어나지 못한다.

그러나 이러한 한계를 극복하고, 시민 스스로 문화활동의 주체이자 중심이 되고자 하는 자발적 예술활동[1]이 빠르게 확산되는 추세이다. 정보화사회의 발달로 시민들은 매일 MP3로 음악을 듣고, 노래를 부

르고, 영화를 보고, 글을 쓴다. 또한 한적한 사찰에서 그림 그리는 데 몰두하는 이들을 간혹 볼 수 있으며, 디카활동으로 분주한 이들도 주변에서 흔히 보게 된다. 좀 더 적극적인 사람들은 자신이 좋아하는 문화예술 활동을 위해 인터넷 커뮤니티를 개설해 활동하거나, 동아리활동을 하기도 한다. 블로그라는 것을 통해 이제는 일반 시민들이 전문 예술인들의 문화예술 활동에 대한 비평을 직접 쓰고, 수많은 이들이 그 글에 댓글을 달기도 한다.

소수의 전유물에서 시민이 즐기는 예술로

근대 이전에는 예술과 삶이 서로 분리되지 않았다. 함께 그리고, 만들고, 춤추면서 생활하는 공동체 속에 창조적 예술행위가 생활과 함께 녹아 있었다. 그러나 사회가 발전하면서 예술은 분화되기 시작했다. 예술은 예술가가 하는 것으로 인식되었고, 일반 사람들은 예술작품을 감상하는 객체로 자리 잡게 되었다. 한편에서는 예술의 질이 높아졌으나, 일반시민들은 예술로부터 소외되는 과정이 이어져 온 셈이다.[2]

근대 이후 예술의 생산과 소비는 서로 꽉 막힌, 소통이 되지 않는 구조가 되었다. 이러한 예술 생산과 소비의 패러다임을 블록(Block)이라고 표현할 수 있다.[3] 기존의 고급예술은 예술가들과 비평가, 그리고 이들을 후원하는 예술기관 및 상층계급 구성원들에 의해 유지되어왔다. 예술은 소수 사회집단의 전유물이었고, 일반시민들의 일상생활 영역으로부터 분리되어 존재했다. 이로 인해 시민들은 '예술은 내 삶과 상관이 없다' 거나 '예술은 그들의 것이다' 라는 표현에서 보듯

이 예술에 대한 소외감이 컸다.[4]

이러한 상황은 우리사회도 별반 다르지 않았다. 예술가들이 공연하거나, 전시회를 가지면, 시민들은 감상하는 것에 머무르는 경우가 대부분이었다. 최근까지 우리나라 문화예술정책은 전문 예술가들과 예술 향유자들을 매개하기 위해 많은 노력을 경주했다. 전국의 많은 지자체들은 대규모 문화공간을 개설하고, 큰 축제를 열고, 유명한 예술가의 공연을 유치하기 위해 노력을 기울였다. 그러나 결과적으로 많은 국가예산을 투입하고 문화시설과 문화프로그램들을 개설했음에도 국민들의 예술 향유 수준이 증가했다는 것은 통계적으로 확인되지 않고 있다.[5] 그래서 연구자들은 전문 예술가들을 지원해서 예술 향유자들을 늘린다는 하향적 예술정책에 한계가 있는 것은 아닌지 의심하게 되었다.[6] 더 이상 이런 방식으로 문화예술 지원책을 펼치더라도 시민이 예술을 즐기고 문화적인 삶이 만개한 문화도시로 발전할 수 있다는 낙관을 가질 수 없게 되었다. 또한 예술가 중심 정책이 예술을 '예술가들의 전유물' 처럼 여기게 했으며, 예술 자체의 실패는 물론이고 예술이 가지는 다양한 사회적 가치를 발휘하는 데도 실패했다는 인식이 팽배해졌다.[7]

그동안의 예술창작과 전문가 중심의 정부정책과 지원방침은 변화하는 국민들의 적극적이며 다양한 문화적 욕구를 해소하고 충족시키기에는 한계가 있으며, 따라서 실제 국민들의 피부에 와 닿을 수 있는 체감형 정책수립과 지원의 필요성이 제기되는 배경이다. 또한 시민들의 자발적인 문화예술 동호회 활동이 갖는 사회적 의미와 경제에 미치는 파급 영향도 상당한 것으로 파악되고 있다.[8] 바로 이 점이 국민들의 일상생활 속 문화예술 동호회 활동이 정책적 관심을 받는 주요

한 이유이기도 하다.

한편 문화예술의 생산자와 소비자가 더 이상 단절되어서는 안 된다는 논의가 이루어지고 있다. 이제는 전문 예술인과 시민들의 문화예술 활동을 구분하는 것 자체가 문제가 있으며, 시민이 문화예술의 생산자이자 소비자라는 관점으로 문화예술을 바라보아야 한다는 것이다. 이미 현대인들에게 문화예술은 더 이상 뗄 수 없는 관계이다. 현대사회로 올수록 교육받은 중산층이 등장하면서, 특정 계층에 국한되던 문화예술 활동이 대중화되고, 삶과 예술의 접점이 더 넓어지게 된 것이다.

이제 새로운 예술 생산과 소비의 패러다임은 블록이 아니라, 그물망으로 형성된다. 구별이 아니라 결속과 연결의 효과를 야기한다. 블록에서 그물망으로 예술장의 구조적 변화가 일어나고 있는 것이다.[9] 블록에서 그물망으로의 변화는 블록 속에서 유지되었던 예술을 숭배 대상으로 보는 태도에도 일정한 변화를 수반하고 있다. 이제 예술은 물신화된 숭배 대상이 아니라, 시대적 변화에 따라 예술의 가치와 의미가 새롭게 정립되어야 한다는 것이다. 예술은 초월적 가치나 관조의 대상이 아니라, 사회발전을 위한 창의성이나 혁신과 같은 근본 가치를 구현하기 위한 장치이자 도구로 보아야 한다는 것이다.[10] 이제 사회발전을 위한 경쟁력은 문화적 가치를 창조할 수 있는 사회적 역량에서 비롯하며, 궁극적으로 개인의 문화적 향수 수준에 좌우된다는 것이다.

자발적 예술활동과 문화공동체 만들기 사례

이미 오래전부터 선진국에서는 시민들의 문화예술 활동이

활발히 이루어지고 있으며, 국가는 정책적으로 이를 지원해왔다. 다행히 한국에서도 이에 대한 논의가 조금씩 이루어지고 있다. 2006년 설립한 성남문화재단은 전국에서 지방자치단체로는 유일하게 출발부터 시민들의 문화예술 활동에 주목하여 이를 중심으로 문화정책을 펴고 있다. 인천에 있는 인천시민문화예술센터는 민간단체로서 지방정부의 지원 없이 '문화도시로 가는 길의 주인공은 시민이다. 문화는 시민이 만들어가는 것이다' 라는 각오로 자발적 예술활동에 앞장서고 있는 좋은 사례이다.

성남문화재단의 사랑방문화클럽네트워크 구축

성남은 시민 문화예술 동호회, 동아리, 시민의 자발적 문화공동체가 도시를 창조해나가는 힘이라고 여기고, '사랑방문화클럽네크워크' 를 구축하는 등 자발적 예술활동 분야에서 모범적인 문화도시로 인정을 받고 있다. 성남문화재단에서 추진하고 있는 사랑방문화클럽 네트워크 사업은 문화예술을 즐기는 문화예술동아리들 간의 교류 네트워크를 기반으로 서서히 동네 주민들과 연계하고, 나아가 분당과 본 도심을 연결하여 성남이라는 도시를 생활문화공동체가 발전한 도시로 만들어가고자 하고 있다.

사랑방문화클럽은 '도시를 만드는 주체는 시민이다' 라는 명제로부터 출발했다. 이 사업은 생활예술 활동을 펼치고 자발적으로 가꾸어나가는 사람들의 풀뿌리모임을 문화클럽이라 보고, 문화클럽의 열정을 성남시의 문화 정체성 확립을 위한 동력으로 삼고자 하였다. 성남문화재단은 이러한 사업 목적을 위해 2006년 성남시에서 자발적으로 일어나고 있는 문화예술 활동에 대한 실태조사의 중요성을 인식하고,

도시 전체를 대상으로 아마추어 문화예술클럽 조사를 실시한 우리나라 최초의 연구인만큼 그 자체로도 의미가 크다.

성남문화재단이 성남의 문화시설과 주민자치·복지시설 등 1,057개 기관 중 373개 기관을 통해 조사한 결과, 1,103개의 문화예술 관련 동호회가 확인되었다. 이를 토대로 이중 활동이 활발한 320개의 문화클럽을 뽑고, 또 그중 30개의 핵심 문화클럽에서부터 사랑방문화클럽 네트워크 구축을 시작했다. 이렇게 해서 현재 110개 정도의 핵심 클럽이 네트워크를 형성해 왕성한 활동을 하고 있다.

성남문화재단은 문화클럽들의 욕구조사도 함께 진행했다. 그 결과 클럽들은 활발한 활동에 따른 클럽 운영비와 공간 비용 조달에 어려움을 겪고 있었다는 것을 알 수 있었다. 이에 2007년 성남시 문화공간 실태조사를 진행해 지역 내 850개의 공간과 시설 중 160여 개의 가능한 문화공간을 데이터베이스화했으며, 이중 사랑방문화클럽과 성남문화통화사업[11]과 연계해 6곳이 현재 사랑방으로 지정돼 클럽 회원들의 연습과 발표, 학습 장소로 사용되고 있다.

2007년에는 클럽지기 모임운영위원회가 출범했으며, 2008년에는 네트워크 구성원을 클럽 회원까지 확대해 네트워크를 출범하고, 사랑방문화클럽 운영위원회를 발족했다. 운영위원회는 사랑방클럽축제와 문화공헌 지원 프로젝트를 직접 기획하며, 사랑방의 운영 주체로 더 발전된 모습을 보여주었다. 현재 클럽 간의 네트워크는 전체 네트워크에서 동네클럽 간의 네트워크 형성으로 변화하고 있다.

주목할 점은 시민들의 자발적인 문화클럽 활동을 지원할 때, 성남문화재단이 직접 개입하고 관리하는 방식이 아니라, 문화클럽 간의 연결망인 네트워크를 형성하고 시민들의 주체적인 운영역량에 기반

을 두어 지원사업을 하겠다는 것이다.

우리 동네 문화공동체 만들기 프로젝트에서는 '문화놀이터–아트클럽'과 '움직이는 사진관'이라는 두 개의 아담한 사랑방을 열고 프로그램을 진행하였고, 30개의 핵심문화클럽 중의 하나인 '무한포커스'라는 사진 동호회는 '움직이는 사진관'에서 태평4동의 할아버지 할머니들에게 영정사진을 찍어드리며 왕성한 활동을 한 바 있는데, 성남문화재단에서는 이러한 '사랑방'을 문화클럽과 연계하여 현대의 생활공간 속에서 '문화통화'를 활용하여 서로 품앗이처럼 나눔의 문화로 발전시켜나가고 있다

자발적 예술활동의 지역거점, 인천시민문화예술센터

인천시민문화예술센터는 1996년 지역공동체를 만들기 위한 '평화와 참여로 가는 시민문화센터'의 문예위원회에서 시작되었다. 시민이 참여하는 공연과 축제, 아카데미 등의 기획사업을 진행해오다 2005년 문화단체로서 전문적으로 활동하기 위해 인천연대로부터 독립하여 인천시민문화예술센터가 설립되었다. 10여 명의 상근자들과 300여 명의 회원들이 활동하고 있는 인천시민문화예술센터는 일상적으로 시민들이 스스로 문화예술 환경을 바꾸기 위해서 활동하는 문화수용자운동인 '문화바람' 활동과 전문창작활동, 문화를 매개로 한 동아리 활동공간인 '놀이터'와 복합문화공간인 '소풍'을 운영하고 있다. 2006년부터 진행한 문화수용자운동은 시민들이 적극적으로 양질의 공연을 유치하는 운동으로, 단체 상근자들이 거리에 나가 문화수용자운동을 설명하고, 월 1만 원의 CMS회원(문화바람)을 모으는 활동으로 시작했다. 그렇게 시작한 지 2년 만에 700여 명의 문화바람 회

원이 모였으며, 연 5회 이상의 공연을 유치해, 문화바람 회원들은 무료로 공연을 관람할 수 있었다. 처음으로 유치했던 공연인 '백창우와 굴렁쇠 아이들 콘서트' 때는 1,600명의 관객이 관람하기도 했다.

이후 센터는 문화수용자운동을 계속 진행하며, 회원들을 대상으로 문화예술 활동에 대한 듣고 싶은 강좌와 강의를 개설하고 생활예술동아리를 만들었다. 회원 교육은 특별한 전문강사를 두기보다는 대부분 좀 더 잘하는 회원들이 가르치고 배우며 연습하는 동아리들을 만들었다. 그렇게 만들어진 동아리가 지금은 9개 동아리, 300여 명의 회원 (월 회비를 내는 회원)이 활동하고 있다. 그중 160명이라는 가장 많은 회원을 보유한 기타동아리 '기타마루', 직장인밴드 '오락실', 여성 기타동아리 '토마토', 그림동아리 '그림무리', 사진동아리 '세상을 담는 눈', 크로키동아리 '크로마니', 합창단 '평화바람', 영상동아리 '아이뷰', 풍물동아리 '해맞이' 등이 주 1회 정기모임을 통해 활동하고 있다.

부산의 자발적 예술활동 현실

부산에서도 많은 자발적/아마추어 예술활동을 펼치는 문화동아리들이 존재하고 있다. 문화도시네트워크는 이러한 자발적 예술활동 그룹의 활성화가 문화도시 부산을 위한 기반이 된다고 보고, 2006년부터 문화동아리 지원사업을 펼치고 있다. 2006년 하반기에 각 분야의 대표적인 문화동아리를 모아 '문화동아리한마당' 행사를 갖고, 공연 등을 함께 치르며 우애를 다지는 시간을 가졌다. 2007년에는 '문화동아리 워크숍' 행사를 갖고, 문화동아리 사례 발표와 우수 동아리 시상식을 가진 바 있다. 그러나 단발성 행사에 그치는 수준이었으며, 연중

지속사업을 설정할 수 있는 여건을 갖출 수 없는 상황이어서 사업의 탄력을 가질 수 없었다. 2008년, 2009년에는 이러한 행사 위주보다는 부산에서 활동하는 문화동아리 현황 조사가 필요하다고 보아, 문화동아리 활동 조사와 자료집을 펴내기도 했다. 그러나 문화동아리 활동 전체 현황이 잘 드러나지 않아, 문화동아리

시민문화동아리한마당 행사 때 공연하는 모습

활성화를 위한 기초자료가 되기에는 미흡한 수준이다. 부산지역의 자발적 예술활동 분야는 지방정부와 마찬가지로 지역문화재단 역시 관심 밖의 대상으로 간주하고 있는 것으로 보인다.

한국에서의 자발적 예술활동의 현실과 과제

우리나라에서 자발적/아마추어 예술활동이 크게 활성화되지 못하는 이유 중 하나는 아마추어에 대한 사회적 통념이 자리 잡고 있다. 아마추어 단체라고 지칭하면 자신들을 폄하하는 것으로 받아들이는 것이 현실이다. 많은 아마추어 예술단체들이 스스로를 전문예술단

체로 규정하고 있다. 아마추어 예술이 자연스럽게 형성된 다른 나라들과 달리, 우리나라에서는 아마추어 예술에 대한 잘못된 통념이 아마추어 예술의 활성화를 가로막고 있는 것이다. 문화적, 사회적 발전에 따라 자연스럽게 아마추어 예술이 형성되고 성장한 유럽이나 일본에서는 아마추어 예술에 대한 평가가 낮아지거나 정책적으로 홀대받는 일은 일어나지 않는다. 하지만, 이와 달리 우리사회는 단순히 개인적 만족을 위한 취미활동 이상의 의미를 갖지 못하는 관계로 그 결과 아마추어 예술은 수준이 떨어지는 것으로 인식하게 되었으며 아마추어 예술에 있어 예술적 가치 추구보다는 자기만족도가 중요한 것으로 여기게 되었다.[12)]

지역사회는 지금부터라도 시민들의 자발적 예술활동이 활성화될 수 있는 방안을 다각적으로 마련해야 할 것이다. 생활 속의 문화활동이 아마추어/자발적 예술활동의 활성화를 가져오고, 이것이 문화클럽의 확대로 발전하도록 하면서 문화활동의 선순환 구조를 확립할 수 있는 방침을 가져야 할 것이다. 문화행정에서는 자발적 문화활동에 대한 공동 차원의 지원 시스템을 갖추는 것을 목표로 해야 할 것이다. 문화동아리들에 대한 직접적인 예산 지원보다는 공간, 학습, 기여활동 등에 대한 지원 수요가 있을 경우, 이를 상시적으로 지원할 수 있는 행정 지원체계 구축에 초점을 맞추어야 할 것이다.

자발적 예술활동의 활성화와 문화공동체 형성을 위한 도전과 과제

자발적 예술활동을 활성화한다는 것은 생활 속의 예술활동을 증진하는 것뿐만 아니라, 문화를 매개로 지역의 공동체 관계를 회

복하는 것을 목적으로 하고 있으며, 이를 통하여 지역 내 문화공동체 형성을 궁극적인 목적으로 삼고 있다. 이제 예술의 생산과 소비의 패러다임은 공동체를 통해서 작동할 수 있다. 예술은 이제 블록 속에 머무르는 것이 아니라, 그물망 속에서 끊임없이 움직이고 재창조된다. 운동과 생성의 과정 속에서 사람들을 결속하고 연결시킨다. 그리하여 '구별의 표식'이었던 '문화자본'으로서의 예술은 사회관계를 매개하는 '사회자본'으로 변화한다.[13]

최근 미국의 지역 커뮤니티에 기반한 예술단체들의 활동은 단순한 예술 발전에 기여하는 것을 넘어서 자신들이 속한 공동체의 문화적 삶을 고양시키고 발전시키는 데 주력하고 있음을 보여준다. 이들 단체들이 지향하는 목적을 '커뮤니티 문화발전(Community Cultural Development, CCD)이라 할 수 있다.[14] 이러한 CCD 활동은 미국사회에서 예술 생산과 소비의 패러다임이 근본적으로 변화하고 있음을 보여준다. 미국의 지역 예술정책이 점점 더 커뮤니티 중심으로 선회하고 있다는 것이다. 이들 예술단체들은 전문 예술활동뿐만 아니라, 인종, 청소년, 지역경제, 범죄 예방, 문맹, 에이즈, 환경, 가정 폭력, 주거, 홈리스 등의 매우 포괄적인 사회적 이슈를 취급하고 있다.[15]

문화 커뮤니티 활성화는 문화도시를 위한 기본이다. 대략 3~4년 전부터 커뮤니티에 기반한 문화 분야 마을만들기운동, 지역가꾸기 문화운동, 공공미술, 생활문화공동체 등의 공공적 문화사업에 이어 민간 영역에서도 대안문화공간, 지역화폐를 원용한 문화화폐, 문화협동조합 등 지역에 기반한 다양한 공동체 문화운동이 등장하고 있다. 또한 지역에 뿌리를 내리는 대안예술로서 커뮤니티 아트가 각지에서 실험되고 있다. 각지에서 공공미술, 생활문화공동체 프로젝트, 문화마

을만들기사업 등 각종 공공 문화사업들이 진행되고 있으나, 커뮤니티에 기반을 둔 문화공동체 형성을 위해서는 아직까지 보완해야 할 문제가 많다.

특히 공공미술이나 문화예술교육 프로그램의 경우에는 많은 공공자금이 투입되고 확장되었음에도 그만한 성과를 내고 있는지는 의문이다. 결국 예술가나 전문가집단이 국가단위 문화정책을 위해 공공서비스하는 정도로 그치는 게 아니라 사업이 지속성을 갖기 위해서는 물적 토대 등 재생산 기반을 갖추어야 할 것이고, 외부인을 대상으로 하는 프로그램이 지역주민들의 활력을 불러일으켜 서서히 주민 자신의 활동으로 변해가는 것이 바람직할 것이다. 국내외적으로 지역의 문화자원을 활용한 문화도시 조성전략이 성공한 지역이 드물다고 한다.[16] 근본적으로 문화를 단순히 지역성장을 위한 인프라로 이용하려는 차원을 넘어 지역주민의 생활방식을 문화 중심적으로 전환하는 노력이 필요하다는 것이다.

그동안 추진되어왔던 각종 문화 공공사업들이 이제는 단순한 볼거리나 '장식의 미학'에서 지역주민들의 자발성, 지속성, 돌봄 등의 가치로 옮겨가고 있다. 넓게 봐서 공공에 개입하는 미학적인 실천이란 예술가, 전문가, 활동가와 다양한 계층이 함께 모여 만드는 예술의 사회적 실천활동인 것이다. 지역의 특성과 장소성을 잘 살려, 지역사회가 당면한 주거환경, 세대, 빈곤, 교통, 복지, 고령화문제, 낙후된 인프라, 지역 불균형 등의 소재가 조금이라도 녹아나는 방향으로 추진되는 것이 바람직할 것이다.

문화도시 만들기와 문화시민 되기

　　　　　문화예술은 이제 삶과 긴밀히 연결되었다. 예술은 삶의 질을 구성하는 필수 요소가 되었다. 사람들은 삶의 의미와 자아 정체성을 구현하고자 현실의 경제적, 정치적 지배를 넘어서는 상상을 끊임없이 추구한다. 좋은 삶을 추구하는 인간의 관심은 '교양'에 관한 헤겔의 논의에서도 잘 나타난다. 교양은 인간이 참다운 본성과 실체를 찾도록 도와주는 문화, 즉 주체가 현상에 안주하지 않고 '지금 여기'를 넘어서는 이상적 공동체를 지향하는 문화이다. 현실과 적대하는 '비천한 의식'은 교양–문화를 통해 스스로를 지양하고 본래의 자아를 실현하며, 이와 동시에 미래의 현실 즉, 공동체에서 자신의 참된 자리를 찾을 수 있게 한다.[17]

　이러한 헤겔의 교양–문화 논의는 찰스 테일러의 진정성이라는 개념으로 발전하였다. 테일러에 따르면, '문화예술은 진정성을 구현할 수 있는 가장 적절한 수단이며, 문화예술은 비합리적 권위와 합리적인 법칙을 모두 거부한다. 예술은 개인의 내면으로부터 삶의 기준과 방향을 모색하는 동시에 그것의 가치는 언제나 타인과의 관계 속에서 인정받고 실현된다. 따라서 위대한 예술은 언제나 나로부터 시작하여 공동체에서 완성되는 것이다'[18]라고 한다.

　시민들이 주체적으로 참여하는 문화예술 활동을 통해 만들어지는 공동체가 문화도시일 것이다. 그러려면 먼저 시민들의 능동성과 창의성을 적극 계발하여야 할 것이다.[19] 시민들의 자발적 문화예술 활동은 누가 강제한다고 해서 되는 것은 아니다. 배우는 즐거움 때문에 자발적으로 참여하는 것이다. 결사체 속에서 함께하는 행동이어서 동아

리 활동은 사회자본을 증가시키게 된다. 성원들에게 정체성을 심어주고 연대감을 심어줌으로써 문화예술 활동 그 자체 이상으로 의미를 제공해준다. 시민들이 개인적으로 문화예술을 즐기는 것도 중요하지만, 클럽이나 동호회를 통해서 사회적으로 즐길 때, 부수적으로 지역사회에 대한 관심, 공공적인 문제에 대한 관심이 생겨나고, 공동체의 발전에 기여하게 된다.

주

1) 시민들이 문화예술을 스스로 즐기며 활동하는 것을 영국에서는 자발적 예술활동(Voluntary Arts)이라고 부르고 있다.
2) 박승현, 「문화공동체를 꿈꾼다! 성남의 사랑방문화클럽」, 참사랑방문화동아리세미나, 2010년 7월 22일
3) 블록이라 함은 상호간에 삼투하기 힘든 폐쇄적 사회관계를 말한다.(성남문화재단, 『창조시민·창조공간·창조도시』, 2008)
4) 예술은 자신이 타자보다 우월함을 상징적으로 입증하는 구별의 표식이다.
5) 전수환, 「한국사회에서의 커뮤니티 기반의 문화예술」, 『세계문화클럽 포럼 발표집』, 2009
6) 위의 글
7) 문화관광부, 『21세기 새로운 예술정책』, 2004
8) 참고로 프랑스의 음악 분야 자발적 예술활동이 창출하는 경제적 효과를 보면, 출판사, 기획홍보사, 악기제조회사, 신문잡지사, 음악교육사, 음악학교 등 많은 일자리를 만들어내고, 매년 연간 400억 프랑의 음악시장을 형성하고 있다고 한다.
9) 블록에서 그물망으로 예술장의 구조적 변화를 추동하는 요인으로는 ①교육받은 중산층이 등장하면서 문화자본이 민주화함 ②중산층을 주요 고객으로 삼음에 따라 예술제도가 대중화함 ③이에 따라 예술과 삶의 접점이 넓어짐을 들고 있다.(성남문화재단, 『창조시민·창조공간·창조도시』, 2008)
10) 성남문화재단, 『창조시민·창조공간·창조도시』, 2008
11) 성남문화통화는 지역화폐제도를 원용한 문화품앗이 제도이다. 자신이 제공할 수 있는 문화적 서비스와 재화를 제공하고 다른 사람에게서 문화적 서비스와 재화를 제공받을 수 있게 한 것이다. 클럽이 문화공헌 활동을 해서 문화화폐인 '넘실'을 받으면, 이 '넘실'을 모아 연습실이나 공연장을 빌리는 데 사용할 수 있도록 하는 식이다.
12) 스포츠는 경쟁을 통해 우열을 가리는 것이 기본 속성이므로 공정을 기하기 위해 프로와

아마추어를 가리는 것은 당연하다. 그러나 예술 분야에서 아마추어의 개념을 명확히 가리는 것은 큰 의미가 없다고 할 수 있다.

13) 성남문화재단, 『창조시민 · 창조공간 · 창조도시』, 2008

14) NEA 보고서, "Cultural Centers of Color : Report on a National Survey"

15) 이러한 흐름의 공공미술은 '지역사회에 기반을 둔 공공미술' 또는 '공공의 이해에 관심을 갖는 미술' 등 다양하게 불리다가, 미술이론가 수잔 레이시가 '새로운 장르의 공공미술'이라고 명명한 것이 계기가 되어 이 명칭이 일반적으로 사용되고 있다.

16) 문윤걸, 「문화전략을 통한 지역활성화 성공 사례연구: 일본 가나자와시를 중심으로」, 『문화전략을 통한 지역활성화 성공 사례연구』, 국가균형발전위원회, 2004

17) 헤겔의 '정신의 자기실현 과정'은 고귀한 의식으로부터 비천한 의식으로 이행이라는 관점으로 설명되고 있다.

18) 찰스 테일러, 송영배 옮김, 『불안한 현대 사회』, 이학사, 2001. 진정성과 문화에 관한 논의로 김홍종의 「진정성의 기원과 구조」(『마음의 사회학』, 문학동네, 2009)가 흥미롭다.

19) 창조도시론의 권위자 찰스 랜드리는 도시를 읽고 이해하는 능력, 즉 도시 리터러시(도시문해력)를 가진 인간을 창조도시의 핵심 요소로 밝히고 있다. 도시를 창조적으로 발전시킬 수 있는 창의성과 재능, 열망과 실행력을 갖춘 창의적 도시 구성원들이 자발적으로 도시를 만들어가는 것이라고 한다.

가나자와 시민예술촌

　일본 동해 연안의 이시카와(石川) 현 가나자와(金澤) 시. 인구 46만 명의 소도시다. 에도시대에 번성한 이 도시는 근대화에서 소외되며 퇴락했다. 자원이라고는 역사 깊은 거리, 전통공예 정도. 가나자와의 문화도시 구현은 '가나자와 시민예술촌'(1996년)으로 나타났다. 1919년에 치어 1994년에 문을 닫은 방적공장을 시가 사들여 건물 외부를 보존한 채 문화시설로 개조한 것. 17억 엔 정도 들었다. 면적은 약 10만㎡로 도쿄돔 2개와 맞먹는다.

　시민예술촌의 설치목적은 시민들이 누구나 예술을 즐기고 누릴 수 있는 공간을 제공함으로써 시민문화와 지역 전통문화를 향상시키는 것. 지난 10여 년간 240만 명, 연간 30만 명 이상이 이용하는데, 그중 10%는 외지인이라고 한다. 크게 나누면 시민예술촌, 직인대학교, 잔디광장으로 구성돼 있다.

　일자형 건물을 따라 드라마, 뮤직, 아트, 멀티공방 등의 공방들과 오픈스페이스(자유로운 창작 공간), 또 무대예술광장(연습장 및 공연무대), 다이와마치 광장, 사토야마의 집(옛 농가 활용 교류 공간), 벽돌정(레스토랑) 등이 이어진다. 각 공방마다 첨단시설이 들어서 있다. 창고 앞 잔디광장에서는 수백여 명의 노인들이 게이트볼을 즐기기도 한다.

　예술촌에서는 우리나라의 유형문화재 전수관 같은 '직인대학교'도 운영한다. 연간 8,000만 엔을 지원한다. 각 영역별로 5~7년 경력의 직인 가운데 5명씩을 선발해 무료로 3년 과정의 교육을 실시한다. 지

역의 전통문화를 계승하고 발전시킬 장인을 배출하는 것이다.

특히 주목할 사항은 세 가지. 첫째는 접근성이다. 시민예술촌은 도심에서 도보로 15분 거리에 있다. 시민을 위한 문화공간이 되려면 이처럼 접근성이 좋아야 하는 것이다. 넓은 잔디밭과 물놀이를 즐길 수 있는 시설이 있어 가족들이 나들이하기도 좋다. 그 결과 시민예술촌은 '21세기 미술관'(2004년)과 더불어 도심상권 부흥에도 크게 기여한다고 한다.

가나자와 시민예술촌 외부 전경

둘째는 근대건축물 재생. 이렇게 자체 자원을 바탕으로 문화도시를 구현하는 시민예술촌의 모습은 산업공동화 속에서도 여전히 공장 유치에 혈안인 부산시의 정책, 또 개발논리에 따라 남선창고와 같은 근대건축물과 풍경을 없애며 스스로 성장자원을 고갈시킨 부산시의 모습을 반성하게 한다.

셋째는 운영방식. 시민예술촌은 일본 공립문화시설로는 처음으로 '연중무휴, 24시간 운영체제'를 도입했다. 직장인들의 야간 이용을 배려한 것이다. 실제로 연습실 대여의 63%가 저녁 6시부터 다음날 오전 6시까지 이뤄진다는 것은 자신의 일정에 맞춰 편리한 시간대에 마음껏 사용할 수 있다는 것을 말해준다. 365일 운영도 언제 어느 때나 시민들이 이용하도록 하기 위한 조치다.

또 운영은 시민 중심체제. 공무원은 밤 9시까지만 근무하고, 이후로는 각 시설 이용자마다 '시민 디렉터'를 도입, 자율적으로 이용한다.

화재와 쓰레기를 조심한다는 두 가지를 약속하면 누구나 이용이 가능하다. 자유로운 이용을 보장함과 동시에 책임을 중시하는 운영방법이라 할 수 있다.

이처럼 시민들의 자발적인 문화공간으로서 작가와 예술, 예술과 시민, 작가와 시민이 소통하는 시민예술촌은 아직도 대규모 시설 건립을 중요시하고 경제적인 파급효과를 우선 고려하는 부산시의 정책과 대조적인 모습을 보여주고 있다.

가나자와
시민예술촌 내부

제 4 장

시민 참여형
지역문화축제를!

우리가 만드는 문화도시

과거에는 전쟁이 인류 문명을 발전시킨다고 하는 씁쓰레한 얘기도 있었다. 하지만 이제는 축제가 인류 문명을 발전시킨다고 말해도 좋지 않을까? 오늘날 축제는 문화적 의미를 비롯해 사회·경제적인 의미를 포괄한다. 다시 말해 한 지역의 전통에 바탕을 둔 역사적인 행사인 동시에 팍팍한 일상에게 되돌려주는 '재미난 복수'이며, 자연환경에서 도시문화까지, 고급예술에서 대중예술까지, 또 지역시민의 고유한 추억과 체험의 재현에서 관광객을 위한 볼거리까지, 나아가 문화적 향유를 통한 공동체성의 회복에서 경제적인 파급효과에 이르기까지 실로 문화도시가 누려야 할 요소들을 특정한 시공간에 압축해서 담아내는 '종합선물세트'인 것이다. 이런 면에서 축제는 문화도시의 상징이라고 할 수 있다.

그런데 현재 부산의 축제를 살펴보면 아쉬운 점이 많다. 굵직한 내용만 들어보자면 첫째, 관광객을 목표로 하는 일회성 이벤트 행사에 치중한다는 점. 다시 말해 국내외 관광객이나 특산품 구매자를 불러들이려는 축제의 비중이 매우 큰 데 비해 지역주민들이 자발적으로 구성하고 스스로의 공동체성을 확인할 수 있는 축제는 아주 드물다. 둘째, 개최 장소의 편중. 대규모 축제들이 광안리나 해운대 일원에서 열리는데, 이것은 동서 격차를 심화하는 한 가지 요인이 되고 있다. 셋째, 개성 없는 축제가 많다는 것. 적은 예산을 이유로 들 수도 있겠지만 그보다는 지역의 역사적 전통을 살피지 않고 전국 어디서나 볼

수 있는 프로그램을 무차별로 적용하는 '몰역사성'에서 근본 원인을 찾을 수 있을 듯하다.

　이런 문제들을 극복하는 방안으로 '시민 참여형 지역문화축제'라는 원칙을 제기한다. 먼저 시민 참여형이란 것은 시민과 전문가들의 창조적인 협업을 의미한다. 또 지역문화축제라는 것은 그 지역주민들이 공유하는 역사성, 자연환경, 미래의 희망을 함께 누리고 즐길 수 있는 시공간의 창출을 의미한다. 이 과정에서는 먼저 축제의 장소를 선정하고 그 장소의 정체성(place identity)을 축제의 내용에 담아내고 표현하는 것이 중요하다. 다시 말해 축제의 장소는 한 지역의 역사성과 심미성과 유희성을 대표하는 마당이어야 한다. 또한 그곳이 지닌 의미를 축제의 내용으로 표현해내는 것이야말로 좋은 축제가 되는 첫째 조건이 되는 것이다.

　이러한 조건은 '소단위 공동체 축제'에 의해 만족될 가능성이 높을 것으로 판단된다. 소단위 공동체 축제는 '마을만들기'의 연장선에서 이해할 수 있다. 특히 마을 공동체에 기반을 둔 '자발적 예술활동'의 결과물로 축제를 구성하는 것이다. 이것은 일회성 이벤트가 아니라 지속적인 문화 활동의 결실이 축제로 표현되는 구조라고 할 수 있다. 물론 장기적인 활동을 유지해야 한다는 면에서는 어려운 점이 있지만, 적은 예산으로도 실행할 수 있고 자발적인 참여와 높은 만족도를 이끌어낼 수 있다는 장점이 있다. 사실 지방행정부의 예산 지원에 기대다 보면 정치 논리의 개입이나 경직된 운영과정 때문에 재미없는 축제로 전락하기 쉽다. 또 방문객의 숫자나 경제적 효과와 같은 양적 평가가 중심이 되는 반면, 지역주민의 실질적인 만족도나 문화적 재생을 위한 잠재성을 별로 고려하지 않게 된다. 이에 비해 소단위 공동

체 축제는 마을만들기와 마찬가지로 축제의 운영 전반에 지역 공동체의 의견이 반영되어 지역 공동체 차원의 문화적 향유가 증진되는 것을 최고 과제로 삼는다. 문화도시의 축제로서 바람직한 길이라고 생각한다.

우석봉 박사는 먼저 전국적으로 축제의 내용이 다양하지 않은 현실을 짚어보며, 관광 증진과 같은 산업적 측면만이 아니라, 역사문화에 바탕을 둔 지역주민의 바람이 축제에 녹아들어야 한다는 점을 지적한다. 이에 따라 시민 참여형 축제의 모형으로 국내 유일의 보수동 헌책방골목축제를 사례로 드는 한편, 한국 비보이의 모태이기도 한 용두산축제를 재생하자고 했다. 아울러 축제의 공공성, 즉 축제가 공익 개념으로 발전할 것을 제안했다.

이성근 사무처장은 부산에는 '길'의 잠재성이 크다는 점을 밝히며, 길걷기축제를 통해 자연과 문화의 결합을 콘텐츠로 하는 축제의 가능성을 살펴본다. 또한 경관이 아름다운 길만 걸을 것이 아니라 산복도로, 골목길도 걸어보자는 최을식(인생 따라 도보여행 회원) 선생의 제안에 대해 앞으로는 소외된 지역의 길도 길축제를 통해 재조명함으로써 축제와 일상문화가 만나는 내용을 늘릴 것이라고 언급한다.

조성진 위원장은 축제가 지역성과 시민참여를 포괄하는 방안을 고민한다. 삼덕동축제를 진행해오면서 장소성의 중요함을 확인하며, 좋은 축제가 이뤄지려면 먼저 축제를 즐길 수 있는 정신적 태도의 변혁이 필요하다는 통찰을 밝힌다. 비단 축제만이 아니라 문명론적 관점에서 깊이 생각해볼 만한 주제를 제기해주었다고 본다. 또한 축제의 규모를 무리하게 키우면 축제의 내용보다는 규모 자체가 목표로 바뀌기 때문에 축제의 의미와 재미가 사라진다는 언급을 덧붙였다.

토론자로 나선 부산문화관광축제조직위원회의 서영수 사무국장은 축제에 있어 민간 주도와 관 주도를 너무 대립관계로 놓지 말고 협치 관계로 놓자고 제안했다. 즉 민간의 창의성과 자율성이 행정력과 결합할 때 시너지 효과를 얻을 수 있다는 것이다. 또한 축제에도 경쟁이 필요하며, 시민들이 찾지 않는 축제는 자연스레 도태할 것이라고 지적했다. 부산예술대 황해순 교수는 관이 지원하는 예산이 많다고 해서 꼭 좋은 축제가 되는 것은 아니라는 점을 확인하며, 인디문화와 지역상권의 연계나 민간 메세나 유치의 필요성을 지적했다. 아울러 기획자들도 축제의 자생력 기르기에 노력하는 동시에, 과거 한국축제의 전통에 따라 '뒤풀이'를 적절하게 재생하기를 요청했다.

국내외 주민참여형
문화축제 사례와 과제

우석봉 (부산발전연구원 연구위원)

다양한 볼거리와 놀거리의 축제

세계의 크고 작은 도시마다 다양한 볼거리와 놀거리를 만드는 축제를 연다. 그리고 자기네만의 전통을 가꾸고 자원을 다듬어 세계에 알리고 파느라 바쁘다. 그들과 비교해볼 때 우리의 자연적, 역사적인 자원 또한 전혀 손색이 없다. 오히려 더 풍부하다. 우리도 얼마든지 세계적인 놀이문화를 통해 지역행사를 만들어낼 수 있다는 말이다. 그러나 아직은 대부분 행사가 관 주도로 이루어지고 있고 정작 주인공이어야 할 시민의 참여는 너무나 소극적이다. 그 결과 예부터 '흥'을 다룰 줄 알았건만, 오늘의 우리는 제대로 놀 줄 모른다는 소리를 듣는다.[1]

지역축제와 관련하여 부정적인 견해를 갖고 있는 사람들은 '대한민국은 축제공화국이다'라는 말까지 한다. 그만큼 축제가 넘쳐나고

있다는 의미이며, 90년대 중반 이후 지방자치제가 시행되면서 한층 가속화된 지역축제 증가에 대한 비판의 역설이다.

그러나 이렇게 많은 축제가 있음에도 갈수록 지역축제가 정형화되어간다는 비판도 만만치 않다. 축제가 많아질수록 다양성이 더해지고 지역문화가 풍요로워져야 할 텐데, 왜 이러한 결과가 나타나는 것인가. 많은 원인이 있겠지만 무엇보다도 문화향유자인 지역주민, 혹은 관람객과의 관계를 배려하는 행사를 고민하지 않는다는 점이다. 심지어 어떤 축제에서는 기껏 주민노래자랑 정도가 참여형 프로그램으로 대체되고 있는 실정이다.[2]

지역축제는 하드웨어 건설과 같은 지역랜드마크를 만드는 것보다 경제적이고, 그 효과 또한 뛰어나다. 이런 연유로 지역은 저마다의 축제를 만들고 지역의 이미지 개선을 꾀하며 이로 인한 부가적인 발전을 도모하려고 노력한다.[3] 이렇듯 지역축제가 갖는 긍정적인 측면은 축제를 통해 지역공동체를 결집시키고 통합하는 역할을 한다는 점이다. 또한 지역문화를 활성화시키고 장기적으로는 지역문화의 정체성을 새롭게 구축하는 계기가 된다. 지역민의 자발적인 참여 없이는 지역축제가 생명력을 지닐 수 없으며, 지역민이 축제의 주체가 되지 못한 축제가 지역민의 삶 속에 자리 잡고 성장하기 어렵다는 것은 자명하다.

우리는 부산을 진정한 축제의 도시로 만들어야 한다. 부산이 제대로 된 축제의 도시로 공인받기 위해서는 이제 놀이에 대한 편협한 인식부터 바꾸어야 한다. 제대로 놀 수 있는 기회와 장소를 찾아내고, 행사의 테마나 콘텐츠도 더 새롭게 바꾸어 세계인의 관심과 공유가 가능한 '놀이문화'로 발전시켜가야 할 것이다. 일을 할 때도 흥을 돋

울 줄 알았던 것이 우리 민족의 문화일진대, 그 지혜를 빌려볼 일이다. 우리 전통을 보존하여 가장 우리다움을 찾아낼 때 가장 세계적이고 독창적인 우리만의 놀이문화, 놀이 브랜드를 만들어낼 수 있다. 무엇보다 이 모든 일이 주민의 합의와 참여가 선행되어야 된다.[4]

따라서 향후의 지역축제는 일반적인 의미의 시민참여형 축제에서 시민주체형 축제로 바뀌어야 한다는 과제를 실천하기 위해 우리가 무엇을 어떻게 하여야 할 것인가에 대해 국내외 시민참여형 문화축제 사례를 통해 우리의 과제를 도출해보고자 한다.

국내외 시민참여형 문화축제 사례

지역개발과 발전이 단기간에 이루어지지 않듯이 지역축제 또한 단기간에 세계적인 축제로 자리매김하기 어렵다. 따라서 지역축제 역시 지역민의 욕구 충족에 근거하여 지속가능한 형태로 발전되어야 한다.

많은 사람들이 이야기하는 유럽의 대표적인 축제인 에딘버러 페스티벌과 아비뇽 축제의 경우 지역발전 전략으로서 태생 이유를 가지고 있다. 에딘버러 페스티벌은 2차 세계대전으로 황폐해진 시민들의 영혼을 달래기 위해 생겨났고, 아비뇽 축제는 문화를 통한 지역민의 교육이라는 목표로 시작하였으며, 호주 아들레이드 축제의 경우 침체된 도시에 활력을 불어넣고자 시작되었다. 이렇듯 세계적인 축제들은 단순한 관광상품으로 만들어진 것이 아니고, 지역민의 문화적 역량을 강화하고 지역의 활력을 되찾기 위해 50년 가까이 일관되게 노력한 결과이다.[5]

따라서 여기에서는 앞서 언급한 세계적인 축제는 아니지만 시민들이 주인이 되어 개최되고 있는 스위스 취리히의 젝세로이텐 축제, 일본 쓰시마 아리랑 축제, 그리고 부산의 보수동 책방골목 문화축제를 중심으로 시민참여형 축제를 살펴보고자 한다.

스위스 취리히 젝세로이텐 축제

1862년에 목동 길드의 대표자 하인리히 크라머가 어린이와 소년들로 구성된 행렬을 처음 공식적으로 조직했다. 행렬은 뵈그를 불붙이기 전까지 수레에 끌고 시내를 행진했다. 이로써 그때까지 비조직적이고 즉흥적이었던 크라츠 소년들의 행렬이 조직화되었다. 이 행렬은 1892년 뵈그의 화형이 젝세로이텐 축제의 과정으로 확고히 자리 잡을 때까지 30년 동안 지속되었다. 1892년부터는 취리히 주민의 중심축이었던 콘스타펠을 중심으로 길드들이 모여 구성한 취리히 길드중앙위원회(Zentralkomitee der Zünfte Zürichs, ZZZ)가 이 축제를 운영하고 있다. 젝세로이텐[6] 축제는 시민의식이 강한 길드들이 옛 풍습과 고향에 대한 사랑에서, 또 민속축제의 정신을 일깨우고자 하는 마음에서 계승·발전시켜나가고 있다.[7]

젝세로이텐 축제는 1904년부터 오늘날과 같은 방식으로 정착됐다. 그리고 1952년에 기상 상태의 굴곡으로 인해 한 달 늦춘 4월, 지금의 날짜로 시기가 변경됐다. 취리히 시민들은 매년 4월 셋째 주 주말과 월요일에 길드 행렬과 눈사람 인형을 불태우는 내용의 젝세로이텐 축제를 즐긴다. 개성 넘치는 의상과 공연을 위한 축제 준비는 추위 기세가 가시지 않은 쌀쌀한 3월부터 시작된다. 젝세로이텐 축제 때 일요일에는 아이들, 월요일에는 어른들의 퍼레이드가 도시 곳곳을 화려하게

수놓는다.

본격적인 젝세로이텐 축제의 시작은 사람들이 거리로 쏟아지는 일요일 오후부터이다. 오후 2시 30분경 갖가지 의상을 차려입은 아이들이 하나둘 반호프 거리로 모여든다. 옛 전통의상이며 상상으로 만든 옷까지 각양각색으로 차려입은 2,000여 명 아이들은 16개 취주악단(Brass Band)의 연주에 맞춰 화려하게 장식된 마차와 함께 국회의사당까지 행진한다.

축제의 아이들

생기 넘치는 아이들의 신나는 표정은 축제가 본격적으로 시작됐다는 신호탄이다. 누가 더 기발한지 내기라도 하는 듯 의상은 저마다 개성이 넘친다. 악단의 연주는 축제의 흥을 돋우고, 행렬 뒤에는 축제의 말미를 장식할 뵈그(Böögg—솜으로 만든 눈사람 인형)가 뒤따른다.

이어 월요일 오후가 되면 25개 길드회원들이 각 조합의 특색을 나타내는 의상을 입고 거리 퍼레이드를 펼친다. 조합원 7,000여 명은 28개의 대규모 취주악단과 500여 마리의 말이 이끄는 마차 행렬과 함께 거리를 행진한다. 축제를 처음 보는 관광객들은 온갖 볼거리와 엄청난 규모에 경탄을 금치 못한다. 이 행렬은 쭈그 데르 쯔윈프트(Zug der Zünfte)라 불리며, 엔진이 들어간 운송수단을 동원하지 않는다. 이날 거리에 넘쳐나는 볼거리들은 스위스의 전통, 특유의 문화적 색채를 한눈에 훑어볼 수 있는 좋은

192

기회다.

 행렬의 의상은 소속된 길드에 따라 저마다 다르다. 중세에 조직된 길드는 일종의 직업별 협동조합으로서 길드 조합원들은 의상을 통해 각자 자신의 직업을 표현한다. 가령 재봉사 길드는 커다란 모형 가위를, 대장장이 길드는 망치나 농기구를, 군인 길드는 중세의 갑옷과 칼과 창을 든 채 퍼레이드에 참여한다.

 각 길드마다 길드 대표, 의전관, 기마대, 기수, VIP, 원로, 꽃마차 또는 길드의 상징물, 포도주 통을 실은 마차, 선물을 나눠주는 마차, 악대, 일반 회원과 초대 손님들이 차례로 행진한다. 길드는 남자만 가입할 수 있어 축제는 남자들 위주로 진행되는데, 최근에는 여성단체들이 이런 전통에 반발해 자신들만의 행렬을 하기도 한다. 퍼레이드가 벌어지는 동안 시민들은 행렬에 참가한 가족이나 친구에게 줄 꽃바구니를 들고 그들이 오기를 기다린다.

의상을 차려입고 퍼레이드를 펼치는 사람들

 중앙역 앞의 반호프 거리에서 3시 30분부터 시작된 행렬은 시내 곳곳을 돌고 난 후 오후 6시 무렵 최종 목적지인 취리히 호숫가의 밸뷰 근처에 마련된 젝세로이텐 광장에 도착한다. 광장은 뵈그 화형식이 열릴 곳이다.

 뵈그는 짚으로 만든 눈사람으로 '겨울의 노파'를 상징한다. 겨울을 보내고 봄을 맞는다는 의미로 축제 말미에 이 '겨울 노파'를 불태

우는 것으로 축제는 절정에 이른다. 뵈그 화형식은 퍼레이드와 더불어 축제의 한 주축이다. 광장 한가운데 13미터 높이로 쌓아 올린 장작나무 위로 3~4미터 크기의 뵈그가 서 있다. 6시 정각에 장작더미에 불을 붙이면 뵈그 안에 장착해둔 100여 개의 폭죽이 터지면서 뵈그가 타기 시작한다. 사람들이 환호성을 지르고 말을 탄 길드 남성들은 악단의 행진곡에 맞춰 거대한 화염 주위를 전속력으로 달린다.

뵈그 화형식은 겨우내 쌓인 힘든 일을 털어버리고 새로운 마음으로 한 해를 시작하자는 메시지를 담고 있다. 사람들은 뵈그가 요란하게 탈수록 봄이 더 일찍 찾아온다고 믿는다. 바야흐로 겨울을 몰아낸 길드 멤버들은 각기 소속된 길드 하우스로 돌아가 즐거운 저녁식사를 즐긴다. 다른 길드를 방문하러 나서기도 하는데, 뵈그 화형식과 함께 길드 간 상호 방문은 취리히의 오랜 전통이다.

젝세로이텐 축제는 어린이와 외국인을 포함한 온 시민이 참여함은 물론, 다른 칸톤(州)의 시민들까지 초청해 펼치는 민속축제다. 아이들이 축제의 주체가 되는 것과 지금은 거의 남아 있지 않는 길드 전통을 이어온 점에서 이 축제는 독특한 매력을 지니고 있다.

쓰시마 아리랑 축제

아리랑 축제는 이즈하라(이즈하라마치 동 부두 일원)에서 매년 8월 첫 번째 토·일요일에 개최되는 쓰시마 최대의 축제이다.[8] 그 기원은 축제 연혁에서 알 수 있듯이, 1964년 상공회의소가 이즈하라 상공업의 발전을 위해 개최하기 시작한 '고향 항구 축제'에 있다. 2007년부터는 지역주민을 중심으로 한, 지역주민을 위한 축제라는 점을 강조하며, 이즈하라 항구 축제를 메인타이틀로, 아리랑 축제는 서브타이

틀로 사용하기로 결정하였다.[9]

〈아리랑 축제 연혁〉

1964~1984   '고향 항구 축제' 란 명칭으로 출발(축제의 시작)
1980   '조선통신사 행렬 진흥회' 발족(한국을 의식한 지역활성화 정책 시도)
1985~1987   '이즈하라 항구 축제' 로 개명(지명 PR)
1988~2006   '쓰시마 아리랑 축제' 가 메인타이틀로 등장(한국을 겨냥한 관광상품)
1991   한국인 대학생을 대상으로 홈스테이 개시(아리랑 축제 체험)
1993~현재   아리랑 축제의 기간에 맞춘 홈스테이(아리랑 축제 참가)
1994~현재   국서 교환식 시작(한국인의 공식적인 행사 참가)
1998   국토청의 '지역 만들기' 표창 수상
2003   '쓰시마 부산사무소' 설치(한국을 겨냥한 본격적인 PR)
2007~현재   '이즈하라 항구 축제' 를 메인타이틀로, '쓰시마 아리랑 축제' 는
                서브타이틀로 사용(지역주민의 축제임을 강조)

자료: 쓰시마 시청 총무과의 내부 자료에 기초하여 작성

축제의 운영을 살펴보면, 상공회의소는 축제 주최기관으로 축제 운영의 총괄적인 책임을 맡고 축제에 필요한 경비 일부를 부담하고 있다. 그 외의 경비는 이즈하라 시내에서 상공업에 종사하는 주민들의 기부에 의해 충당되고 있다.

축제 프로그램 진행과 관련된 실무는 지역의 청년회에서 담당하고 있는데, 이것으로 인해 쓰시마 시 주민들은 축제의 시작부터 적극적으로 지역 만들기에 동참하고 있었음을 알 수 있고, 반대로 상공회의소는 민의 동의와 협의하에 지역 만들기를 추진하고 있음을 확인할 수 있다.[10]

먼저 진흥회의 역할은 매년 축제의 개최를 앞두고 부산시를 방문하

여 공식초청을 의뢰하고, 축제가 끝난 뒤에는 방문에 대한 감사의 표
시로 또 한 차례 부산시를 방문한다. 지역 내에서는 퍼레이드 참가자
를 모집하고 행사 때 참가자들이 입을 의상 준비와 거리정비 등 조선
통신사 행렬을 담당한다.[11]

  그리고 청년회의 역할은 축제 3개월 전부터 지역주민들로부터 참
가신청을 받고 이틀간의 프로그램을 기획하며, 행사 때는 무대공연을
위한 무대 설치와 무대 뒤에서 공연의 전반적인 운영을 돕는다.[12]

쓰시마 아리랑 축제

양일간 개최되는
무대 행사를 살펴보
며 보육원(신아이,
미나미)과 초등학교
(구타) 어린이들의
공연이 있고, 그 외
어린이 가마 행렬과
뮤직 스쿨 GEM은 초
등학교에서 고등학
교 학생들로 구성된
참가팀이다. 그리고 해상 보안부, 쓰시마 시민 밴드 연주단, 아마추어
밴드 공연, 육상자위대 등은 쓰시마 시에 거주하는 청장년층 직업 종
사자들이고, 일본 전통무용과 게이트볼 대회는 노년층으로 구성된 참
가팀이다. 아리랑 축제 프로그램의 대부분은 지역의 남녀노소가 모두
참가하는 형식으로 운영되고 있다.

  그 외 축제의 운영과 무대공연에 참가하지 않는 지역주민을 대상으
로 아리랑 축제 참가 목적을 조사한 결과 "우리 아이가 무대에서 공연

하기 때문에 왔다(30대, 여)", "직장동료가 밴드 공연을 하기 때문에 응원하러 왔다(40대, 남)"는 답변에서 알 수 있듯이, 방문객의 대부분은 지인관계가 많아 쓰시마 시 주민들에게 있어서 아리랑 축제는 그들의 손에 의해 만들어지는 그들을 위한 축제라는 성격이 강하다는 것을 알 수 있다.

쓰시마 시는 지역 활성화를 위해 아리랑 축제의 정책 방향성을 제시하고는 있지만, 항상 지역주민의 협조와 동의하에 정책을 추진하려고 하고 있고, 한편으로 지역주민들은 관의 정책에 대립하는 양상을 보이고 있었으나, 기본적으로는 자신들의 일로 생각하여 적극적으로 축제 만들기에 동참하고 있음을 알 수 있다.[13]

다시 말해 아리랑 축제는 지역주민의 아이덴티티에 기초한 그들의 축제이면서, 동시에 시의 지역 활성화 정책 수단으로도 이용되고 있음을 알 수 있는데, 그 과정은 어느 한쪽의 주도가 아닌 민과 관이 함께 만들어가는 지역 만들기 축제라는 것을 알 수 있다.[14]

보수동 책방골목 문화축제

보수동 책방골목 문화축제는 노후화된 국제시장과 부평동시장 등의 상권을 회복하여 지역경제에 이바지함과 동시에 일반 시민에게 책을 좀 더 가깝게 인식시키고 보수동 책방골목이 책방의 면모뿐만 아니라 긴 역사를 가진 하나의 문화공간으로 탈바꿈을 시도하는 차원에서 시작되었다.

보수동 책방골목번영회가 주최를 맡아온 이 축제는 2009년 여섯 번째를 맞는 민간 주도의 자생축제이자 전국 유일의 헌책방과 문화와 예술이 만나는 축제라는 점이 타 축제와 차별화되고 있다. 전국을 대

표하는 '책의 골목' 이자 부산의 문화 명소로 자리 잡은 보수동 책방 골목은 부산에서 유일하고 전국에서도 드문 전국 최대 규모의 중고서적 취급 서점이 집적되어 있다. 따라서 본 축제와 잘 매치되어 문화상품으로서 가능성이 열려 있다고 볼 수 있다.

그러나 민간 주도, 자체 예산으로 축제를 개최하는 것은 바람직한 점이나 소재지인 중구청, 또는 부산시청의 행정적 · 재정적 지원이 수반되어 좀 더 나은 축제로 자리매김한 후 독자적인 민간 주도 축제로 발전될 필요가 있다.

축제의 주최 측이 기획한 프로그램은 책과 문화예술이 융복합화되도록 기획되었다. 전시 · 체험행사와 책방골목 문화예술 공연(길놀이 타악 퍼포먼스, 굿거리트로트 에피소드 등), 그리고 미술가들인 이보람, 조은필, 황지희 씨의 작품을 전시하는 '보수동 책방골목에서 미술을 만나다', 클라리넷과 콘트라베이스로 이뤄진 음악단체 4크라베이스, 거문고앙상블 청청청, 모던국악프로젝트 조선블루스, 포크음악밴드 밴드 달이 책방골목 여러 곳을 옮겨 다니며 음악을 연주하는 프로그램인 '책 음악을 만나다' 등 다양한 프로그램은 본 축제의 융복합화의 완성판이라 하겠다.

축제 참가자를 위한 참여형 행사들 또한 독특하고 흥미롭다. 일부 도서를 500원에 판매하는 '500원 데이', 책방주인이 되어볼 수 있는 '책방주인 경험하기', 자신이 가진 책을 가져오면 다른 책과 바꿀 수 있는 '책을 교환해 드려요'(한국간행물윤리위원회 후원 행사), 그리고 어린이 드로잉 대회 등이 마련되어 개최되었다.

책을 사면 서점의 스탬프를 찍어주고 그 스탬프를 다섯 개 모으면 책방골목 문화상품권을 주는 '책과 스탬프의 만남'이나 독후감 대회

인 '내 인생의 책 한 권', 캐리커처 그려주기 등 참여 행사가 다양하게 구성됨으로써 축제의 특성과 공간이 조화를 이루었다.

민간 중심의 축제라는 특성으로 타 축제와 차별성 때문일까? 간행물윤리위원회의 지원과 지역 언론(부산일보, 국제신문 등)의 기획기사화 지원 등에 의거해 전국적인 축제로 부상한 점과 어린이를 동반한 가족 단위 참가자들이 증가함에 따라 어린이와 가족이 하나가 되는 교육축제로의 발전 가능성이 대두됨으로써 보수동 책방골목 문화축제의 특성이 지역축제로서 발전 가능성을 보여주고 있다.

그러나 언론과 국가기관의 관심 속에 치러지는 축제임에도 불구하고 부산시와 관할 구청의 무관심으로 인해 부산시와 중구청의 홈페이지를 통한 홍보가 이루어지지 않는 등 행사 기획, 진행, 홍보 등과 관련 민관 협조의 필요성이 제기되고 있음을 수용하여 차기 행사를 준

보수동 책방골목 축제

비할 필요가 있다. 아울러 축제의 활성화를 위한 다양한 프로그램이
필요하다.

그러나 책방골목이라는 특성 때문에 어쩔 수 없는 상황이겠지만 축
제가 야외에서 개최되는 만큼 축제 프로그램의 운영과 관련하여 급작
스런 강우 등 특별상황에 대비할 필요가 있으며, 축제의 특성에 적합
한 다양한 프로그램 개발이 필요하다.

아울러 보수동책방골목 문화행사라는 축제의 장을 찾는 관람객들
이 아동을 동반한 가족단위가 많기 때문에 이들의 주된 이동수단은
차량이라는 점을 고려하여 주차장 부족 문제를 개선할 필요가 있다.

따라서 비록 본 축제가 민간이 중심이 되어 개최하는 축제지만 부
산시와 중구청이 2010년 자체예산을 확보하여 문화부 행사인 독서문
화 축제를 부산으로 유치하여 지원할 경우 보수동 책방골목 문화축제
는 전국적인 축제로 자리매김할 수 있을 것이다. 이러한 전국적인 축
제로 성장하기 위해 부산시와 중구청 등의 관 조직은 문화예술 분야
의 팔걸이 지원정책을 도입하여 운영하여야 할 것이다.

지역주민이 축제의 주인이 되어야

지역축제가 경제적 · 사회적 · 문화적 측면에서 지역사회에
긍정적인 효과를 이끌어냄에도 불구하고 대부분의 지역 축제가 관
(官) 주도로 진행되고, 준비 부족과 특색 있는 행사 부재로 인해 축제
프로그램의 유사성과 획일화, 내용의 질적 저하, 유행에 편승된 일회
성 과시형 축제로 변모되어 방문객은 물론 지역주민에게까지 외면당
하는 경우도 발생하고 있다.[15]

그러나 첫번째 사례인 젝세로이텐 축제는 가장 늦게 설립된 비티콘 길드(Zunft Witikon, 1980; 숙박업 종사자)를 포함하여 총 26개의 길드가 가입된 취리히 길드중앙위원회가 운영하고 있다.[16]

이렇듯 시민의 힘에 의해 계승·발전되고 있는 취리히의 젝세로이텐 축제는 지역문화의 발전에 기여하고 지역의 이미지를 상승시키며 지역주민들 스스로가 문화를 향유하는 기쁨을 만끽하게 하는 등의 다양한 교화를 불러일으키고 있다.[17]

두 번째 사례였던 쓰시마 아리랑 축제의 경우도 지역의 상공업 발전을 도모하기 위한 차원에서 시작되어 우리나라의 조선통신사 행렬을 축제에 도입하였고, 궁극적으로는 지역주민이 축제의 주인임을 나타내기 위해 메인타이틀을 변경하였다.

아울러 축제의 주최와 주관도 상공회의소와 축제진흥회, 청년회라는 민간 조직이 중심이 되어 행사를 개최함으로써 지역주민들의 자발적인 노력과 참여를 이끌어내고 있음을 알 수 있었다. 결국 지역주민이 축제의 주인이 됨으로써 자발적인 참여가 이루어지는 것이다.

세 번째 사례인 보수동 책방골목 문화축제의 경우는 책방골목 자율, 자생적으로 제6회를 맞이한 문화행사가 미술, 음악 거리공연 등 다채롭고도 다양한 볼거리와 살거리를 제공함으로써 전국 유일의 책방골목 축제로 자리매김하였으며, 올해 한국간행물윤리위원회에서 지원하는 맞춤형 독서프로그램에 따른 낭독회, 눈도장, 손도장 쾅!, 내 인생의 책 한 권, 책 교환전 등을 개최하여 책 마니아들에게 큰 호응을 얻었다.

특히 독서의 계절을 맞아 많은 독서 마니아와 가족 단위의 방문객들이 헌 책과 고서 등 책을 구입하기 위해 책방골목을 찾아 대형 책방

에서는 접하기 어려운 색다른 추억거리의 장을 만들었고 언론방송 홍보로 책방골목의 명성과 역사성을 알릴 수 있는 계기가 되었다.

아울러 보수동 책방골목 문화축제가 극복해야 할 과제로는 첫째, 골목 길이가 짧아 행사장 공간 협소로 문화예술 분야의 색다른 볼거리와 전시 · 체험행사가 다양하지 못해 방문객 체류시간이 짧고 단조롭다는 점, 둘째, 건물과 부대시설 노후로 축제장의 쾌적함이 다소 떨어지고 방문객 편의시설 부족 및 주차공간 부족 문제, 셋째, 문화거리에 걸맞게 행사거리를 확장하여 책과 어우러질 수 있는 전통문화 분야의 도자기, 골동품, 서예 · 고미술전 등을 함께 전시 · 체험하도록 하여 색다른 즐거움을 도모시켜야 하는 점, 넷째, 향후 조성될 책문화관과 연계하여 현재와 과거가 연계된 책이 함께 살아 숨 쉬는 문화공간으로 변모 추진, 그리고 마지막으로 동아대학교 부민캠퍼스와 연계하여 이색 커피숍, 카페 등과 책이 함께 어우러진 부산 최고의 젊음의 문화거리로 조성하여 최고의 문화 · 관광 인프라 구축 등을 구현하여야 할 것이다.

부산지역 축제의 과제

문화란 조급하게 양산될 수 있는 것이 아니다. 각각의 지역이 지닌 다양성을 받아들이고 인정하며, 이를 바탕으로 자신의 문화를 성숙시켜 나아가는 것이 느리지만 확실한 축제 활성화의 길이다.

슈스터(Schuster, 1995)는 지역축제를 지역사회에서 주민들의 삶을 나누는 한 부분으로 보고 있다.[18] 일상을 탈출하지 못하고 지역민들을 진정한 화합으로 이끌지 못한 축제에 누가 자발적으로 참여하려

하겠는가? 행정기관은 주민들이 행사를 주도적으로 이끌어나갈 수 있도록 행정적·물질적 지원을 적극적으로 하되 간섭을 하지 않아야 한다. 주민들을 축제에 참가하도록 유도하는 것도 같은 주민의 입장에서 하는 것이 효과적이기 때문이다.[19]

축제의 주체가 주로 관이 되다 보면 매년 개최되는 행사에 있어 새로운 공무원이 담당하게 될 경우, 후임자에게 교육을 새로 시켜가면서 행사를 계획·운영하여야 함에 따라, 초보자가 주최한 행사가 되는 경향을 목격하게 된다.[20] 아울러 기획사에 위탁할 경우 타 지역축제 사례의 좋은 점을 조금씩 가져다가 짜깁기하는 식이 되는 경향이 많다.

따라서 성공적인 축제가 되려면 지역주민들의 자발적인 참여 동인이 제공되어 주민들이 축제를 만들고 실행하고 유지하는 데 적극적으로 관여토록 해야 한다. 그것이 로컬 거버넌스 패러다임에도 부합하고, 축제의 실제 주인인 지역주민들이 주인의식을 가질 때 축제를 통한 공동체성 회복과 더 많은 외지 관광객 참여 유치가 가능하다.

특히 지역축제의 진정한 성공과 축제를 통한 지역의 총체적 발전을 도모하기 위해서는 축제에 관련된 이해집단들의 관점을 정확히 알고 그들의 이익을 조율하는 것이 중요하며 협력 관계를 모색하는 것이 필요하다.

이를 위해서는 각 축제의 지향점을 정하는 것이 선결되어야 할 것이다. 모든 축제가 '문화관광축제'를 지향할 것이 아니라 '주민들이 함께 만들고 함께 즐기는' 소규모 축제와 '문화예술의 향유기회'를 제공함으로써 문화의 성숙과 능동적 문화창조를 꿈꾸는 축제가 구분되어야 한다.

앞서 살펴본 국내외 주민참여형 축제와 같이 외국에서는 주민들의

자발적 참여로 이뤄지는 지역축제가 많다. 축제의 프로그램과 진행, 자원봉사 등 대부분의 행사를 민간영역에서 담당한다고 한다. 당장 외국처럼 시행하기는 어렵겠지만 우리도 어느 정도 시민들의 참여를 실제화할 수 있는 방안이 많이 있다. 가령 '주민축제위원회'를 구성하여 민간주도형 축제기구를 상설화한다든지 시민모니터링단 운영, 축제 옴브즈만 제도 등을 통해 참여와 권리의 문제를 제도화시키는 것이다. 축제와 관련한 다양한 주민참여 방안은 장기적인 측면에서 지역문화 환경을 가꾸는 일이기도 하지만 일상적인 주민의 삶의 영역에서 문화향유권을 정착시키는 의미 있는 문화정책이다.

부산지역의 축제도 전반적으로는 여타 지역축제가 가진 여러 문제점, 즉 "규모의 영세성이나 관이나 주최 측의 폐쇄적 행사 운영, 주민 참여의 부재와 전시성 프로그램, 마케팅 전략의 부재"[21] 등을 유사하게 보여주고 있다.

지역축제와 관련된 수많은 담론은 현재의 지역축제가 일반적으로 과도한 상업성의 성격을 띠고 지역고유성을 상실했으며 전시성 이벤트 행사나 과시적 프로그램이 관 주도로 획일적이며 형식적으로 채워지고 있어 실질적인 주민 참여가 소극적으로 이루어지고 있는 경향이 크다는 점 등을 공통적으로 비판하고 있다.[22]

부산과 같은 전형적인 인구밀집형 대도시의 축제는 관광객 유치를 위한 대규모 축제에 대한 전략적 기획도 중요하겠지만 그에 우선하여 분산된 도시인들이 소속감과 공동체성을 느낄 수 있도록 하는 데 중점을 두어야 할 것이다.

지역축제 조직 구조는 민간 주도의 상설기구로 점진적으로 변화를 시도하는 것이 바람직할 것이다.

주

1) 김재명,「놀이 문화의 지혜」,『부산일보』, 2010. 4. 6

2) http://buksori.go.kr/webzine/news_main.php?ho_code=40925275&group_code=
   409252756&section_code=0&news_code=254

3) 권순석,「문화예술축제 어디까지 왔나」,『지역문화축제 네트워크 포럼(2차) 발표집』, 2006

4) 김재명,「놀이 문화의 지혜」,『부산일보』, 2010. 4. 6

5) 권순석,「문화예술축제 어디까지 왔나」,『지역문화축제 네트워크 포럼(2차) 발표집』, 2006

6) 젝세로이텐은 '종이 울리는 6시'라는 뜻이다. 매년 3월 21일 춘분이 되면 취리히의 그로스
   뮌스터에서는 저녁 6시에 봄이 시작되었음을 알리는 종을 쳤는데, 이 축제는 이 같은 관습
   에서 유래됐다. 봄을 환영하는 젝세로이텐을 처음으로 시작한 사람들은 무신론자들이었
   다. 이후 종교개혁 후에는 취리히 소년회가 전통을 이어나갔고 1892년부터 취리히 길드중
   앙위원회가 계승하기 시작했다. 축제가 길드 행렬을 주요 의식으로 하는 것은 이 때문이다.

7) 사순옥,「알프스 지역 민속축제의 가치와 기능: 취리히의 젝세로이텐 축제」, 한국카프카학
   회『카프카연구』제17집, 2007, pp.257-258

8) 유종현,『대마도 역사문화 기행』, 화산문화, 서울, 2008

9) 상공회의소 회장 中島(50대, 남)씨 인터뷰

10) 상공회의소 내부자료. 신영근,「민·관의 활동에서 본 쓰시마 시의 지역 활성화 정책: 아
    리랑 축제를 사례로」,『대한지리학회지』제43권 제6호, 2008, 재인용

11) 진흥회 회장 山本(40대, 남)씨 인터뷰

12) 청년회 회장(20대, 남) 인터뷰

13) 신영근,「민·관의 활동에서 본 쓰시마 시의 지역 활성화 정책: 아리랑 축제를 사례로」,
    『대한지리학회지』제43권 제6호, 2008, pp.956-957

14) 신영근,「민·관의 활동에서 본 쓰시마 시의 지역 활성화 정책: 아리랑 축제를 사례로」,
    『대한지리학회지』제43권 제6호, 2008, p958

15) 조배행·박종진,「지역축제의 영향에 대한 지역주민의 지각 차이 분석」,『한국지역지리
    학회지』제13권 제1호, 2007, pp.68-69

16) 현재 존재하는 26개의 조합 중에서 12개가 중세에 설립된 것이다. 사순옥,「알프스 지역
    민속축제의 가치와 기능: 취리히의 젝세로이텐 축제」, 한국카프카학회『카프카연구』제17
    집, 2007, p.259

17) 사순옥,「알프스 지역 민속축제의 가치와 기능: 취리히의 젝세로이텐 축제」, 한국카프카
    학회『카프카연구』제17집, 2007, p266

18) Schuster J. M., Two Urban Festivals : La Merce and First Night, Planning Practise and
    Researce 10(2), 1995, p173, pp.185-186

19) 사순옥,「알프스 지역 민속축제의 가치와 기능: 취리히의 젝세로이텐 축제」, 한국카프카
    학회『카프카연구』제17집, 2007, pp. 266-267

20) 신미선,「종자문화에 바탕을 둔 지역축제 성공전략」,『한국관광정책』4월호, 2002

21) 서영수,『문화산업전략으로서의 지역축제연구』, 부산대학교, 2005

22) 장현정 · 임근필 · 장숭인 · 정아름, 『지역축제의 새로운 패러다임을 위하여-부산 지역을
중심으로』, p.595

참고문헌

권순석, 「문화예술축제 어디까지 왔나」, 『지역문화축제 네트워크 포럼(2차) 발표집』, 2006
김재명, 「놀이 문화의 지혜」, 『부산일보』, 2010. 4. 6
사순옥, 「알프스 지역 민속축제의 가치와 기능: 취리히의 젝세로이텐 축제」, 한국카프카학회
『카프카연구』 제17집, 2007
서영수, 『문화산업전략으로서의 지역축제연구』, 부산대학교, 2005
신미선, 「종자문화에 바탕을 둔 지역축제 성공전략」, 『한국관광정책』 4월호, 2002
신영근, 「민 · 관의 활동에서 본 쓰시마 시의 지역 활성화 정책: 아리랑 축제를 사례로」, 『대한
지리학회지』 제43권 제6호, 2008
유종현, 『대마도 역사문화 기행』, 화산문화, 서울, 2008
장현정 · 임근필 · 장숭인 · 정아름, 『지역축제의 새로운 패러다임을 위하여-부산 지역을 중심
으로』, p.595
조배행 · 박종진, 「지역축제의 영향에 대한 지역주민의 지각 차이 분석」, 『한국지역지리학회
지』 제13권 제1호, 2007
Schuster J. M., Two Urban Festivals : La Merce and First Night, Planning Practise and
Researce 10(2), 1995
http://buksori.go.kr/webzine/news_main.php?ho_code=40925275&group_code=409252756
&section_code=0&news_code=254

부산 길걷기 축제의 현황과 과제

이성근 ('걷고싶은부산' 사무처장)

걷기가 축제의 항구에 입항했다. 현재 부산포에는 70여 개의 축제가 입항해 있다. 부산바다축제를 비롯한 불꽃축제, 국제영화제 등 꾸준히 몸을 키워온 중대형 축제를 비롯하여 기초 지자체 소속의 축제들이 출항을 준비하고 있다. 부산걷기축제는 2009년 11월 처녀운항을 한 뒤 2회 출항을 준비 중이다.

안전하고 즐거운 항해를 위해서 준비해야 할 것이 많다. 허다한 축제의 틈바구니 속에서 명함을 내밀었지만 열의에 비해 엉성한 곳이 많아 고민이다. 선장을 비롯하여 항해사, 도편수, 선원의 인력 수급 구조가 원활하지 않고, 항해에 따른 식량이나 연료도 부족하다. 2009년 첫 항해를 통해 손실이 많았기 때문에, 또 비축한 식량도 별로 없기 때문에 무리한 사업확장을 경계하고, 인력수급도 동결했다. 그런데 출항 시간은 점점 다가오고 있다. 거기다 지난해 전국대회 개최를 천명하기도 했다. 이에 부산걷기축제가 당면한 현실과 봉착한 문제의

해소를 위해 그 주축인 '걷고싶은부산'이 가야 할 길과 2010 부산걷기축제의 가능성을 짚어보고자 한다.

'걷고싶은부산' 발족과 사업추진 방향

2008년 5월 지역 시민단체 중심으로 부산의 길·생명의 길 찾기 추진위원회가 발족한 이후 이듬해 4월 들어 추진위는 37개 시민사회단체의 네트워크 조직인 '부산길걷기시민모임'을 발족시켰다. 그리고 국제신문과 MOU를 체결했다. 6월 부산시장이 '걷고싶은부산'을 선포하면서 그린웨이 용역이 발주되었다. 동시에 길 '전문조직'에 대한 논의가 본격화되었고, 그 결과물로서 사단법인 '걷고싶은부산'이 태어나게 되었다. 우려와 기대가 교차했지만 제1회 '부산걷기축제'를 연이어 준비하는 과정에서 조직이 갖추어야 할 기본적 틀은 사후 과제로 이월되었다. 발기인대회며 창립대회를 통해 천명한 비전 및 법인의 존재 목적과 조직 인적구조, 사업방향 등은 다음과 같다.

① 사명 : 길을 통해 살고 싶은 도시, 머물고 싶은 도시를 만든다.
② 비전 : 부산의 길을 통해 지속 가능한 도시 발전과 지역을 활성화시킨다.
③ 창립목적 : 길걷기를 통해 시민건강 증진과 슬로우 라이프를 실현하고, 길을 생태문화·역사관광 자원으로 인식케 한다. 그리고 부산 재창조의 원동력으로 활용함과 함께 시민들의 열린 마음을 고양시켜 공동체의식을 함양시키고, 부산 길걷기 문화의 전위 역할을 수행한다.
④ 창립목표 : 길걷기를 통해 지구환경의 보전과 쾌적한 도시를 만든다. 길걷기와 관련한 체계적이고 통합적인 기구로 자리매김하고, 길걷기의 생활화를 통해 시민의 삶의 질을 고양한다. 민주적 운영과 건전한 재정구조를 만들고,

국내외 연대를 통해 국제적 길 네트워크의 중심축으로 만든다. 부산 '길의
날' 제정 및 길걷기 활성화를 위한 제도적 장치를 마련한다.
⑤ 사업방향 : 콘텐츠의 개발과 사회적 의제 발굴 및 전파, 부산의 길과 관련된
인프라 구축, 시민참여를 통한 길걷기 문화 조성

'걷고싶은부산' 은 현재 일반시민들이 참가하는 시민 그린워킹을
강화하는 한편, 실행위원회에 해당하는 길위원회를 본격 가동하여 부
산걷기축제를 주관하고 있다.

2009 부산걷기축제 경과

〈축제개요〉
- 일시 : 2009년 11월 13~15일
- 장소 : 시내 전역
- 주관 : 사)걷고싶은부산, 국제신문사, 부산광역시
- 주최 : 2009 부산걷기축제위원회
- 슬로건 : 길은 부산에서

11월 13일	길걷기 활동 콘테스트	국제문화센터 강당
	제1회 부산의 길 워크숍	
	달빛 걷기-부산의 야경	문현동금융단지~황령산~광안해수욕장
11월 14일	항도부산, 600년을 걷는다(개막식)	중앙부두~중구~영도구~ 서구 송도해수욕장
	청소년 숲길 걷기	성지곡 수원지 숲길(중·고생 대상)
11월 15일	범시민 그린워킹(걷기대회)	-16개 구·군 자체 코스에서 동시 다발 -10개 상징코스와 대표길 선정
	부산 해안 100리 걷기대회	해운대~이기대~나루공원
	집결지 및 폐막	APEC나루공원(수영강변)

"길은 부산에서"라는 슬로건으로 시작된 2009 부산걷기축제는 11월 13일에서 15일까지 3일간 부산 각 지역에서 동시다발적으로 개최되었다.

2009 부산걷기축제는 시간과 예산, 인적자원 등 물리적으로 열악한 조건에서 준비가 되었다. 9월 14일 법인의 발기대회 이후 추석을 앞두고 총 5회에 걸쳐 연속 기획회의를 통해 기본안이 만들어졌으며, 11월 27일 총회를 앞두고 확정안이 나왔다. 확정된 안은 1차적으로 길위원회 산하 집행위원들이 역할을 분담하여 세부기획과 현장답사를 통해 다듬었고, 부산시의 행정적 지원과 사무처의 보강이 이루어지면서 본격적 운영 체제를 갖추었다.

그러나 축제 개최 보름 전까지도 주최와 주관이 명료하지 못했고, 범시민 대상의 축제로 설정되었음에도 언론홍보가 국제신문에 국한되었던 것은 시민 인지와 참여 측면에서 문제가 있었다.

한편 행사 실행에 있어 불온한 기상은 전야제를 비롯하여 폐막식에 막대한 영향을 끼쳤으며, 전야제는 기상악화로 취소할 수밖에 없었다. 그나마 개막식은 청명한 날씨로 인해 성황을 이룰 수 있었다. 개최 시기에 대한 재고가 필요한 지점이다. 전반적으로 2009 부산걷기축제는 별 탈 없이 치러졌으나 준비과정과 예산운용에 있어 법인 구성의 한 축인 국제신문과 법인의 역할분담이 정교하지 못해 사전에 예측하기보다는 즉흥적 대응이 많았다.

이 같은 문제에도 불구하고 2009 부산걷기축제는 시민걷기운동을 활성화시키는 촉진제로서 그 역할을 하였으며, 길걷기에 대한 인식을 증진시키는 데 일조했다. 특히 부산 '길 워크숍'과 '길걷기 활동 콘테스트'는 종래의 축제와 차별화된 걷기축제만의 고유한 영역으로 '걷

고싶은부산' 의 취지에 부합하였고, 개막식과 '항도부산, 600년을 걷는다' 의 경우 원도심의 재해석을 일반시민과 공유하면서 북항의 비전을 공유함으로써 길의 의미와 가치를 부여했다. 또한 '해안 100리' 의 경우 부산에서는 걷기축제를 통해 처음 공식 개설된 장거리 도보 코스로서 부산의 해안 절경을 관광자원화할 수 있는 계기를 부여했다.

그리고 15일 16개 구·군이 동시 개최한 '범시민 그린워킹' 은 구·군이 조성하거나 추천한 그린웨이를 통해 총 12,500명이 걸었던 것을 포함, 최소 2만 명 이상이 참여함으로써 부산의 대표 축제로 자리매김할 수 있는 가능성을 보여주었다.

부산의 길 자원들

지난 3년, 부산의 길걷기는 제주의 올레나 지리산 둘레길이 누린 명성에 비해 크게 부각되지는 못했으나, 다양한 코스를 개발하고 알려내는 데 주력했다. 그러한 내용으로 국제신문이 소개하는 기획기사를 만들었다. 그 결과 시민들이 인식하는 길걷기는 상당한 지평을 열었음을 확인할 수 있다. 처음에 보여준 생뚱한 표정이 시나브로 알고 있음의 환한 얼굴로 바뀌었다. 알려진 길도 많다. 그린웨이 조성이 지자체의 명품길 바람에 일조하기도 했지만, 중요한 것은 명품을 명품답고 윤이 나게 닦는 일이다. 그것은 시민들이 즐겨 찾음으로써 덧입혀지는 포장이고, 언론과 입소문을 타고 또 다른 방문객을 불러들이는 고리 역할을 하는 것이다. 길 또는 걷기축제는 이를 증폭시키는 촉진제다.

부산걷기축제에 참가한 사람들

부산해안 700리 갈맷길 구포팔대 72경

 부산의 이기대해안이나 해운대 삼포길 등은 이제 전국적인 인지도
를 가지고 있다. 문제는 이 길을 구간 구간 연결하여 트레일화하는 것
이다. 부산은 지형학적으로 볼 때 남해의 기종점으로, 입지상 다른 도
시에 비해 접근성도 좋고 이용시설이 많은 유리한 지점에 있다. 다가
올 여수 박람회나 문화체육관광부가 주관하는 동해안 트레일이 완성
될 경우 그 가능성은 무궁무진하다. 부산 해안길의 경우 기장군 월내
에서 가덕도까지 약 700리 거리이다. 항만 재개발이나 군부대, 항만
시설의 입지로 단절된 구간이 있기는 하지만 대체적인 평가는 제주
올레에 견주어도 손색이 없다는 것이다.

 구체적으로 욕심을 내자면 죽성리에서 신선대까지는 참으로 맛있
는 길이다. 풍광이 빼어나고 문화유적도 수두룩하다. 한편 신선대에

서 영도까지는 원도심 구간으로 또 다른 맛을 가지고 있다. 골목과 산복도로, 왜관의 흔적과 복닥거리는 자갈치의 거리는 부산이라는 항도가 가진 또 다른 매력이다. 그리고 영도다리를 건너 태종대에서 절영해안을 따라 남항대교를 건너면 송도해안과 암남공원의 기암절벽이 가슴을 시원케 한다. 내쳐 걷자면 두송반도와 몰운대, 다대포에 이르고 여기서 낙동강 하구의 갯벌과 모래사주가 펼쳐진 광활한 하구의 바다와 만나게 된다. 마지막으로 눌차를 돌아 가덕도를 일주하는 코스는 부산의 숨겨진 보석을 캐는 길이다. 그 보석을 소수의 시민들이 시민그린워킹이란 이름으로 탐방하며 감탄해하고 있다.

둘레길과 야경의 백미

부산의 지형 형성이 국토의 대간에서 낙동정맥을 따라 흘러온 줄기이다 보니 산세 역시 올망졸망하면서도 운치 있는 곳이 많다. 또한 수많은 강과 하천이 더불어 흐른다. 지자체들은 관할 행정구역 내 산지를 둘레길로 조성하고 있거나 벌써 해놓은 곳도 많다. 이 길들 중에 해안변에 위치한 영도 봉래산이나 서구 천마산, 남·수영구의 황령산 달빛걷기는 길걷기의 새로운 묘미를 느낄 수 있는 곳이다. 수영강을 따라 회동수원지를 관통하는 둘레길 역시 시민들의 호응이 뜨거운 곳이다. 길이 내장한 볼거리며 쾌적도, 이른바 걷고 싶은 길로서 매력이 넘쳐나 전국 어디에 내놓아도 팔릴 수 있는 길이다.

축제로서의 길걷기

걷기축제는 걷기에 충실함으로써 완성된다고들 한다. 허나

그 믿음은 축제의 울타리 속에서 당위일 뿐이다. 걷는 그 자체가 축제로서 가지는 걷기축제의 정체성이지만 축제는 어울림과 소통의 장을 내장하고 있기 때문에 걷는 것 이상의 프로그램을 필요로 한다. 단순히 걷는 것에만 초점을 맞춘다면 '대회'면 족하다. 따라서 어떻게 동기부여를 할 것이며, 이를 효과적으로 홍보하고 지원하는 시스템을 어떻게 구축할 것인가에 따라 명암을 달리할 것으로 본다.

예컨대 제주 올레의 명성은 나누어 가짐으로써 가능했다. 일회성 이벤트가 아닌 제주의 참모습을 자원화하는 데 민·관의 협치가 돋보인 지역이 제주도이다. 결과적으로 제주는 새로운 성장의 열쇠를 가지게 되었다. 주말이면 제주를 찾는 이들로 넘쳐나며, 성수기에는 숙소가 부족하고 비행기표가 없다. 방문자들이 가져가는 것은 제주 올레길을 걸음으로써 발견하고 얻는 즐거움과 자기충전이지만 그들이 두고 가는 것은 제주도민을 살찌우는 밥이 되는 것이다. 누군들 마다하지 않을 것인가.

그런 점에서 본다면 부산의 걷기축제는 16개 구·군이 부산이라는 도시가 갈래지어 뻗어 내린 공유자원을 한꺼번에 선보이고 공동선을 추구하는 계기로 작용해야 한다. 그리고 지역 언론의 반성과 거듭나기가 필요하다. 특정 언론이 심층적이고 지속적으로 알려낸다는 이점이 있기는 하지만 어디까지나 상대적일 뿐이다. 길이 특정 언론사의 전유물이 되어서는 곤란하다. 시민의 알 권리와 참여가 제한될 수밖에 없을 뿐 아니라 더 중요한 길의 비전이 왜곡될 수 있기 때문이다. 시민사회단체들 역시 언제까지 이런 언론의 지역 할거(割據)를 용인할 것인가. 바람직하지 못한 구도는 바로잡아야 한다. 아무리 좋은 프로그램이 마련된다 하더라도 궁극적으로는 반쪽 축제가 될 수밖에 없다. 나쁘게 말

하면 참여하든 안 하든 횡포로 해석되는 것이다. 언론사 내부의 협의를 통해 적극적인 조정이 필요하다. 어떤 축제든 홍보가 절반이다. 그런데도 부산에서 이루어지는 걷기축제와 관련한 언론의 역할은 대단히 제한적이고 자의적이다. 유감스럽지만 이 벽을 넘어야 한다.

한편 행정은 지난해 그린웨이 조성을 위해 437억 2,700만 원의 예산을 사용했다. 2010년 역시 159억 1,200만 원의 예산을 투입하고 있다. 2년간 600억 원이 그린웨이에 사용되는 것이다. 적은 돈이 아니다. 그러나 이렇게 조성한 길을 "우리는 조성했으니 나머지는 알아서 하라"면 예산낭비에 불과하다. 그린웨이는 그 조성의 필요성을 '친환경 도시성장'과 '악화된 건강성 치유'에 두고 있다. 다시 말해 자연자원을 시민 삶의 질 향상과 친환경적 도시성장의 동력원으로 활용함과 함께 산업화, 정보화 과정에서 악화된 건강성을 회복하기 위해 조성

부산걷기축제에 참가한 사람들이 해변길을 걷고 있다.

한다고 했다. 그리하여 명상과 성찰, 문화와 녹색여가가 결합된 사람·생태·문화의 길을 만들겠다고 천명했다. 그렇게 조성된 549km의 길은 다소 거칠고 다시 손봐야 할 구간이 없지 않으나 대체로 걸을 만한 길이 대부분이다. 문제는 시민이 집에서 나와 걸을 수 있도록 해야 한다는 점이다. 예컨대 오늘 저 길을 한 번 가볼까 하는 마음이 생기도록 하는 것이다. 물론 억지로 끄집어낼 수는 없다. 하지만 걸어보게 만드는 홍보는 가능하다. 서울역 지하철 복도에 내걸린 전국 지자체들의 지역 자랑과 초청홍보 광고판은 그래서 존재한다. 부산시는 그런 적극성이 부족하다. 나아가 방문자들이 체류하고 정보를 얻는 공간도 제한적이다. 여성 혼자서도 부담을 느끼지 않고 걸을 수 있는 길, 필요하면 어디서든 1박을 하고 다음 코스를 밟을 수 있는 장치에 대한 고민이 필요하다.

2010 부산걷기축제

전언한 바, 부산의 걷기축제는 일개 시민단체나 특정 언론사가 부산시를 파트너로 한다 하여 꽃피울 성격은 아니다. 여기에는 시민의 참여가 다양한 형태로 이루어져야 한다. 단순 참가에서부터 자원봉사, 나아가 기업후원이 열려야 한다. 제주 올레는 그런 점에서 돋보인다. 한 도시 또는 지역의 저력은 이때 확인된다. 무엇보다 스스로 발붙이고 있는 지역에 대한 자긍심과 자랑이 넘쳐날 때 밖에서 기웃거리고 찾아온다.

2009 부산걷기축제는 부산 길걷기운동의 대중화를 선언한 이후 이를 가시화하고 결집시켜 더욱 널리 홍보하기 위한 차원에서 마니아를

포함한 시민 전체를 대상으로 하되, 2010년 본격적인 축제로 진입함에 앞서 치러진 예비 성격의 축제였다. 축제를 열기로 한 이후 길위원회가 소집되었고, 총 7회의 프로그램 확정회의, 3회의 분야별 심화 기획회의, 2회의 실행 점검회의가 열렸다. 도달하고자 했던 목표는, 규모는 작지만 기억에 남는 축제, 그리고 길축제 관련 인적 · 물적 자원 발굴과 부산의 대표 길을 선정하는 것으로 설정되었다.

2010년 제2회 부산걷기축제 역시 축제준비위원회를 조직하는 것에서부터 시작해야 한다. 2009년이 시간과 재원 등 물리적 조건에서 아쉬움이 많았다면 2010년 축제는 지금 바로 준비에 들어가야 한다.

어디서 이렇게 많은 사람을 만날 것인가

이상에서 풀어본 바, 2010년 부산걷기축제는 이미 반은 준비된 상황이다. 그러나 그 반은 사람의 일이다. 길은 도처에 깔려 있고, 그 길 위에 시민들이 서게 해야 한다. 다른 축제와는 달리 참가자의 체험과 느낌이 그대로 반영되는 축제가 걷기축제의 매력이자 장점이다. 축제준비위원회의 역할은 여기에 꽃을 붙이는 일이다. 그래서 감동을 불러일으키는 일이다. 부산에 "이런 길이 있었다니" 또는 "참 좋습니다" 그래서 "다음에 식구들과 같이 한 번 더 와봐야겠습니다" 라는 소회를 듣는 일이다. 그 첫 단추는 어쨌든 걷기축제의 준비를 도모하는 '걷고싶은부산' 의 건강성과 조직 결성의 진정성을 확인하는 과정에서 출발한다. 그리고 걷기를 시민운동으로 바라보고 세상을 변화시키는 주요한 부분운동으로 규정해야 한다. 어디서 이렇게 많은 사람들을 만날 것인가.

시민들의 문화축전, 일본 국민문화제

일본의 국민문화제는 아마추어/자발적 예술가, 시민들이 모여 만드는 주목할 만한 대규모 문화축전이다. 국민문화제는 다양한 문화예술 분야의 전시와 공연을 망라하여 해마다 지방을 번갈아가며 개최하고 있다.

지금까지 우리는 축제라고 하면 거창하고 화려한 공연 위주의 이벤트 행사, 그것도 기획사가 준비한 판에 박은 행사를 떠올리곤 한다. 여태껏 우리는 시민이 스스로 주체가 되어 지역을 하나로 아우르고 사람들의 마음을 추스르며 가슴을 뜨겁게 하는 축제를 경험하기 힘들었던 게 사실이다. 그동안 축제라는 행사들은 객체로서 '구경'하는 이벤트에 가깝다고 보아야 할 것이다.

2009년 10월 24일부터 11월 8일까지 16일간 시즈오카 현 전역을 무대로 열린 '제24회 국민문화제 시즈오카 2009' 행사는 일본 각지에서 활동하고 있는 아마추어 예술가들이 전국 규모에서 발표하고 감상, 교류하는 장을 제공하는 일본 최대 문화제전이었다. 1986년 제1회 행사를 수도 도쿄에서 개최한 이후 해마다 한 차례씩 각 지역을 순회하며 개최하고 있다.

이 행사 기간 중 시즈오카 현 각지에서는 모두 95개의 사업을 전개하였다. 시즈오카 현은 동서, 남북으로 넓게 자리하고 있기 때문에

시즈오카 국민문화제
오케스트라 공연 포스터

각 지역의 특색을 살려, 서부지역은 오케스트라와 취주악, 오페라 등의 음악, 북부지역은 농촌 가부키, 중부지역은 연극과 발레 등의 무대 예술을 중심으로 한 이벤트가 열렸다. 또 동부지역에서는 문학과 역사문화가, 이즈지역에서는 온천의 매력을 살린 이벤트가 중심이 되었다고 한다.

국민문화제는 열리는 지역에 따라 달라지기는 하나, 대략 종합 페스티벌 3~4개, 문예, 음악, 미술, 영상, 생활문화 등의 30~40개 중점사업(총 200여 개 이상의 프로그램), 각종 심포지엄, 강연회 등으로 구성된다. 여기에다 문화예술 각 분야별로 전국적인 공모를 거친 수상작 등의 전시와 각종 경연, 공연 등이 더해진다. 한편 이 행사를 위해서는 개최 지역의 시민들로 구성된 진행요원만도 2~3만 명이 자원봉사를 하였으며, 일본 각지에서 관람객이 모두 100만 명 이상 참가할 정도라고 한다. 문화제는 말 그대로 소수 참가자들만의 일회성 잔치가 아니라, 시민과 문화, 역사와 삶, 지방과 국제사회의 소통을 몸으로 느끼게 하고 뿌리내리게 하는 주역이다.

이 국민문화제의 특성은 다양한 문화예술의 좌표를 시민 스스로가 주도하여 만든다는 데 있다. 공연 주최자는 일본 문화청과 지방자치 단체이지만, 내용상 문화자원봉사자들이 진행하고 시민들이 자율적으로 참여해 만들고 향유한다. 전시장의 설계부터 인테리어 공사, 행사장 안내에 이르기까지 전체 진행을 무보수 자원봉사자들이 하고 있으며, 공무원과 문화예술인, 디자이너와 목수, 도서관 사서와 일반 시민이 함께 땀 흘리며 준비를 한다. 프로그램 역시 한결같이 참여와 체험의 장을 전제로 구성한다. 이 축제는 일반 시민들의 풀뿌리 문화예술 축제이자, 문화예술인과 시민의 만남의 장이 되고 있다.

이제 우리사회도 '시민들의 자발적인 문화예술 활동의 장 = 지역축제'라는 관점에 관심을 기울일 필요가 있다. 시민들을 축제의 수동적인 소비자가 아니라 적극적인 축제의 창조자로 자리매김하는 인식의 전환이 이루어져야 한다. 축제가 지속성을 갖고 추진되기 위해서는 지역주민들의 활력을 불러 일으켜 서서히 주민 자신의 활동으로 변해가는 것이 바람직할 것이다. 문화를 단순히 지역성장을 위한 인프라로 이용하려는 차원을 넘어서, 지역주민의 생활방식을 문화 중심적으로 전환하는 노력이 필요하다.

시즈오카 국민문화제 준비를
위한 실행위원회 모습

시즈오카
국민문화제
버스정류장
안내문

5

녹색이 있는
문화도시 만들기

현대사회는 산업적 가치를 제일 중요하게 여기고, 나머지는 부수적으로 여기는 경향이 있다. 근래에 문화의 가치가 높아졌다고들 하지만 속사정은 별로 그렇지 않다. '문화체육관광부'라는 행정 개념이 있듯이 문화는 그 자체의 독자적인 가치가 아니라 관광이나 콘텐츠산업을 비롯한 산업에 기여하는 정도에 따라 인정받는 것이다. 물론 1980년대 이후 유럽의 도시재생 프로젝트에 문화가 접목되면서부터 국가 차원에서 문화의 가치에 눈뜨기 시작한 것은 상대적으로 긍정적인 측면이겠지만, 결국 문화를 기능적 관점으로 평가하는 틀에서 벗어난 건 아니다. 한편 생태 영역도 인류의 건강과 생존이라는 측면에서 불가피하게 보호해야 할 영역으로 여겼다. 거꾸로 말해 인류의 건강을 위협하지만 않는다면 경제적 이익을 위해 파괴해도 좋은 걸로 취급해온 것이다.

이렇게 볼 때 문화와 생태 영역은 모두 인간의 생존이라는 관점으로 이해되어왔다고 할 수 있다. 하지만 이제 산업화 시대를 벗어나는 21세기에는 생존이 아닌 향유의 관점을 가져볼 수는 없을까? 다시 말해 기능성, 효용성을 넘어 자연과 문화를 그 자체로 누리고 즐길 수는 없을까? 문화도시와 생태도시는 이 '누림'이라는 패러다임 전환을 통해 생태문화도시로 결합하는 실마리를 찾을 수 있을 듯하다.

여기서 누림의 단위는 마을공동체를 바탕으로 삼는 것이 바람직할 것이다. 관광용으로 개발된 공간이나 지역공동체의 역사와 지리적 환

경에 무관하게 세워진 놀이공간은 정작 지역주민이 누리지 못하는 경우가 많다. 또 주거지역에서 거리가 먼 곳에 만들어진 공간도 마찬가지다. 지역주민이 실질적으로 생태문화를 누릴 수 있으려면 향유의 단위가 근린생활 단위가 되어야 한다. 이 점에서 부산시의 도심 그린웨이 정책이나 도심 녹화정책은 일단 긍정적이다. 그럼에도, 다른 도시들에 비하면 여전히 부족하다. 이로부터 우리는 좀 더 적극적으로 생활 속의 향유라는 원칙에서 생태문화도시를 만드는 방안을 모색하게 된다. 공공녹지, 근린공원, 근린광장, 또 스토리텔링이 결합한 근린생활형 그린웨이의 지속적인 확대에 덧붙여 '마을텃밭(Community Garden)' 을 추가로 제안해보자.

마을텃밭은 '주말농장' 처럼 교외에 자리 잡은 사유공간이 아니라 '사는 곳이 텃밭' 이라는 발상에서 출발한다. 즉 주거지 내부의 공유공간으로서 일종의 소규모 생태광장을 지향하는 것이다. 또 마을텃밭은 기존의 '도시농업' 처럼 먹을거리에만 주력하지 않고, 꽃을 비롯해 다양한 식물을 포함한다. 따라서 마을텃밭은 지역공동체의 유대를 높이며, 생활환경을 건강하고 아름답게 만드는 공간으로서 사회·문화·생태라는 3중 활동의 장이 될 수 있다. 1993년 시카고 공공미술 팀의 플러드(Flood) 프로젝트가 선구적으로 보여줬듯이 마을텃밭이 예술과 만나면 아름다운 문화공간이 될 수 있다. 최근 경기도 안산의 '예술텃밭' 운동을 참고할 수 있다.

현재로서는 병원, 학교, 종교시설, 관공서, 공원을 비롯한 기존의 공적 공간을 텃밭 부지로 활용할 수 있겠지만, 앞으로는 대규모 재개발 사업에서 부지 제공을 규정화하거나 혹은 시유지와 국유지 일부를 임대해주는 방안도 생각할 수 있을 듯하다. 밴쿠버의 규정을 참고하

면 도움이 되리라 믿는다. 또 부산의 산동네처럼 소형주택들이 과다 밀집한 경우는 부산시가 폐·공가 몇 채를 사들여 쌈지 마을텃밭으로 바꾸면 좋을 듯하다. 물론 마을텃밭은 영리 목적이 아닌 소규모 자급 농업에 적합하지만, 지역주민들이 바란다면 어느 정도 사회적 일자리 창출, 나아가 커뮤니티 비즈니스와 접목할 수 있을 것이다.

양진우 박사는 그동안 문화도시를 논의하면서 생태를 함께 얘기하는 경우가 거의 없었다는 사실을 지적하며, 이제 양자의 결합을 화두로 새로운 논의의 장이 열리기를 희망한다. 그러면서 시민들의 상상력을 담아낼 수 있는 환경적 토대를 마련함으로써 생태도시와 문화도시를 결합하자고 제안한다. 이런 맥락에서 부산시의 '슬로시티'와 '다이나믹부산'의 지향점이 일치할 수 있는지를 묻는다. 또한 부산시가 문화도시를 지향하면서도 그 요건에 있어 자연생태를 결합하지 못하고 있는데, 행정 업무영역들이 상호연계되면 시너지 효과를 낼 수 있으리라고 제안한다. 매우 실질적인 제언이라고 본다.

김승환 교수는 부산시민의 1인당 녹지면적이 실제로는 0.8평방미터에 불과하다는 수치를 제시하며, 녹색 신바람 운동을 촉구한다. 또 부산시의 녹지공원 조성에 필요한 예산을 국비지원으로 해결하는 방안으로 둔치도공원을 국가공원으로 신청할 것을 제안한다. 그리고 '커뮤니티가든'에 대해 "공원 내에 시민이 텃밭을 가꾸고 커뮤니티를 형성"하는 것으로 정의하며, "1천 개의 커뮤니티가든을 만들자"고 주장한다. 그것은 도시재생수단으로서 사람들이 만나서 대화할 수 있는 장이자 공한지를 활용할 수 있는 도시의 녹지 확보 방안이므로 녹지와 복지, 커뮤니티를 아우르는 복합개념이며 차세대 공원의 모습이라는 것이다.

이준경 실장은 도심 그린웨이의 중요성을 언급하는 가운데 '강 길'이 보행로, 제방, 둔치 등으로 구성된 복합 생태공간임을 강조하며, 보행로는 제방 위에 마련되어야 한다고 지적한다. 이 점에서 현재 보행로를 넓히려고 강폭을 줄이는 희망근로 때문에 강 길이 훼손되고 있음을 밝힌다. 또 서면 영광도서 앞의 복개도로를 다시 열지 못한다면 공원으로 조성해야 한다고 제안한다.

토론자로 나선 박창희 국제신문 부국장은 '살고 싶은 도시' 라는 개념을 통해 생태도시와 문화도시를 아우르자고 제안한다. 또 부족한 공원부지 해소를 위해 산을 공원으로, 해안을 공원으로 활용하는 관점에서 특히 황령산과 금련산을 잇는 황금둘레길 주변을 공원화하자는 제안을 했다. 김승환 교수는 이에 대해 황금둘레길을 산림형 공원으로 조성하는 한편, 대규모 도심형 공원 조성은 별도로 진행되어야 한다고 덧붙였다.

김해몽 부산시민센터장은 그간 '100만 평 공원 만들기' 의 성과를 높이 평가하면서도 앞으로는 좀 더 다각적으로 의식개혁을 유도하는 방안을 찾아내야 할 것이라고 제안했다. 또 광장의 필요성을 역설하며 서면에도 대규모 광장을 만들자고 제안했다. 도심 그린웨이에 대해서는 근린생활형 그린웨이의 중요성을 지적했다. 일본 후쿠오카의 보행도로를 예로 들며, 보행자를 세심하게 배려함으로써 걷고 싶은 마음이 들게 하는 도로 및 건축물 조성이 필요하다고 했다. 또한 도심 걷기가 도심공원과 결합하는 방안을 모색하자고 제안했다.

생태적 문화도시의 전망

양진우 (부산발전연구원 연구위원)

1. 문제 제기

　　도시는 인간의 총체적 삶의 모습을 담고 있다고 한다. 전 세계적으로 도시화가 진행되고 있는 가운데, 도시를 문화적인 관점에서 바라보는 것은 사회화 과정과 끊임없이 상호작용하는 사회적 공간과 사람들이 사는 일상의 공간으로서 도시를 이해하는 것이라고 할 수 있다. 문화적인 도시환경 창출을 기본으로 하는 문화도시는 문화적인 도시기반 환경의 정비, 역사의 보존, 도시환경의 미관화, 예술활동의 활성화 등을 주요 정책으로 추진하면서 도시의 문화적 재생을 목표로 하고 있기도 하다. 한편으로 도시에서 살아가는 사람들의 삶의 질은 자유로운 사회적 관계나 풍요로운 물질의 향유에만 달려 있는 것이 아니라, 보다 쾌적하고 안전한 생태환경의 확보에 의해서도 좌우된다고 한다. 이에 문화적 재생을 핵심 기반으로 하는 문화도시 만들기와

도시 거주 사람들의 삶의 질에 중요한 영향을 미치는 '생태' 요소는 어떠한 연관성을 가질 수 있을 것인가? 라는 문제의식을 토대로 생태적 문화도시를 전망하고자 한다.

2. 문화도시에 관한 개념적 고찰

1) 문화도시의 개념

'문화도시(Cultural City)' 라는 용어는 1980년대 중반 유럽에서 구체적으로 사용하기 시작한 것으로 현재는 풍부한 문화자원과 문화적 환경을 갖추고 있는 도시를 의미하고 있으며, 인간다운 감성이 풍부한 지역사회를 만들기 위하여 시민과 행정이 협동하여 실시하는 다양한 시책에 의해 조성되는 도시를 말하기도 한다.

1970년대 이후 유럽의 도시는 도심 외곽에 들어선 공장지대로 인하여 공해가 사회적인 문제로 등장하였으며, 공단과 슬럼으로 변한 도심을 재생하기 위한 프로젝트에 예술가의 참여를 유도하고 '문화' 를 변화의 핵심요소로 인식하게 되었다. 영국의 항구도시를 문화도시로 재건한 리버풀, 음악과 영상단지를 만든 쉐필드, 프랑스 탄광도시인 낭시의 세계실험연극제 등이 대표적이다. 이러한 사회적 분위기 속에서 유럽의회는 '문화유산의 보존과 유럽의 문화적 통합에 기여한 도시' 를 매년 문화도시로 지정하고 있다.(전영옥 2006)

문화도시에 관한 정의를 살펴보면, 황동열(2000)은 문화도시란 풍부한 문화자원과 문화시설 등 문화적 기반이 구비되어 있으며 문화기구, 문화의 거리, 도시문화벨트가 1개 이상 존재하고 문화예술에 대한 정책지원이 갖춰진 도시로 정의하였고, 김효정(2004)은 지역의 문

화예술과 자원을 결합한 산업을 육성하고 이를 뒷받침하는 문화적 · 친환경적 환경조성을 통한 창의성을 발현할 수 있는 도시 또는 주민의 입장에서는 매력적이고도 즐거움과 느낌이 있는 도시로 설명한 바 있다. 또한 정주환(2008)은 문화도시 구성의 주요 요소가 풍부한 자산과 쾌적한 생활환경의 다양한 문화생활을 할 수 있는 문화적 다양성이라고 설명하면서 무엇보다도 문화도시는 단순히 문화적 측면에서 전통이나 예술에 초점을 맞추었던 데서 벗어나 그 관심이 '환경', '도시' 의 관점으로까지 확대되었다는 것을 의미한다고 강조하고 있다. 한편 문화연대 공간환경위원회(2002)는 기본이 바로 선 도시('시민들이 쾌적한 일상생활을 영위할 수 있도록 기초가 바로 선 도시')를 바탕으로 또는 이를 지향하면서 삶의 질을 더 높이 고양시킬 수 있는 상태로 옮아가는 도시를 문화도시라고 정의하고 있다. 아울러 문화시설이 잘 갖추어져 있고 문화예술에 대한 정책지원이 풍부한 도시만을 뜻하는 것이 아니라, '살기 좋은 도시', '살고 싶은 도시' 의 다른 이름으로도 강조되고 있다.

2) 문화도시의 유형

문화도시 유형을 이미지별로 살펴보면, ①랜드마크와 가로재생, 관광, 축제를 중요시하는 체험형 문화도시 ②도시 내 사람들 사이의 관계를 중요시하는 네트워크형 문화도시 ③스토리 소재나 스토리텔링을 중요시하는 스토리 지향형 문화도시 ④창조적 환경을 중요시하는 창조도시형 문화도시 ⑤지역발전을 위한 신산업 구조화를 중요시하는 도시재생형 문화도시의 4가지로 구분하고 있다.(유승호 2008)

〈문화도시 유형별 특징〉

체험형(관광, 축제)
- 도시의 랜드마크, 박물관, 미술관, 자연환경
- 축제를 중심으로 지역과 타 지역이 교류하는 네트워크형 문화도시
- 문화예술을 체험할 수 있는 고부가가치적 문화마케팅
- 이벤트성이 강하여 문화소비적 형태

네트워크형
- 커피숍, 바, 책방
- 공통된 관심사를 가진 사람들의 네트워크
- 사람 사이의 친밀감과 유대감 및 신뢰를 중요시

스토리 지향형
- 스토리가 있는 도시
- 관광객 유치에 힘쓰는 동시에 문화 제공자로서 시민의 역할 강조
- 문화 생산적 형태

창조도시형
- 가장 최근에 논의되고 있는 도시형태
- 쾌적한 환경이 필요
- 지식 관련 산업, 직업, 훌륭한 교육시설
- 개인의 자질, 의지와 리더십, 다양성, 지역적 정체성, 도시의 공적 공간 등 필요

도시재생형
- 탈공업 시대의 도시재생 전략
- 생활지향형 문화도시
- 문화공간과 가로의 연계('자연적 환경과 문화적 환경의 결합')
- 광장을 중심으로 가로경관이 우수한 거리를 형성

자료 : 유승호, 『문화도시: 지역발전의 새로운 패러다임』, 2008

3) 문화도시의 요건

• 문화기반요건

주민들의 문화적 편의를 도모하기 위한 여건으로서 시설 마련, 문화정보 시스템 구축, 지역에 필요한 문화인력의 육성 확보, 관련 제도의 조례 정비 등과 같은 문화기반을 조성하여야 한다.

• 문화적 정체성 요건

지역의 역사적 배경과 지역 이미지를 살려 문화적 정체성을 확립하기 위해서는 지역의 특징에 대해 새로운 의미를 부여하고 주민들의 문화에 대한 자부심을 고양하여 이를 전승하도록 해야 하므로 이를 위해서는 지역문화자원의 재인식 및 활용이 필요하다.

• 창조성 요건

도시의 문화적 창조력을 향상하기 위하여 문화예술활동을 지원하는 것이 필요하므로 예술가 및 예술단체와 같은 창조자들의 예술활동을 지원하고 지역 문화축제와 문화행사를 마련하며 민간과의 파트너십을 통해 역량을 제고하도록 지원한다. 또한 지역의 문화자원을 활용하여 특화된 지역축제를 만들고 도시의 각종 문화행사를 보다 내실화하여 운영함으로써 주민들의 문화향수 기회를 확충하고 지역의 사회 문화적 의미를 새롭게 창출하는 계기로 삼아야 한다.

• 산업화 요건

도시지역의 문화상품이나 문화산업이 적극 활용됨은 물론, 엔터테

이번트 중심의 문화산업을 통하여 도시활성화를 꾀하고 고용 창출 및 고부가 가치 창출을 주요 정책 수단으로 활용하고 있다. 문화산업을 발전시키기 위하여 문화콘텐츠를 활용하여 문화재원 확보, 공공 역할 강화 등에 대한 구체적인 정책을 경쟁적으로 개발하도록 한다.

3. 도시비전과 연계한 문화도시 만들기 사례 고찰

1) 삼림(森林) 문화도시

일본 사이타마(埼玉) 현 한노(飯能) 시는 수도권으로부터 50km 정도 떨어진 곳에 위치하고 있으며 85,000여 명이 거주하는 풍요로운 자연환경의 전원도시이다. 시역의 75% 정도를 산림이 차지하고 있으며 자연과 도시 기능이 조화를 이루는 살기 좋은 도시 창조를 목표로 2005년 4월에 '삼림(森林) 문화도시'를 선언하기에 이르렀다.

한노 시는 자연환경요소가 풍부한 마을로 마을의 역사, 문화, 주민의 감정이 '숲'과 함께하고 있다고 여기고 산림자원을 활용한 새로운

'삼림(森林) 문화도시'
의 마스코트

자료 : 한노 시 홈페이지(http://www.city.hanno.saitama.jp)

산림문화의 창조로 심성이 풍요로운 인간 만들기와 활력 있는 마을만들기를 추진하고 있다.

2) 건강(健康) 문화도시

건강지역으로 유명한 일본 오키나와(沖縄) 현 토미구스쿠(豊見城) 시는 오키나와 본토 남부에 위치하고 있으며 17,000여 명이 거주하는 작은 도시이다. 도시기본계획을 수립하는 과정에서 주민의 건강, 지역의 건강 등 건강 만들기를 문화로 인식하고, 또한 이를 도시 만들기의 기본철학으로 한다는 생각으로 2002년 4월에 '건강(健康) 문화도시'를 선언하였다.

'건강(健康) 문화도시' 선언은 토미구스쿠 시에서 살아가는 주민들이 더 나은 생활을 하기 위하여 스스로 좋은 마을을 만들어가겠다는 의사표명이기도 하며, 21세기의 건강 만들기는 건강을 목적으로 하는 것이 아니라 건강을 생활의 질 향상 수단으로 생각하는 점이 특징적이다.

3) 환경(環境) 문화도시

• 일본 나가노(長野) 현 이이다(飯田) 시

이이다 시는 나가노 현의 남부에 위치하고 있으며 풍요로운 자연과 뛰어난 경관, 좋은 기후조건을 갖춘 도시로 10만여 명이 거주하고 있다. 1996년 4월에 행정과 시민이 함께 수립한 도시기본계획에서 '환경(環境) 문화도시'를 도시상으로 선언하였다.

지구시민의 일원으로서 물려받은 아름다운 자연환경과 다양하고

풍부한 문화를 살려가면서 시민, 사업자, 행정 등이 다양한 주체의 적극적인 참가와 행동으로 인간과 자연이 함께 개성 있는 마을을 만들어가자는 취지에서, '환경(環境) 문화도시'를 선언하였다. 환경을 배려한 일상생활로부터 환경을 우선하는 단계로 발전시켜가면서 새로운 가치관이나 문화 창조로 높여가는 것이 필요함을 강조하고 있다. 특히 2009년 1월에는 국가로부터 '환경모델도시'로 인정을 받고 한층 추진기반을 다지고 있다.

• 일본 북해도 삿뽀로(札幌) 시

일본 북해도의 중심 도시인 삿뽀로 시는 북해도 총 인구의 30%에 상당하는 190만 명이 거주하는 일본 국내 5번째의 대도시이다. 삿뽀로 시는 2006년 환경기본계획을 수립하면서 '환경(環境) 문화도시'를 최상위 환경도시상으로 선언하였다.

삿뽀로에 모인 모든 사람들이 참가와 협동으로 자연 생태계와 조화하며 지구환경의 보전에 공헌하는 도시 만들기를 위하여 선구적이면서 적극적으로 행동하는 '환경(環境) 문화도시'를 실현하기 위하여 '순환형 도시', '공생형 도시', '참가·협동형 도시'를 추진하고 있다.

생태적 요소와 연계되는 '공생형 도시 만들기'의 경우, 도시화 과정에서 소실 또는 전용된 농지, 산림, 수변 등을 적극적으로 재생하면서 물려받은 풍부하고도 자연성 높은 환경을 보전하고 그것들을 유기적으로 연계하는 것이 요구된다. 이를 위하여 도시활동과 농업의 공존, 시가지 자연환경의 회복, 녹지나 수변환경의 보전·창조 등과 같은 대책으로 자연의 생태계와 조화하는 '공생형 도시'를 실현하고자 하는

것이다. '공생형 도시 만들기'를 위하여 '삼림기능의 보전과 육성', '양호한 수환경을 보전하는 도시 추진', '자연환경이 풍부한 도시 실현', '여유와 안락함이 있는 도시 실현'의 시책을 추진하고 있다.

4) 녹색 문화도시

미국 피츠버그 시는 앨레기니 강과 모농고헬라 강이 합류하여 오하이오 강을 이루는 삼각지대에 자리하고 있으며, 33만여 명이 거주하는 펜실베니아 주에서 두 번째로 큰 도시이다. 2009년도에 G20 정상회담이 개최된 도시로 유명한 피츠버그 시는 공업도시 이미지를 문화상업도시로 바꾸면서 '피츠버그 문화트러스트(Pittsburg Cultural Trust, PCT) 운동'을 전개하였다. 또한 공해도시 탈출을 위한 제1, 2차 르네상스 캠페인에 돌입하여 민관 파트너십을 통한 도시 재개발에 주력하고 수질·대기오염 극복, 공공녹지 및 도시경관 조성을 적극적으로 추진한 결과, 도심의 앨레기니 강은 1990년대 후반부터 송어와 배스 등 50여 종의 물고기가 사는 맑은 강으로 변신하였다.

피츠버그
앨레기니 강 모습

자료 : 국토연구원 세계도시정보(http://ubin.krihis.re.kr)에서 발췌하여 인용

피츠버그 문화트러스트운동에서는 '제1, 2차 르네상스'에 이어서 도심지역을 '문화특구(Cultural District)'로 만드는 운동도 전개한 바 있으며, 2003년 9월에는 녹색기술을 활용한 세계 최초의 녹색 컨벤션 센터로 평가받은 친환경 건축물 '데이비드 L. 로렌스'가 개관되었다.

5) 광주 문화도시 만들기

광주 문화도시 만들기의 핵심과제는 문화도시의 내용을 채우고 이를 상징하는 8개의 문화지구 형성을 중심으로 하고 있다.(정근식 · 이

〈광주 문화도시 만들기 8개 문화지구의 주요 내용〉

명칭	테마	주요 내용
복합 문화지구	신명 · 약동	• 젊음의 약동과 거리, 예술의 신명이 어우러지는 곳 • 정보화 예술 · 문화와 산업이 도심 활성화에 기여하는 곳 등
예술 문화지구	역사의 혼과 예술의 숨결	• 비엔날레 이미지 활용 종합문예공원 조성 • 남도 민속문화의 집적을 통한 관광 자원화
생태 문화지구	녹음 · 생명력	• 광주의 대표적인 자연 생태지구로서 광주 시민의 휴식처 ('도심 속의 자연') • 영상예술작품의 창작촌 등
체육 문화지구	젊음 · 영원한 자유	• 스포츠 레저를 확산하는 건강타운 • 중앙공원의 녹지대를 활용한 여유와 낭만
생명 문화지구	생명과 평화	• 민주화운동의 상징에서 생명과 평화라는 인류의 미래적 가치를 창조하는 장으로 전개
정신 문화지구	남도 전통의 오묘한 울림	• 문화 · 유적지의 전통 혼과 조화된 복원과 개발 • 선조의 숨결을 계승할 수 있는 정신적 표지
무예 문화지구	역사와 자연 속에서	• 민족 정기를 함양하고 의로움을 배우는 역사 문화형 · 자연친화형 요람
산업 문화지구	새로운 탄생	• 첨단 문화산업분야에서 수도권 기능의 역할 분담 • 21세기 도약을 위한 동북아의 문화산업 전진기지로 육성

자료 : 정근식 · 이종범 『문화도시만들기 이론과 구상』, 2001

종범 2001) 실제 계획 추진에 있어서 8개 지구를 동시에 조성하기에
는 재정적 역량이 부족하므로 투자의 우선순위를 고려하여 도심에 위
치한 문화지구를 우선적으로 조성하는 전략을 추진하였다.

이에 도심문화지구에 속하는 '복합문화지구 · 예술문화지구 · 생태
문화지구 · 체육문화지구' 의 4개 문화지구를 우선적으로 조성하고,
외곽에 위치한 문화지구는 도심문화지구의 성과와 이를 바탕으로 구
축된 역량을 토대로 점진적으로 추진하는 것이 필요하다고 강조하고
있다.

4. 생태적 문화도시의 전망—생태도시와의 접목 관점에서

1) 생태도시의 지향점

생태도시는 환경적으로 건전하고 지속가능한 개발(ESSD,
Environmentally Sound and Sustainable Development)이라는 전제
아래, 도시지역의 환경문제를 해결하고 환경보전과 개발을 조화시키
기 위한 방안의 하나로서 도시개발, 도시계획, 환경계획 분야 등에서
새로이 대두된 개념이다.

한편 서울특별시 녹색서울시민위원회(1997)에서는 ①도시산업과
도시환경의 조화 ②도시계획의 친환경적인 재검토 ③도시행정의 개
혁과 재정의 확충 및 효율적인 운용 ④지방의 전통적 문화유산과 공
동체의 회복 ⑤도시환경운동의 활성화와 시민참여의 효과적인 수단
개발을 생태도시 구현의 5가지 기본원칙으로 제시하고 있다.

생태도시의 유사한 개념들로 전원도시(Garden City), 자족도시
(Self-sufficient City), 자립도시(Self-reliant City), 녹색도시(Green

City), 외코폴리스(Öcopolis), 에코폴리스(Eco-polis), 에코시티(Eco-city), 환경보전 시범도시 등이 있으며 문제를 해결하고자 하는 강조점은 다르지만, 도시환경문제의 해결이라는 관점에서는 생태도시가 지향하는 바와 다를 바 없다고 할 수 있다.

일부 개념의 주요 내용을 살펴보면, 독일에서 제창된 Ökopolis는 '인간의 마음' 측면을 중시한 도시이미지로 인공적인 도시공간이 야기하는 인간성 상실을 어떻게 하면 회복할 것인지, 또한 자연을 도시경관이나 인간과의 접촉 대상으로 어떻게 고려할 것인가를 중점적으로 다루고 있다.

〈Ökopolis의 주요 콘텐츠〉

- 자연풍경에 어울리고 생태적으로 무리 없는 도시형성
- 인구집중지구 주변지의 균형, 도시와 농촌 간의 대립 지양
- 기후에 알맞은 건축 · 도시 형성
- 분산형 에너지 공급(태양열, 풍력 등)
- 주민의 체험세계를 높이기 위한 다양하고 소규모 위주의 공간 형성
- 공동체적인 이웃관계, 공동작업
- 미시적인 기상 시점에서 도시형성(신선한 공기가 통하는 도로, 기상 zone)
- 다양한 생물종이 서식하는 비오톱 형성
- 인간, 식물, 동물을 위한 생명공간 형성
- 통합된 생태계 시스템의 구성요소로서의 도시

출처 : 內藤(1992)를 참조하여 재작성

한편 일본에서 제창된 '에코폴리스(Eco-polis)'에서 주장하는 생태학적 도시(Ecological City)는 인간과 환경이 공생하는 지역을 만들고자 하는 것으로 ①환경을 배려한 생활 ②적정한 물질수지 ③생물과

의 공생 3가지 원칙으로 구성된다. 또한, 실현을 위해서 ①에너지, 물 순환, 폐기물 등에 관한 기술 및 시스템 개발 ②경제적 유인책 등을 포함한 사회시스템 구축 ③상징물을 만들고 인재를 육성하며 네트워크 구축을 출발점으로 하는 생활양식의 개선 등을 구체적인 전략으로 제시하고 있다.

〈에코폴리스 계획의 주요 관점〉

생태계의 중시	• 자연 생태의 회복 · 보호 · 보전 • 생명 · 생태에 적합한 기술개발 도입
환경의식 · 교육의 중시	• 자연 · 생태와의 공생 • 생활양식 · 활동양식으로 개조
사회적 제도 · 조직 만들기	• 지역 공동체에서의 자주적 · 주체적인 대응과 네트워크화 • 시장의 결함을 보완하는 경제적 유도조치

〈에코폴리스 계획의 주요 영향 인자별 주요 내용〉

영향인자		항목	주요 내용
지역특성	자연환경	기후 · 기상	평균 기온, 습도, 강우량, 최대풍속 등
		토양 · 지리	토질, 고도, 해안까지 거리, 지형 등
도시구조	토지이용	도시계획	건축제한, 지역지정 등
	사회기반시설	수송시설	철도, 도로, 항만, 공항 등
		급 · 배수시설	상 · 하수도 등
		폐기물 처리시설	매립시설, 소각시설, 리사이클센터 등
		의료시설, 통신시설	병원, 양로원, 전화 등
사회시스템	행정	환경 · 보전	폐기물 수집, 우수 배제, 공원 건설 등
		방재	방재시설, 피난장소 등
		정보	홍보활동 등
	제도 · 규범	법령	규제, 인 · 허가 등
		규범	가치관
주민	의식 · 행동	교육	폐기물 발생억제, 분리수거, 녹색소비 등
		환경보전	식목 · 녹화, 리사이클 운동, 청소 등

출처: 日本土木學會 環境システム委員會(1988)를 토대로 재작성

한편 부산광역시(2005)의 환경보전종합계획에서도 '자연과 인간이 공존하는 생태도시'를 비전으로, 또한 ①쾌적한 환경도시 ②자원순환형 도시 ③생명이 숨 쉬는 녹색도시 ④지속가능한 선진기반도시의 4가지 기본목표를 설정하고 있다. 특히, '생명이 숨 쉬는 녹색도시'에서는 '생활 속에서 녹지가 체감되는 공원도시 만들기', '생물과 인간이 공생하는 도시 만들기'의 2대 목표를 설정하고 시가화구역 내 녹지공간의 확대, 가로경관의 확충 및 질적 제고, 쉽게 접근할수 있는 생활권 공원의 확대, 녹화추진체계의 개선, 다양한 생물서식기반 조성을 위한 도시 생태계 네트워크 구축, 산림지역의 휴식년제확대, 도시 내 생물서식공간(비오톱) 조성 등의 추진과제를 제시한바 있다.

2) 생태도시의 유형 및 복원방안

• 생물종 다양성의 생태도시

녹지와 하천의 복원으로 생물종이 서식하는 환경이 많이 창출되어생물종의 다양성이 증진된 도시를 말하며, 도시생태체제에서 '동식물' 관련 하위체계의 생태적 기능이 활성화된 생태도시 유형이다.

• 자연순환적 생태도시

수환경 및 비오톱 간 물순환의 복원, 토양 및 대기 속의 무기물질간 순환이 복원된 도시를 말하며, 도시생태체제에서 '무기물(바람, 물)' 관련 하위체계의 생태적 기능이 활성화된 생태도시 유형이다.

• 에너지 집약적 생태도시

에너지 사용을 줄이는 인프라 및 건축물, 폐기물의 재활용이 이루어지는 시스템이 구축된 도시를 말하며 도시생태체제에서 '인공시설' 관련 하위체계의 생태적 기능이 활성화된 생태도시 유형이다.

• 사회적(Social) 생태도시

생활양식, 상품생산 및 소비패턴, 세제정책 등이 계층 간, 세대 간 격차를 줄이고 환경을 배려하는 도시 사회구조를 갖춘 도시를 말하며 도시생태체제에서 '사람' 관련 하위체계의 생태적 기능이 활성화된 생태도시 유형이다.

〈도시 생태체제의 복원을 위한 방안〉

영역	방안
생태종의 복원과 다원화	비오톱(biotope) 조성, 보전녹지 조성, 동식물 서식을 위한 군집 식재, 녹도의 체계적 조성, 생태벨트 조성, 자연(생태)하천의 복원, 인공습지의 조성, 생태공원의 체계적 조성, 도시농업의 확대, 친수공간(시설)의 조성 등
순환체계의 복원	하천복개의 철거, 하천정화, 중수도 시스템 및 자연정화 하수처리장 시설, 생태하천의 조성, 하천 및 수로망 형성, 우수분리와 저류, 지표면 투수성 포장, 대기오염 저감시설, 바람통로의 조성 등
인공시설의 친환경적 배열	생태순응형 토지이용체계, 에너지 절약형(자연에너지) 건축, 소음·진동 저감시설, 지역난방체계, 환경공생주택의 단지화, 상업·공업시설 저밀도, 저에너지 사용 건물녹화, 옥상녹화, 쌈지공원, 친수시설 등
친환경적 생활체계의 구축	소비절약의 생활화, 저에너지 단순 소비재의 사용 확대, 생필품의 자가생산, 녹색교통수단의 활용(도보, 자전거 등), 폐기물의 저감과 재활용 활성화, 친환경적 도시관리기법의 개발, 계층 간 소비격차의 완화, 환경교육의 실시, 환경감시의 일상화, 생태윤리의 실천 등

3) 생태적 문화도시의 전망

생태적 문화도시는 도심 속의 풍요로운 자연이 가진 생명력과 건강성을 바탕으로 지역 특유의 문화자산과 문화공간이 연결되어 조화를 이루는 것으로 생각할 수 있다. 이는 달리 생각하면 문화적 요소가 포함된 전통적 · 본연의 생태도시와도 무관하지 않다. 생태적 요소가 문화도시의 콘텐츠인 것과, 문화적 요소가 생태도시의 콘텐츠인 것의 상대적 차이로 구성요소 간의 비중의 차이는 있을 수 있겠으나 추구하고자 하는 도시상은 같다고 할 수 있다.

실제, 홍성태(2005)는 서울을 문화도시로 발전시키기 위해서는 먼저 도심의 자연을 살리는 것이 필요하다고 설명하고 있다. 생태적으로 건강하지 않은 도시는 결코 문화도시가 될 수 없다고 강조하면서 서울의 생태적 재생을 위하여 ①도성 안을 지키는 내사산의 숲을 잘 살려야 하고 숲들이 서로 이어질 수 있어야 함 ②남북 녹지축의 복원이 필요하며 생태적 복원과는 거리가 먼 녹지조경계획이어서는 안 됨 ③흩어져 있는 도심 안의 작은 녹지공간들을 엮어서 도심 녹지망을 만드는 것이 필요하며 이를 위하여 가로수나 화단을 잘 가꾸고 옥상 녹화를 활성화함 ④숲을 살리고 녹지축과 녹지만을 만드는 일은 도심 하천을 되살리는 것으로 이어져야 함의 4가지를 주장하고 있다.

결론적으로 생태적 문화도시는 문화적 요소가 고려된 생태도시와 무관하지 않으므로 별개의 도시발전 비전으로 접근하는 것보다 연결고리로 상호 연계하면서 같은 큰 틀 속에서 추구하여야 할 것이다. 또한 궁극적으로 제반 행정시책의 추진이 지역발전을 위한 것이라면, 별도의 영역에서 각각 고민하고 작업하기보다 함께 고민하고 작업하면서 윈-윈할 수 있는 전략을 모색하는 것이 절실하다. 이는 산발적

으로 그려진 · 그려지고 있는 · 그리려고 하는 밑그림을 서로 엮는 작
업과정, 영역 간의 보이지 않는 벽을 조금씩 허물어가는 과정을 통하
여 노력한다면 총체적 밑그림을 그리는 시간이 조금이라도 줄 수 있
을 것이다.

참고문헌

김효정, 『문화도시 육성방안 연구』, 한국문화관광정책연구원, 2004
정주환, 「문화도시의 요건과 법적 과제」, 『경영법률』 제18집 제4호, 한국경영법률학회, 2008
황동열, 『문화벨트 및 문화도시 조성방안 연구』, 한국문화정책개발원, 2000
전영옥, 『新문화도시 전략과 시사점』, 삼성경제연구소, 2006
문화연대공간환경위원회, 『문화도시 서울 어떻게 만들 것인가』, 시지락, 2002
서울특별시 녹색서울시민위원회, 『생태자치구의 개념과 일본사례』, 한국도시연구소, 1997
유승호, 『문화도시: 지역발전의 새로운 패러다임』, 일신사, 2008
정근식 · 이종범, 『문화도시만들기 이론과 구상』, 경인문화사, 2001
홍성태, 『생태문화도시 서울을 찾아서』, 현실문화연구, 2005
부산광역시, 「부산광역시 환경보전종합계획」, 2005
內藤正明, エコトピア -環境調和型社會の提案-, 日刊工業新聞社, 1992
日本土木學會 環境システム委員會, エコポリス計劃策定基礎調査, 1988

참여형 도시녹화 시민운동과
푸른 부산 만들기

김승환 (동아대 조경학과 교수/부산그린트러스트 이사장)

1. 푸른 부산 만들기의 재시도

　　최근 지구상에는 홍수, 폭설, 강추위, 이상기온 현상 등 예상치 못한 기후변화가 눈에 띄게 늘고 있다. 이는 이산화탄소 증대로 인한 지구온난화에 따른 이상기후의 징후로서, 지구환경의 위기문제로 인식됨에 따라 이를 해결하기 위하여 이산화탄소 배출량을 줄이고 지속적인 경제성장을 이루기 위하여 저탄소 녹색성장이 전 세계적으로 각 국가, 도시마다 주요한 화두로 등장하고 있다.

　이러한 문제를 해결하기 위한 주요한 키워드 중의 하나가 바로 도시의 공원녹지로서, 푸른 도시 만들기는 도시와 지구를 지키기 위한 필수적인 해결책이라 할 수 있다. 뿐만 아니라 누구나 일상생활에서 공원과 녹지를 체감할 수 있는 넉넉한 도시, 새들이나 잠자리 등의 생물과 같이 공생할 수 있는 생태적으로 건강한 도시에 살고 싶어 한다.

도시의 공원과 녹지는 지역발전이라는 측면과 함께 도시방재, 도시개발의 조절, 도시환경의 조절, 에너지 절감, 어메니티 창출 등의 다양한 기능으로 인해 도시의 중요한 구성요소로 인정되고 있다. 한 통계에 따르면 도시의 공원녹지가 도시민의 수명연장과도 직접적인 상관관계를 갖는다고 한다. 이러한 관점에서 세계의 선진도시들은 기존의 넉넉한 도시녹지에도 불구하고 조금이라도 더 도심 내에 공원과 녹지를 확보하기 위하여 노력을 아끼지 않고 있다.

세계 여러 도시들이 푸른 도시 만들기에 대대적인 투자를 하고 있는 움직임 가운데, 동북아 중심 해양도시 부산은 이에 적절히 대처하지 못했지만, 최근 늦게나마 푸른 도시 만들기, 그린부산 등을 실현해 나가기 위해 방향을 전환하기 시작하기 시작한 것은 다행이라 할 수 있다. 그동안 무수히 푸른 부산 만들기에 대해서 많은 이야기가 있었고, 비판도 있었고, 대안도 제시되었다. 행정도 나름대로는 푸른 도시를 만드는 데에 역할을 해왔다는 사실을 부정만 할 일은 아니라고 본다. 부산시는 2002년 월드컵과 부산아시안게임을 계기로 2001년부터 '푸른부산가꾸기' 사업을 추진하기 시작하였다. 3년 동안 182개 녹화사업을 추진해왔으며, 이중 45개소의 담장 허물기 사업이 추진되고, 쌈지공원이 조성되어 휴식공간으로 제공되었다. 특히 아시안게임 상징가로가 전면적으로 녹화 정비되었고, 서면·문현 교차로 등 20여 개 교차로의 녹화사업이 실시되어 국지적으로는 가로변 녹시율(綠視率)도 많이 향상되었다.

시민들의 설문조사 내용(2004, 문화도시네트워크)을 보면, 푸른부산가꾸기 사업에 대한 인지도나 만족도는 높지 않았지만, 이 사업을 통해 도시가 많이 푸르러졌다고 평가하는 시민들은 많은 것으로 나타

났다. 그러나 도시가 푸르러진 것은 사실이지만 서울, 대구, 울산, 인천, 대전 등의 도시녹화사업에 비하면 푸른부산가꾸기 사업은 양적으로도 질적으로도 많이 뒤떨어진다는 평가를 받았다.

부산시는 2003년도 푸른부산가꾸기 사업을 본격적으로 추진하기 위하여 「2020부산녹화마스터플랜」(2020부산녹화마스터플랜은 2003년 말에 완성되어 장기적인 목표설정, 단기적이고 구체적인 실행계획을 제시하고 있음)을 작성하였다. 그러나 시의 녹지정책은 이의 내용을 전혀 반영하지 못한 채로 커다란 틀의 변화 없이, 구체적인 방향의 설정도 없이, 예산은 전년도보다 대폭 삭감된 채로 추진되었다. 녹색정책이 장기적인 비전 없이 추진되었기 때문에 모든 방법이 단발적이고 지속적이지 못한 것이다. 진정한 푸른 도시 만들기를 등한시하였기 때문에 부산의 도시모습은 여전히 콘크리트로 가득한 삭막하고 여유 없는 회색도시를 벗어나고 있지 못하다. 서울시는 월드컵공원, 청계천 복원, 서울숲 조성으로 시민들에게 희망을 주었고, 울산시는 태화강의 생태 복원, 울산대공원으로 도시의 모습을 바꾸었으며, 대구는 담장 허물기, 중점적인 도시녹화 등으로 푸른 대구의 이미지를 만들어냈다.

부산시는 2009년부터 '그린부산'을 캐치프레이즈로 내세우고 주민참여를 호소하면서 푸른 도시 만들기를 재시도하고 있다. 시작단계이지만 이제부터라도 장기적인 비전을 가지고, 부산을 진정한 푸른 도시로 만들어가기 위하여 무엇이 문제인지, 대책은 무엇인지, 어떤 것부터 손을 대야 할지에 대해서 본격적으로 논의해보아야 할 것이다.

2. 주민참여와 푸른 도시 만들기

1) 푸른 도시 만들기 주민참여의 의미

　푸른 도시를 만들어가는 데에는 많은 비용이 소요되는데, 행정에서는 예산을 확보하기 위해서 많은 노력을 하고 있지만 지자체들마다 재정이 열악하여 많은 문제점이 따르고 있다. 최근에 지역 공원녹지의 직접 수혜자는 그 지역에 거주하는 주민이기 때문에 주민이 일정 부분은 분담하여야 한다는 주장과 함께, 주민들도 자발적으로 참여하고 있는 사례가 조금씩 늘어나고 있다.

　녹지행정은 주민참여를 유도하기 위한 적극적인 대책방안을 마련하지 않으면 안 된다. 공원녹지에 대한 주민의 참여가 적극적으로 형성되어 행정을 움직일 때 비로소 푸른 도시 만들기, 도시재생은 본궤도에 오를 수 있다. 여기에는 주민자신이 자발적으로 지역환경을 지키고, 창조하여 나간다고 하는 주민자치의 사고가 절대적으로 필요하다. 구체적으로는 행정과 주민이 일체가 되어 녹색의 환경 창조를 실시하는 녹색 공동공급시스템(Co-provision)을 확립하는 것이 필요하다. 이 시스템은 주민 중에서 시간이 있는 자는 자원봉사활동을 지원하고, 시간이 없는 자는 아이디어나 기부금을 제공하면서 행정과 공동으로 도시의 녹지를 창조하고자 하는 것이다. 도시를 아름답게 어메니티 도시로 만들어가기 위해서는 도시녹화가 행정만의 몫이라 할 수 없다. 도시녹지의 직접 수혜자인 지역주민이 도시녹화에 적극 참여하여 자신의 지역을 만들어가지 않으면 안 된다.

2) 주민참여와 거버넌스

도시문제에 있어서 주민의 참여, 주민제안 등 시민이 무대 앞으로 나선 것은 최근의 일이다. 60년대의 새마을운동이 관 주도의 경제 살리기 운동으로 전 국민 참여의 큰 획을 그었다면, 이제는 본격적인 시민주체의 지역활성화, 환경보존 운동 등의 참여운동이 대세를 이루기 시작하였다고 볼 수 있다. 전국적으로 국가, 지자체가 추진하고 있는 마을만들기, 도시만들기, 특히 푸른도시만들기에 있어서 시민의 참여는 이제 없어서는 안 될 필수적인 요소가 되었다. 여기에는 무엇보다도 '자발적'인 '시민'이 존재하여야 하며, 나아가 '창조적' 혹은 '창의성' 있는 발상이 따라야 한다. '나'를 넘어선 '우리들'의 생각이 환경이나 도시문제에서 활발히 표현되고 있다. 상황에 따라 개발에 따른 환경파괴의 우려가 있을 때에는 절대적인 보존 우선의 모습을 보이기만 하던 환경운동의 모습이, 근래에 들어서서는 창의적이고 긍정적인 대안을 제시하기 시작하였다. 관도 시민단체에 기존의 보수적인 사고에서 발전하여 점차 이러한 창의적 제안을 수용하기 위한 태세를 갖추기 위하여 노력하는 모습이 곳곳에서 눈에 띄고 있다. 나아가 민관 거버넌스를 형성하기 위한 정책의 전환, 주민참여의 유도 및 지원, 주민참여에 의한 푸른도시만들기의 제안 등이 이에 해당한다 할 수 있다.

부산의 공원녹지와 관련해서는 주로 녹색도시부산21, 부산환경운동연합, 푸른부산네트워크, (사)100만평문화공원조성범시민협의회, 부산녹색연합, (사)범시민금정산보존회 등의 단체에서 다양한 활동을 해왔다. 공원녹지와 관련한 부산 NGO의 현황과 참여형태는 단순참여형, 적극보존형, 조성보전형, 교육형, 복원형, 체험형 등으로 구분된다. 참고로 부산 NGO의 공원녹지 관련 사업에 대해서 연도별로

그 사업내용을 살펴보면 매년 사업 수가 늘어나 2006년에는 35개 사
업으로 늘어났으며, 사업내용도 다양해지고 있는 것을 알 수 있다.

〈부산 NGO의 녹지관련 사업형태와 사업내용〉

년도	사업수	공원녹지관련 주민참여방법 사업명/사업내용
2000	18	만들기, 주민참여형, 되살리기, 실태조사, 축제, 환경대원육성, 탐조학교, 습지조성, 장미조성, 꽃동산조성, 녹색환경개선사업, 환경가꾸기, 녹화조성, 생태계보전, 환경교육, 기타 체험 등
2001	19	꽃동산조성, 화단조성, 가꾸기, 만들기, 하천환경보호, 살리기, 실천운동, 학교개설, 환경활동, 동산 가꾸기, 꾸미기, 교육프로그램운영, 탐사, 세미나, 꽃길 조성 등
2002	22	만들기, 화장실투어, 모니터링, 안 쓰기 운동, 가꾸기, 체험마당, 캠페인 전개, 살리기 네트워크, 하천 만들기, 지킴이 교육, 지역공동체 활성화, 환경꾸미기, 환경학교개설, 실태조사, 동아리활동, 체험활동 등
2003	22	생태교육지도, 모니터링, 지도제작, 하천 만들기, 환경지킴이 활동, 반송천 살리기, 마을만들기, 실천사업, 체험활동, 체험교육, 재활용사업, 환경캠프, 캠페인, 금정산 가꾸기, 실천운동, 환경정화운동 등
2004	27	활성화, 가이드북 제작, 줄이기 운동, 녹색거리 만들기, 꼬도시 만들기, 모임결성, 시민홍보, 지도자 양성, 매뉴얼제작, 공원조성, 주민운동, 실천사업, 환경운동, 생태체험교육, 환경지킴이 활동, 실천사례 만들기, 환경교육, 생태연못 만들기, 환경실천운동, 생태체험프로그램, 금정산 가꾸기, 환경학교, 공원 만들기, 네트워크사업 등
2005	27	활성화, 체험교실, 문화운동, 거리 만들기, 환경학교개설, 물길 가꾸기, 환경운동, 체험환경교육 프로그램, 비오톱 실태조사, 체험활동, 시민실천사업, 청소년활동 프로그램, 교사교육, 만들기, 공원문화운동, 환경생태프로그램, 자연사랑 배우기, 생태환경실천사업, 금정산 가꾸기, 먹거리 체험활동 등
2006	35	활성화, 환경교실, 조성사업, 환경 가꾸기, 모니터링, 생태기행, 가꾸기, 환경학교, 꽃의 도시 만들기, 환경학교개설, 홍보, 상수원보호활동, 생태문화공원체험, 환경보호운동, 환경보전활동, 지도자 양성, 녹색교실, 조류보호활동, 생명학교, 실태조사, 분리배출교육, 생태탐사, 가족체험활동, 연안탐사활동, 습지복원, 생태복원, 금정산 가꾸기, 생태체험 등

자료 : 녹색도시 부산21(2000~2006)

3. 혁신적인 녹색 민관협치 기구의 설립

1) 부산그린트러스트의 창립

부산시는 그린부산을 만들어가기 위해 2009년 9월 민과 관이 힘을 모아 푸른 도시 부산을 만들어가기 위한 획기적인 거버넌스 정책을 실현하게 되었다. 바로 부산그린트러스트(Busan Green Trust)의 설립이다. 부산그린트러스트는 시민들의 적극적인 참여를 통해 한 차원 높은 공원녹지 행정 서비스를 제공하고 쾌적하고 경쟁력 있는 도시를 만들어가기 위해 오랜 기간 동안 시민들이 녹색 거버넌스의 필요성을 주장하여 얻어낸 값진 성과이다. 부산그린트러스트는 서울의 서울그린트러스트에 이어 두 번째로 만들어졌다.

부산그린트러스트는 시민, 기업, 학계, 행정이 참여하여 녹색도시 만들기의 방향을 함께 논의하고, 봉사하고, 녹색사업을 실천해나가는 실천적인 거버넌스 기구이다. 거버넌스는 시의 예산지원에만 의존하는 기존 NGO의 운영형태에서 벗어나 자체수입 및 기업후원을 통해 사업비의 일정 부분을 충당하고 소규모 숲이나 공원을 직접 조성할 수 있도록 방침을 세우고 있다. 이 사업들을 구체적으로 실현해나가기 위하여 부산시와 사단법인 100만명문화공원 등이 중심이 되어 법인을 구성하였다.

초기단계에서는 사업비 부담이 시(70%), 시민(30%)로 시작하지만, 향후 이의 분담비율이 시(40%), 시민(60%)로 시민부담을 늘려가면서 전 부산의 기업과 시민이 자발적으로 녹색도시 만들기에 참여할 수 있는 기반을 조성하는 것이다. 시민과 기업이 거버넌스를 위하여 녹색기금을 이 정도로 분담한다고 하는 것은 대단히 어려운 사

업일 것이다. 그러나 오히려 자발적으로 그린부산을 만들어가는 데에 이 어려운 역할을 분담함으로써 부산의 시민들은 자부심을 가지게 될 것이다. 이는 부산의 녹색 거버넌스를 향한 민관의 새로운 시도이다.

2) 사업방향

• 1단계 사업방향

그린트러스트를 운영하기 위한 1단계 사업방향을 설정해보면 다음과 같다.

첫째: 무엇보다 우선적으로 중요한 것은 그린리더 즉 지도자, 활동가의 양성이라 할 수 있다. 정기적인 아카데미를 운영하여 공원활동가, 원예복지활동가 등 앞으로 그린부산을 만들어가는 데 참여할 수 있는 그린 리더의 양성이 그것이다.

둘째: 구체적인 사업으로서 민간참여 도시 녹지공간 확충이라 할 수 있다. 민간이 참여하여 도심 내 쌈지공간을 조성, 확충해나가는 것과 도심 내에 커뮤니티가든을 조성, 지역주민과 함께 도시농업 등의 활동을 하고, 교류할 수 있는 장을 만들어 도시민의 건강과 즐거움을 창출해나가는 것이다.

셋째: 공원녹지 이용 활성화이다. 부산그린데이, 꽃축제 행사 등을 개최하여 부산시민들의 녹지의식을 고취시키는 것과, 기존의 공원 녹지공간을 제대로 이용하고 즐길 수 있는 참여 프로그램을 운영하는 것이다.

• 2단계 사업의 시도

부산그린트러스트 2단계 사업의 시도는 시민, 관련단체들의 참여의 폭을 넓히는 것이다.

첫째: 문화도시네트워크와 같은 문화관련 단체와 연대, 사상여성그린연대 같은 지역녹색 단체와 연대, 그 외의 환경, 생태, 그린단체를 비롯해서, 조경, 원예, 화훼단체 등 다양한 관련 단체, 기업, 개인 등이 참여할 수 있는 틀을 만들어나가는 것이 필요하다.

둘째: 부산의 녹색도시부산21추진협의회, 하천살리기시민운동본부 등의 거버넌스 단체와 협력네트워크를 구성하고, 서울그린트러스트 등 전국적인 관련단체와 네트워크를 구성하며, 각 지역별(예: 구)로 그린부산운동을 추진하기 위한 실행기구를 구성하거나 지역의 관련단체와 연계하여 실천적인 운동을 하는 것이다.

셋째: 부산그린트러스트 운동은 앞으로 전 시민을 참여시킬 수 있는 녹색거버넌스를 구축, 녹색새마을운동을 전개해나가는 것이다. 녹색새마을운동은 녹색거버넌스를 대중화하는 것이라 할 수 있다.

3) 커뮤니티가든(Community Garden)의 도입

커뮤니티가든은 앞으로 부산그린트러스트가 시도하고자 하는 새로운 형태의 녹색거버넌스의 한 유형이다. 커뮤니티가든은 꽃과 식물을 좋아하고 도시를 아름답게 만들고 싶은 커뮤니티(지역공동체)의 사람들이 자발적으로 참여하여 공공적인 활동공간을 확보하고, 함께 교류하면서 자유롭게 꽃과 채소 등의 식물을 가꾸고 즐기며 안전한 먹거리를 생산하고, 참가자그룹이 주체적으로 책임을 지고 운영해나가고, 지역을 활성화해나가는 새로운 형태의 도시녹지 확보 방안, 도

시재생 운동이다.

커뮤니티가든은 사계절 변화하는 식물과의 만남, 동료들과 협동작업을 즐기고 심신을 치료할 수 있는 매력을 가지고 있다. 인근 주민과 하나가 되어 서로의 관계를 가깝게 해주는 역할도 한다. 커뮤니티가든의 장에서는 공원이나 화단과 같은 형태를 만들어가는 프로세스가 중요하며, 구체적으로는 친구 만들기에서부터 시작하여 공원, 도로, 학교, 병원, 공장, 미이용지 등의 녹화 가능한 곳을 찾아서 계획, 정비, 유지관리, 이벤트의 실시, 회의 운영 등을 모두 회원들이 손수 실시하는 것이다. 커뮤니티가든 활동은 사람과 사람의 연계를 강하게 하고, 마을만들기 사업에 중요한 역할을 한다. 커뮤니티가든 활동과 같이 자신의 손으로 마을만들기를 추진해나감으로써 지역에 대한 애착이 생겨 자부심도 가지게 되는 것이다.

캐나다의 밴쿠버에서는 시가 소유한 공원, 공터, 유휴지 등을 공공 텃밭으로 조성하여 벤쿠버 동계올림픽이 열리는 2010년까지 시내에 2010개소의 텃밭을 만드는 '2010커뮤니티가든 프로젝트'를 추진하였다. 정원을 텃밭으로 꾸며 안전한 먹거리 생산을 유도하고, 이를 '나만의 뒤뜰(MOBY, My Own Back Yard)'이라 명명하여 2010개의 텃밭에 포함시킴으로써 정원을 텃밭으로 만드는 데 동기를 부여하고 있다.

도시에는 현재 이용되고 있지 않는 무수한 공한지가 나대지 상태로 방치되어 있어 도시환경 및 미관을 해치고 있는 실정이다. 고로 제도적으로 이러한 미이용 공한지를 찾아내어 활용한다면 상당수, 상당 면적의 커뮤니티가든 대상부지를 확보할 수 있다. 앞으로 부산에 "1,000개의 커뮤니티가든(Thousand Community Gardens)"을 조성해

보면 어떨까. 매년 100개씩 조성해나가면 2020년도까지는 충분히 가능할 것이다. 이 커뮤니티가든은 도시민들이 먹거리를 일구고 생산해 낼 수 있는 생산의 장이며, 이웃 주민들과 대화하며 쉴 수 있는 안식처이고, 나아가 도시의 새로운 녹지모델이다.

4. 참여형 도시녹화 사례

1) 파트너십으로 만든 지하철입구의 쌈지공원 조성

100만평문화공원범시민협의회는 내사랑부산운동추진협의회의 공모사업으로 지하철역 입구 공간의 쌈지공원 조성사업을 제안하였다. 공원사업 제안을 통해 200만 원의 공원조성 비용을 마련하기는 했지만, 실제로 이 금액은 실공사비의 10분의 1에도 못 미치는 적은 비용으로, 구체적인 실행을 위해 어떻게 비용을 마련할 것인가가 본 사업 추진의 중요한 핵심이었다. 우선적으로 다음과 같은 역할과 비용분담을 통해 파트너십을 형성하여 비용을 최소화하고자 하였다.

- 시민: 전체기획, 행사 및 인력지원(100만평문화공원)
- 대학, 전문가: 설계 및 아이디어 제공(동아대학교 조경학과), 시공참여 및 자원봉사(동아대학교 조경학과 및 동문회)
- 행정: 보도블럭 철거 및 폐기물 처리, 유지관리, 기타 행정지원(사하구청)
- 기업: 수목, 포장재료, 벤치 등 시설물 지원, 인력지원 등

100만평문화공원범시민협의회는 전체 과정을 기획, 진행하였고, 여기에 행정(사하구청)이 공원조성상의 행정적 지원과 폐기물 처리, 유지관리를 맡았다. 기업은 시공 지도와 함께 점토벽돌, 수목, 벤치

등의 조경자재를 무료로 지원하였고, 동아대학 조경학과는 학생자원
봉사자들이 설계에서부터 보도블록 철거, 보도블록 깔기, 식재공사
등 시공까지 전 과정에서 봉사자로 참여하여 파트너십에 의한 주민참
여형 도시소공원인 쌈지공원 모델이 완성되었다. 이와 같은 시도는

당리동 쌈지공원 조성과정

향후 유사한 공원조성사업 시 의미를 가질 것으로 보인다.

어림잡아 부산의 지하철역이 100여 곳, 1개의 역에 출입구가 4~8개로 추정한다면, 부산에 어림잡아도 400~800개의 작은 쌈지공원이 창의적 시민참여에 의해 조성될 수 있을 것이다. 이와 같이 민관 거버넌스에 의해 지하철역 앞의 작은 숲 공간이 가로의 녹지로 연결되어 지하철역에서 또 다른 역으로 확산되어나간다면 우리의 도시는 숲속의 도시로 바뀌어갈 수 있지 않을까 상상해본다.

2) 주민참여 공원조성 모델(100만평문화공원 운동)

100만평문화공원 조성운동은 도심의 한 장소에 평지공원으로서 100만 평에 달하는 대공원을 만들자는 생각으로 시작되었다. 이 운동은 푸른 도시를 만들기 위한 시민들의 비전 제시, 공원조성을 위한 지속적인 실천활동 등이 전국적으로 인정을 받고 있는 대표적인 공원운동 사례이다. 뿐만 아니라 특히 난개발이 우려되는 개발제한구역을 시민참여에 의해 내셔널트러스트 대상으로 확장할 수 있는 모델이라 할 수 있다.

- 내셔널트러스트운동, 아름다운 알박기

시민들은 '100만평문화공원조성범시민협의회'를 구성하여 공원 1평 기금모금운동을 지속적으로 실행하였고, 시민 3,000여 명으로부터 기금을 모아 부지 13,400여 평의 공원부지를 매입하였다. 이 기금모금운동은 일종의 내셔널트러스트(National Trust)형 운동이지만, 기존의 자연환경보전을 위한 기금조성이라기보다는, 난개발의 우려가 있고 향후 공원용도로 필요한 지역을 미리 확보하여 공원환경을 창조하

며 나아가 자연훼손을 미연에 방지하고 지역발전을 유도한다는 점에서 대단히 큰 의미를 갖는다.

2005년 11월 매입한 부지 중 약 8,000여 평(20억 원 상당)의 공원부지를 부산시에 기부하기로 하였으며, 시가 7,000평을 매입하는 것을 내용으로 우리나라 최초로 민관공원조성 협약식이 거행되었다. 2007년에는 '자연환경국민신탁'에 2,700여 평의 공원조성용 토지를 신탁하였으며, 우리나라 최초로 자연환경국민신탁법에 의해 '자연환경국민신탁 보전재산 1호'로 등록되면서 공원운동의 모범사례로서 주목을 받고 있다. 당시 신문에서는 '아름다운 알 박기', '착한 알 박기' 등의 신조어를 만들어내면서 이 운동의 성과를 높이 평가하였다.

100만평문화공원운동은 "해피빈, 콩기금"에서부터, 1평 회원, 월 2,000원 회비의 풀씨회원, 0.1%기업, 밀리언그린숍, 밀리언그린호스피탈에 이르기까지 다양한 방법으로 시민들의 마음을 얻어내고 있다.

• '100+100플랜'

100만평공원운동의 초기에는 한 지역을 중심으로 한 상징적인 100만평공원운동이 주된 활동 내용이었지만, 2003년도부터는 좀 더 많은 시민들의 참여를 유도하기 위하여 100만평공원과 함께 시 전역에 시민의 힘으로 공원을 조성해가자는 '100+100플랜'으로 발전시킨 공원문화운동 전략으로 접근하기 시작하였다. 도시발전연구소와 함께 '100+100플랜' 전략의 일환으로서, 산관학 파트너십에 의해 도심 내에 매년 쌈지공원을 조성하여 현재 5개소를 조성하였다. 이는 주민이 스스로 쌈지공원을 만들어가면서 도심환경의 변화를 도모하고, 시민들의 의식을 바꾸어간다는 차원에서 의미를 가진다.

그 외에도 '100+100플랜'의 또 다른 전략으로 삭막한 도심가로의 아스팔트 공간을 잔디, 녹지로 바꾸어 새로운 녹색문화 공간으로 바

1차 조성지의 최종실시설계안 조감도

꾸어보자는 '잔디가 있는 푸른 광복로' 행사를 3회에 걸쳐 성공적으로 개최, 푸른 도시 만들기의 새로운 가능성을 열었다. 잔디 길로 변한 광복로를 체험하는 시민들에게 다시 한 번 녹색문화의 중요성과 참여의식을 인식시키는 계기가 되었다. 부산시는 2006년 4월 100만 평 중 일단 1.5만 평을 공원화한다는 방침을 결정하고 도시계획 공원 지정 후, 2007년도에는 일정 예산확보를 약속하면서, 시민참여에 의한 1단계 부지의 실시 설계안을 부산시에 기증하는 협약식을 개최하였다.

• 100만평문화공원, 국가공원으로 조성

국비로 만들어지는 국가공원이란 어떤 것일까. 국립공원이 국가의 수려한 자연환경과 역사문화자원의 개발을 막기 위하여 국가가 지정하는 보전형 공원이라면, 국가공원이란 아직 정립된 용어는 아니지만 지역발전을 위하여 국가가 전액을 부담하여 지역에 조성하는 대규모 도시공원이라 할 수 있다. 아직 우리나라에는 이러한 제도가 확립되어 있지 못하다. 2008년 2월 "도시공원 및 녹지에 관한 법률"이 개정되어 '시범사업'으로 지정될 경우 국비지원에 의한 공원조성이 가능하도록 되어 있기는 하지만, 대규모공원 사업일 경우에는 그 지원 사례가 없을 뿐만 아니라 기대하기 어렵다. 대부분의 지자체에서는 공원조성을 위하여 전력을 쏟고 있는데 중소규모의 공원 정도는 조성이 가능하지만 대규모공원인 경우에는 조성능력의 한계에 부딪치게 되는 것이다.

그러나 서울에서는 예외로 100만 평이 넘는 용산공원을 전액 국비로 조성하게 되었다. 서울 용산공원을 국비로 조성한다면 지방에도

이와 같은 모델을 적용할 수는 없는 것일까. 바로 '지방균형발전'이란 측면에서 서울이 아닌 지방도시에 필히 국비에 의한 대규모 국가공원 조성 모델이 필요하다 할 수 있다.

1968년 일본은 도시공원법을 개정하여 지방에 국영공원(國營公園)을 국비로 설치할 수 있도록 규정하였다. 현재 설치된 15개의 국영공원 중 100만 평 규모에 가까운 공원이 10개에 이른다. 이제 우리나라도 저탄소 녹색성장, 지역균형 발전이란 측면에서 지방도시에 대규모 국가공원조성을 의무화하는 방안을 다각적으로 검토할 시점이 되었다.

3) 주민제안형 공원 만들기(요코하마 시 마이오카공원)

도시의 농업과 공원, 그리고 녹지 보전을 결합한 '농촌형 도시공원'이 바로 요코하마 도쓰카 구 마이오카 정(町)에 있는 마이오카공원이다. 행정기관이 아닌 시민단체에 의해 운영, 관리되고 있다. 50~60년대 우리나라 고향마을의 옛 풍경을 떠올리게 하는 논과 밭과 숲이 어울린 공원에는 주말에 도시인들이 찾아들어 잃어버린 옛 고향의 추억을 더듬으며 농사를 즐긴다. 마이오카공원(면적 28.5ha)은 요코하마 시의 '7대 거점 녹지' 중 하나로서 1992년 말 광역공원으로 지정, 공원 개원 이래 시민단체가 운영, 관리하고 있다. 이 공원은 시민의 땀과 아이디어로 일궈낸 것이다. 지난 1983년 '마이오카 물과 녹음의 회' 회원들이 20평씩 수백 평의 이곳 논밭을 사서 농사체험 프로그램을 진행해왔으며, 이 경험을 토대로 시청에 제안해 1993년 마이오카공원이 개원된 것이다. 이 단체는 공원 개원과 함께 '마이오카공원을 키우는 모임'으로 바뀌었고, 지난 2000년 4월부터는 '마이오카

공원 전원 고야토의 마을관리운영위원회'로 바뀌어 공원을 위탁, 관리하고 있다.

4) 도시녹화 주민참여 및 지원

• 기업참여에 의한 가로녹화

사상구 삼락동 소재 금강화학은 2007년도 관할구청에 녹도조성 계획서를 제출하고 허가를 받은 뒤, 회사 앞 인도에 폭 2m, 길이 120m에 달하는 녹도를 자발적으로 조성하였다.

1억 원에 가까운 비용을 투입하여 자체적으로 키운 소나무, 영산홍, 대나무 등 400여 그루를 식재하고, 경계석을 설치하고 마사토를 까는 작업까지 마무리한 뒤 구청의 점검을 받았다. 삭막한 낙동로 공장 가로 경관이 기업의 자발적인 녹화참여에 의해 지역의 이미지가 대폭 개선되었다. 금강화학은 2002년 지금의 공장으로 이전한 뒤 나무를 심고 연못을 조성하여 공장 안에 작은 공원을 조성하여 부산시 우수 조경부문 금상을 받았다.

• 행정의 주민참여 유도(수영구청)

수영구청은 2008년도 5,048㎡에 조성하는 호암근린공원의 모든 나무를 부산시민들이 직접 기념 식수하는 방법으로 확보하였다. 수영구는 이 공원에 1차적으로 심을 이른바 '사랑나무'를 250여 그루로 추산하였고, 느티나무, 은행나무, 사과나무, 살구나무, 목련, 동백나무 등 20여 가지의 수종을 미리 비치, 1만 원대부터 다양한 나무 값을 지불한 시민들이 직접 원하는 수종을 선택할 수 있도록 하였다. 수영구

는 시민들을 대상으로 신청을 받아 식목일부터 대대적인 기념 식수에 나설 예정이며, 기념 식수한 나무에 결혼과 출생, 입학, 환갑 등 해당 시민의 사연을 담은 명패를 달아 영구히 보존하는 만큼 가족 등의 화합에 크게 기여할 것으로 기대되고 있다. 특히 참여 시민들을 '공원 지킴이'로 임명, 기념 식수한 나무를 지속적으로 돌보도록 한다는 계획이다.

• 기업참여 가로변 녹화(기타큐슈 시)

기타큐슈 시는 다양한 방법으로 도시녹화에 기업과 주민참여를 이끌어내고 있다. 1993년부터 실시한 '꽃과 녹음의 차창경관조성사업'은 시가지를 통과하는 신칸센, 도시고속도로, 국도 등 간선로 주변에 관련기업 등이 꽃나무를 심어 차창을 통해 아름다운 경관을 볼 수 있도록 하자는 발상이다. 미쯔비시화학은 JR가고시마 본선 주변에 9,000㎡의 안개꽃 밭을 만들었고, 후쿠오카기타큐슈고속도로공사는 고속도로 터널 입구와 진입로 주변에 2,000㎡의 수선화동산과 1,000㎡의 패랭이동산을 조성하는 등 좋은 평판을 얻고 있다.

기타큐슈 시는 '꽃피는 거리 조성사업'에 기업들을 적극 참여시키고 있다. 그중 하나가 '파트너화단' 제도이다. 시가 4m 이상의 공공도로에 접한 2㎡ 이상의 빈터에 화단을 가꾸고 기업 등에 관리를 위임하는 제도이다. 화단에 회사 이름표를 붙여놓기 때문에 이미지홍보 차원에서 반응이 좋다고 한다. '꽃은행제도'도 있다. 이는 일선 구청이 키운 꽃씨를 개인이나 기업에 분양해주고 1년 뒤 꽃씨를 돌려받아 다시 분양해주는 제도로 파급효과가 크다.

• 식수참여 주민유도(치바 시)

녹지에 의한 도시의 미관형성은 중요한 사항이지만, 이를 진전시키는 시민의 정신적 기반을 만드는 것은 더욱 중요한 일이다. 그러기 위해서는 행정의 힘만으로 녹지를 조성해나가는 것이 아니라, 시간은 걸릴지 몰라도 시민 한 사람 한 사람을 녹지 만들기에 참가시키기 위하여 시민에 호소하여 참가의 장을 만드는 것이 필요하다.

치바(千葉) 시는 이와 같은 관점에서 시의 인공해변 송림조성에 있어서 "시민의 참가로 해변의 송림을 조성하자"고 기획, 1인당 1구좌 1,000엔을 기본으로 하여 참가자를 모집하였다. 이 사업은 질이 높은 녹지를 육성할 수 있는 시민의식을 양성하기 위하여 시민참가를 제1의 목표로 하였지만 초기 단계에서는 자치단체가 직접 시민참가를 받을 수 있는지의 합리성 문제, 방법론 등에서 문제에 부딪쳤다. 그러나 끈질기게 이의 필요성을 강조하여 문제점을 하나씩 해결하였다. 시민과 행정의 신뢰관계에 의한 시민의 자연스런 참가를 희망하여 시민참가의 홍보는 포스터, 팸플릿의 게시·배포에만 의존, 시 직원은 일체 홍보에 나서지 않고 참가에 대한 부탁은 일체 하지 않았으며 2개월간 시민의 반응을 기다렸다. 처음에는 어느 정도 참가할 것인지 걱정도 하였지만 초등학생을 비롯한 많은 시민의 참여로 1개월도 되지 않아 목표 인원을 초과하여 목표량을 초과 설정하였다. 이의 큰 성과는 시민들의 식수에 의한 '고향심기'를 향한 지역 만들기의 이해 즉, 시민의식과 신뢰관계가 시 전역에 확산되었다는 점이다. 1987년 식수제에는 참가한 시민 전원의 이름을 새긴 기념비가 제막되었다.

• 주민에 의한 가로녹지 관리

여러 지역에서는 행정에 의해 비교적 녹지가 적은 중심시가지의 가로수 사이 공지를 녹지의 띠로 연결하여 여유 있고 편안한 가로를 조성하기 위하여 가로 녹지대 설치가 추진되었다. 이의 유지관리를 지역주민이 담당하는 방식이다. 동경도 고토(江東) 구에서는 가로녹지대 신설 시 현장설명회를 하여 주민과 협정을 제안하였다. 기존의 가로녹지대나 녹도 등도 가능성 있는 곳은 공무원이 지역을 방문하여 협정을 추진하고 있다. 상점가 등에서는 이 녹지대가 자동차의 출입을 방해한다는 등의 이유로 반대하는 경우도 있지만, 현장의 리더가 열심인 경우에는 본격적으로 협정을 맺는 등 성공적인 추진 사례가 많다.

• 녹지협정(후쿠오카 시)

후쿠오카 시는 2003년 현재 35개 구역, 198ha에 녹지협정을 맺고 있다. 녹지협정 구역에 대한 시의 보조금은 생울타리 혹은 집 외곽 식수에 필요한 사업비, 즉 수목비 1.2배의 30%를 보조하며, 1그루당 1,500엔을 한도로 하고 있다. 시는 공장 등의 녹화에 대해서도 녹지협정에 준하는 보조금을 지원하고 있다. 이러한 녹지협정 녹화사업은 시가 맡아서 하지만, 생울타리, 화단녹화, 골목녹화, 베란다녹화 등 시민참여 녹화운동은 '재단법인 후쿠오카 숲과 녹음의 마을만들기협회'가 주도하고 있다. 이 주민참여 녹화운동은 5억 엔에 이르는 '후쿠오카도시녹화기금'으로 운영되고 있는데, 2013년까지 10억 엔 조성을 목표로 하고 있다.

또한 시는 시민참여를 유도하기 위해 '후쿠오카 녹화 매뉴얼', '꽃

과 녹음 도감', '녹음의 가이드북', '꽃과 녹음의 상담실' 등 시민을 대상으로 한 생활주변 녹화지침서를 만들어 배포하고 있다. 그 외에도 4월에는 '녹음의 날', 10월 '도시녹화의 달'에는 '푸른 마을 만들기상', '화단경연대회', '숲 꽃 녹음 콘테스트' 등 다양한 시민참여 녹화행사를 개최하고 있다.

5. 시민참여 푸른 도시 만들기의 과제와 제언

첫째는 주민의 자발적인 녹화참여의 유도이다. 지금까지 주민참여에 의한 도시녹화는 주민참여의 과정을 중시하기보다는 주민참여 성과의 목표수량을 설정하여 주민으로 하여금 여기에 참여하도록 독려한 정도이다. 즉, 자발적으로 주민이 참여할 수 있도록 후원한다기보다는 주민참여를 목표달성의 수단으로 보았기 때문에 참여한 사람들의 마음을 헤아리기보다는 참여자의 숫자에 치중한 것이다. 도시의 녹화사업으로 주민을 모아 수목 초화류 등을 식재하였지만, 주민참여를 유도하기 위한 각종 아이디어가 결여되어 있었기 때문에 결과적으로 참여하는 주민들이 마음에서 우러나 참여하는 사례보다는 형식적으로 참여하는 사례가 많아 큰 성과는 거두지 못했다. 시민과 기업의 자발적인 참여와 관심을 높이기 위해서는 더욱 다양한 방법을 모색하고, 진정한 시민의 마음을 얻어내기 위한 프로그램 개발, 인재양성 등의 방안이 요구된다.

둘째는 주민 녹화참여를 활성화시켜야 한다는 점이다. 녹화참여를 활성화하기 위해서는 계획단계에서부터 참여하는 것이 바람직하다. 지역주민들이 계획단계에서부터 자신들이 가지고 있는 애로점 혹은

아이디어를 자연스럽게 내놓을 수 있는 분위기를 조성하여 도시의 녹화를 추진하는 것이 지역민들의 관심을 제고하는 방법이다. 계획참여의 범위는 지역의 소공원은 물론 근린·광역 공원 및 세부적인 도시녹화에 이르기까지 광범위하다. 주민참여형 워크숍 방식을 도입하여, 공원녹지 정비나 녹지조성 사업에 이르기까지 지역주민의 아이디어를 받아들이는 제안 제도를 도모하여 계획단계에서부터 행정과 시민이 일체화되어야 한다. 나아가 공원녹지 관리 시 지역단체의 참여를 활성화해야 한다. 지역의 공원 및 녹지의 관리는 주된 이용자가 그 지역주민이기 때문에 그 지역에서 활동하는 부녀회나 노인회 등 지역주민이 중심이 된 공원의 관리체계를 조성하는 방안을 검토해보는 것이 유효하다.

셋째는 주민의 녹화의식 고양이다. 지역주민의 녹화에 대한 관심이 무엇보다도 지역의 녹화추진에 선결되기 때문에 주민들의 녹화의식을 높이기 위하여 녹화관련 홍보, 이벤트 개최 등의 녹지에 관한 보급계발이 계속적으로 실시되어야 한다.

• 녹화홍보 및 모델사례 발굴

도시에 있어서 녹화의 중요성, 역할, 시의 녹화시책 및 전망 등의 사항을 주민에게 이해시키기 위하여 시정홍보물, 신문, TV 등 매스컴을 활용하여 적극적으로 홍보하고 녹화시민참여 모델사례를 계속적으로 발굴한다. 나아가서 이에 관련된 팸플릿, 스티커, 포스터, 안내책자 등을 제작 배포하여 시민에게 적극적으로 홍보 및 정보제공을 행한다.

• 세계적인 꽃박람회 개최

주민의 꽃과 도시녹화에 대한 의식과 관심을 높이기 위해서 생활 속에서 자연스럽게 이를 체감할 수 있도록 녹화와 관련, 특색 있는 기념 이벤트를 적극적으로 추진한다. 예를 들어 부산을 꽃의 도시로 발돋움시키고, 지역을 원예화훼사업의 메카로 부각시키기 위하여 세계적인 꽃박람회를 개최하는 것을 적극적으로 검토해보아야 한다.

• 녹화기술교육 및 지원

쾌적한 생활공간을 조성하기 위해 꽃과 녹음에 대한 전문적인 정보, 지식의 제공과 함께 흥미를 야기하기 위해 체계적인 상담, 이해교육이 필요하며, 이를 위한 거점인 본격적인 기능을 가진 '도시녹화센터(가칭)', '녹화상담소(가칭)' 등의 설립과 동시에 상설 '도시녹화전시장'을 개설하는 것이 필요하다.

넷째는 사회적인 시스템, 제도의 개선이다. 도시녹화에 있어서 지역주민의 참여를 육성 지원하는 정책이 부족한 현실이다. 주민참여의 목표량을 중시하고 있을 뿐, 주민들이 자발적으로 참여할 수 있는 육성지원책은 미비한 실정이다. 본격적인 주민참여 도시녹화를 활성화하기 위하여 기금모금, 행정적 지원의 방법, 참여를 위한 사회적인 분위기의 창출 등을 위한 적극적인 시스템 마련이 필요하다. 녹지협정, 도시녹화기금 등을 예로 들 수 있다. '녹지협정'이란 일반주거지역에서 쾌적한 주거환경을 조성하기 위해 지역주민 상호간의 협의에 의해 자발적으로 시와 협정을 맺어 녹화추진을 도모하는 것이다. '도시녹화기금'이란 사유지 녹화를 체계적으로 지원하기 위하여 만드는 재

정적 펀드로서 민간의 기부금, 시비의 적립에 의해 조성되며 이 기금
은 사유지 녹화에 조성금 보조, 기타 재정 및 기술지원을 도모하는 것
이다.

　다섯째는 장기적 비전계획을 구상하는 것이다. 주민참여 도시녹화
를 활성화하기 위해서는 무엇보다도 먼저 푸른 부산의 미래를 생각
할 수 있는 장기적 비전계획을 세우는 것이 필요하다. 100년 정도의
앞을 내다본 장기적 미래계획인 '도시녹화 100년 비전계획'을 세우
자. 이제 우리는 진정으로 시민의 모든 역량과 행정의 힘을 함께 모아
미래의 녹지비전을 세우고, 이를 실천해나갈 수 있는 틀을 짜나가야
만 한다. 나아가 구체적으로 이를 시행해갈 수 있는 중·단기 시행계
획으로서 5년 단위로 '공원녹지 5개년 전략계획'을 만들어갈 필요가
있다.

　주민참여를 전제로 한 도시녹화사업을 추진하기 위해서는 부산시
가 진정한 푸른 부산을 만들어가기 위하여 전력을 투구할 수 있는 자
세를 갖는 것이 필요하다. 아울러 시민들의 적극적이고, 범시민적인
참여가 필요하다. 생색만 내려고 해서는 절대 성공할 수 없다. 민과
관이 푸른 도시를 만들어가기 위하여 하나가 되어야 한다.

참고문헌

김기호·문국현, 『도시의 생명력 그린웨이』, 랜덤하우스중앙, 2006
김승환 외, 「파트너십에 의한 지하철 입구공간의 쌈지공원 설계 및 시공」, 동아대학교 건설기
　　술연구소 연구 및 보고 32(2) 25-34, 2009
김승환, 「부산시 도시공원체계의 재편성을 위한 공원평가에 관한 연구」, 『한국공원휴양학회
　　지』 7권 1호 16-29, 한국공원휴양학회, 2005

김승환,「100만평문화공원 조성을 위한 주민참여활동」,『한국조경학회지』33(6): 22-39, 2006

김원주,「시민참여를 통한 생활권 녹지 조성방안」,『서울시정개발연구원 정책토론회 자료집』 3-32, 2007

문화도시네트워크,「2004 푸른부산가꾸기사업 설문조사 및 모니터링활동 발표 보고서」, 2004

부산광역시,「부산공원녹지마스터플랜-공원유원지정비 및 개발계획」, 1999

부산광역시,「2020부산녹화마스터플랜」, 2003

하혜경,「서울시 공원녹지행정에 있어서의 주민참여 연구」, 서울시립대학교 대학원 석사 학 위논문, 2004

石川幹子, 都市と綠地, 岩波書店, 2004

越川秀治, コミュニテイガ一デン, 學藝出版社, 東京, 2008

도시를 푸르게 바꾸는 커뮤니티가든(Community Garden)

부산 같은 대도시에서는 평소에 흙 한 번 밟아보기 힘들다. 주변 산에 올라가거나 도시 외곽으로 나가야 흙을 밟을 수 있을 정도다. 콘크리트 덩어리인 아파트와 석유 찌꺼기인 아스팔트 포장도로가 온 땅을 뒤덮고 있기 때문이다. 콘크리트 숲은 생명의 모태인 토양 파괴를 초래하고, 이것은 곧바로 생태계 파괴로 이어진다. 근본적으로 생태적 기능이 온전한 '땅'이 사라진다는 것은 도시 열섬화 현상, 지하수 고갈, 도시 홍수, 각종 생물상의 변화들을 불러오고, '땅'이 없는 도시는 생명은 물론 사람의 생명까지 위협하는 것이다.

이러한 문제는 결국 도시의 환경문제를 해결하고, 자연과 사회 간의 공존 또는 인간과 환경 간의 조화를 지향할 생태도시가 조성되어야 큰 틀에서 해결될 것이다. 그러나 이러한 생태도시 만들기는 시간이 많이 걸릴 뿐 아니라, 시민 개개인이 직접 체험할 수 있는 일은 아닌 듯하다. 그래서 도시를 생태적으로 살려내기 위한 한 방편으로 동네 주위에 있는 자투리땅을 이용하는 '커뮤니티가든(Community Garden)' 만들기 운동이 주목되고 있다.

미국 작가 폴 플라이쉬만이 지은 『작은 씨앗을 심는 사람들』이라는 책을 보면, 미국 빈민가의 한 동네, 쓰레기더미 공터 한구석에 각자의 작은 텃밭을 하나씩 만들어 가꾸면서, 더럽고 지저분하던 마을과 가난·불신으로 가득했던 사람들의 마음이 점차 아름답게 변화되어가는 과정이 잘 나타나 있다. 쓰레기더미가 가득했던 공터는 어느덧 온갖 종류의 야채와 꽃이, 생명이 넘실거리는 밭으로 바뀐다. 그 과정에

서 사람들은 서로의 마음을 열고 생명의 기쁨을 나눈다는 아름다운 이야기이다.

이 소설의 배경에 등장하는 '동네정원'을 '커뮤니티가든'이라고 한다. 이제 이 '도시텃밭'의 문화 확산은 세계적인 추세가 되고 있다. 미국, 캐나다, 호주 등지의 커뮤니티가든, 러시아의 다차, 독일의 소정원, 일본의 시민농원 등이 그러하다. 가까운 일본에서도 오래전부터 체류형 도시텃밭 형태인 '시민농원'이 활성화되어 있다. 일본에서는 이러한 시민농원을 촉진시킬 수 있는 조례를 만들어 제도적 차원에서 지원하고 있다고 한다.

최근 부산에서도 이러한 커뮤니티가든 만들기가 추진되고 있다. 민관협력형 도시녹화기구인 부산그린트러스트는 2010년 5월 부산 해운대구 나루공원에서 'APEC나루공원 커뮤니티가든' 개원식을 가졌다. 나루공원 내 약 330㎡의 규모로 조성된 커뮤니티가든은 텃밭(공동텃

몬테소리 커뮤니티가든

밭과 개별텃밭)과 3평 정도의 온실, 소농기구를 보관하는 창고, 주차공간, 휴게공간 등으로 구성돼 있으며 1년간 한시적으로 운영된다.

　도시 텃밭은 새로운 환경 트렌드로 떠오르는 도시 농업의 대표주자로 꼽히고 있다. 도시 농업은 도시 내부의 소규모 농지에서 이뤄지는 것인데, 그동안 우리나라의 도시 농업은 주말농장이 대부분이었다. 그러나 거리가 멀어 자주 돌볼 수 없다는 단점 때문에 최근에는 동네 자투리 땅에 텃밭을 일구는 사람이 갈수록 늘어나고 있다. 주민 스스로 협의하고 가꾸어갈 수 있는 도시디자인 시민운동의 일환으로 커뮤니티가든이 활성화되길 기대한다.

베스티로스 커뮤니티가든

제6장

문화예술 **창조**도시를 위하여

창조도시의 모델에는 여러 종류가 있지만, 도시 성장에서 '인적 자본'을 핵심요소로 여긴다는 점은 공통되는 듯하다. 문제는 문화예술적 창조력을 갖춘 인적 자본을 양성한다는 면에서 정부지원에는 한계가 있다는 사실이다. 가령 창조계급의 유치를 골자로 하는 플로리다의 이론은 친기업적 경제성장을 시도한다는 점에서 일견 현실적인 대안으로 보이지만, 그 이론을 실현하려면 국가정책에 절대 의존할 수밖에 없다. 이렇게 정부지원에 절대 의존하는 '외부이식'형 모델은 예산확보, 지속성, 또 시민들의 균형 있는 만족도 측면에서 좋은 대안이 될 수 없다. 따라서 우리는 문화예술 창조도시를 만드는 방안으로 시민 스스로의 역량 증대를 통해 도시 내부에 자생적인 인적 자원을 구축하는 '내부자발'형 모델을 제안한다.

플로리다의 창조도시가 도시 단위에서 창조계급을 유치해 도시 역량을 강화하자는 것이라면, 내부자발형 모델은 시민 스스로 창조계급으로 승화되거나 혹은 외부에서 유입되는 창조계급과 결합하는 것으로서 기본적으로 도시재생이 창조도시의 발판이 된다는 발상이다. 이때 시민의 역량 증대는 제2장에서 말한 '자발적 예술활동'의 지원과 연계될 때 현실성을 높일 수 있다. 즉 예술가와 지역 예술동아리들을 연결해 예술가에게 일거리를 제공하는 한편, 그 성과를 지역공동체의 자산으로 삼으며 지역을 재생, 발전시키는 것이다.

이렇게 내부동력을 살리는 단위로는 마을 단위가 적합할 것이다.

예술 수요를 파악하고 공급하려면 도시 단위보다는 마을 단위가 수월하기 때문이다. 이 점에서 내부자발형 모델은 창조도시를 '창조마을'로부터 실천한다고 할 수 있다. 이처럼 예술인의 고용창출과 지역공동체의 문화적 활성화라는 상호작용을 통해 창조도시에 다가가는 방안은 외부이식보다 예산이 적게 들며, 지속적으로 주민들의 만족도를 높이고 문화예술 역량을 높여갈 수 있을 것이다.

경제학적인 면에서 이 모델은 호혜성에 입각한 '사회적 경제'와 연결된다. 특히 창조도시와 연관된 사회적 경제는 문화예술 분야의 '사회적 기업'과 '커뮤니티 비즈니스'로 좁혀 볼 수 있을 것이다. 현재 이 분야에는 아직 사업의 주체도, 지원도 모두 걸음마 상태에 있다. 현재 노동부 인증을 받은 사회적 기업 가운데 문화예술 업체의 비중은 극히 낮다. 상품공급의 측면에서 문화예술 기획자들의 창의성과 의지가 필요한 시점이다. 사회적 기업이란 결국 '사회적 기업가가 하는 일'임을 잊어서는 안 될 것이다. 나아가 수요의 측면에서 이 문제는 지역주민들이 문화예술상품의 소비자가 될 때, 즉 수혜자를 넘어 지원자로서 호혜성을 발휘할 때 개선되리라 믿는다. 따라서 문화예술 분야 사회적 기업의 성패는 궁극적으로 자발적 문화예술 활동의 활성화에 달린 것이다. 후자야말로 예술가와 시민들의 양방향 소통을 통해 문화예술 분야의 수요공급을 상생적으로 순환시킬 수 있기 때문이다.

한상진 교수는 창조도시 이론의 유형을 세 가지로 나누고 어떤 유형이 적합한지를 설명한다. 이에 따라 중소도시를 중심으로 다양한 접근법을 제시하는 사사키의 모델이나 혹은 공무원의 역할을 중시하고 네트워킹의 역동성과 호혜성을 강조하는 랜드리의 모델이 문화예

술 개념과 접목될 때 한국형 창조도시가 만들어지리라는 전망을 밝힌다. 아울러 부산처럼 더 이상 재개발사업이 수익성이 없는 도시에는 주민참여형 재생이 중요하며, 자활센터들이 서로 연대하듯이 문화예술 분야의 사회적 기업들도 서로 연대하는 동시에 정부, 대기업, 지자체와 협치를 통해 호혜적 창조성을 실현해야 한다고 제안한다.

차재근 회장은 현재 문화예술 분야 사회적 기업의 연계기업이 제 몫을 못하고 있으며, 사회적 기업가 자체의 인식 수준도 낮다고 지적한다. 아울러 사회적 기업이 기본적으로 '공공근로' 집단이 아니라 영리 집단이며, 이익창출을 목표로 하는 기업임을 강조한다. 이에 따라 존 우드의 도서관 만들기 운동처럼 사업의 필요성을 광범하게 설득해 기부금을 모으든지, 아니면 적극적으로 이윤창조에 나서는 노력을 해야 한다고 역설한다. 이를 위해 상품의 다원화, 또 문화예술 분야 기업의 연대를 제안한다.

이동문 연구원은 현재 18개의 자활센터에서 진행해온 희망대학 프로젝트를 소개한다. 차상위 빈곤층에게 '경직된 아카데미즘'의 울타리 밖에서 인문교육을 실행한다는 취지를 밝히며, 대학 교양과정 수준을 유지한다는 원칙을 강조한다. 또한 백화점 등에서 진행하는 강좌가 '인문학 쇼핑' 같은 인상을 주는 데 비해 희망대학은 좀 더 삶과 밀착한 강좌를 준비한다고 밝힌다. 아울러 문화바우처제도를 활용해 인문교육의 범위를 확장할 가능성도 모색한다. 앞으로는 지역자활센터와 더불어 강의 내용과 방식을 상의하는 것이 필요하며, 강좌 수료에 이은 사후 관리 프로그램도 필요할 것이라고 언급한다.

토론자로 나선 정윤식 나다문화사업단 사무국장은 모든 사람이 창조적 삶을 영위할 권리를 지니며, 이 권리를 되찾을 기회를 제공하는

것이 자활사업이라는 점을 상기한다. 이 점에서 희망대학 프로그램이 자활사업에서 매우 중요한 역할을 한다고 평가했다. 그리고 이런 자활사업을 통해 개개인의 창조성이 일깨워질 때 창조도시가 만들어질 것이라고 보았다. 한편 현재로서는 문화예술 분야 사회적 기업이 이윤창출을 하기 어려우므로 국가지원을 좀 더 요청해야 하는 단계이며, 사회적 기업의 범위를 넓게 잡고 실천하자고 제안했다. 영국(SSE)이나 호주처럼 사회적 기업가를 길러내는 전문교육기관이 필요하며, 부산시민센터 같은 곳에서 그런 강좌를 열면 좋겠다고 제안했다.

김종세 문화콘텐츠연구회 회장은 창조도시나 혁신도시의 개념 규정이 분명하지 않으며, 마치 "좋은 건 다 모아놓은" "슬로건" 같은 인상을 준다고 지적했다. 나아가 오늘날 사회적 경제 모델과 과거의 협동조합 모델의 차이를 별로 찾을 수 없다고 덧붙였다. 한편 지역자치의 역사가 오래된 유럽의 사례를 적용하려면 중앙정부의 의지뿐만 아니라 지방정부의 리더십이 매우 중요하다고 강조했다. 또한 한국사회가 저성장 저소득으로 진행되기 때문에 사회적 기업으로는 고소득 창출이 힘들며, 이 점을 감안하는 바탕 위에서 1인 기업이나 예술생산자협동조합을 실천해야 하리라고 제안했다.

류기정 도예가는 대안학교를 꾸려온 경험으로 볼 때 현실적으로 낮은 임금을 받으며 창의적 사고를 생산하는 인재를 유치하기는 어렵다는 현실을 지적했다. 따라서 현재 한국의 사회적 기업에서 미숙한 점들을 발견할 수 있지만, "국가가 해야 할 일을 대신 행한다"는 사업의 의미를 고려하면 최소한의 임금일지라도 지속적인 지원을 받아야 한다고 했다.

사회적 경제에 입각한 창조도시 만들기의 이론적 검토

한상진 (울산대 사회학과 교수)

1. 사회적 기업과 사회적 경제의 흐름과 쟁점

이 글은 최근에 사회적 기업 정책에 의해 관심을 모으고 있는 사회적 경제의 쟁점에 대해 다루고 그 이론적 위상을 폴라니 이론에 근거하여 살핀 다음, 사사끼, 랜드리의 창조도시 담론을 비교 검토한다. 이를 통해 사회적 경제에 근거한 창조도시 만들기의 전망을 간단히 도출하기로 한다.

우선 사회적 기업을 일반적으로 정의하자면, 취약 계층에게 고용이나 사회복지 서비스 등을 마련해주는 '사회적' 목적의 '기업'이라 말할 수 있다. 그런데 원론적으로 성찰해볼 때, 일자리 창출이나 복지서비스 제공 같은 일은 시민단체 아니면 정부의 몫일 듯 싶은데 왜 기업이라는 간판을 달고 있을까? 유럽의 역사에서 보듯이 사회적 기업은 상부상조를 위한 사회적 경제 조직인 협동조합에 뿌리를 두고 있

다. 유럽 대륙에서 사회적 경제 모델에 입각하여 발전되어온 협동조합은 이윤 추구가 아니라 조합원, 주민의 공동체 형성을 최우선 목표로 한다는 점에서 분명히 사기업 형태는 아니다.[1] 협동조합은 독립적으로 경영하되 조합원 참여에 의한 민주적 의사결정을 원칙으로 하며, 투자한 금액이 아니라 사람 수와 노동의 정도에 따라 수익을 나누는 것 또한 특징이다.

위에서 언급했듯이, 기업의 통상적 의미는 시장에서 활동하는 사기업(Private Enterprise)이다. 사기업은 교환 원리에 의한 경영 활동으로부터 소비자에게는 재화나 서비스를, 노동자에게는 임금을, 정부에게는 세금을 제공하고 이윤을 확보한다. 이 사기업의 목적과 시민단체의 사회적 목적이 조응한 형태가 미국에서 사기업이나 자산가의 사회공헌 차원으로 발전된 비영리조직이다. 비영리조직은 법인 형태의 제도적 요건을 갖추고 정부와는 구별된다는 의미의 사적인 성격을 띤다. 이 조직에는 자율적 규제의 의사결정체가 존재하며 이윤 창출의 노력은 하더라도 그 수익을 관리자, 소유자에게 분배해서는 안 된다는 원칙이 있다. 그 밖에 시민의 시간적, 금전적 봉사도 자유롭게 허용된다.

유럽의 사회적 경제와 미국의 비영리조직이라는 서로 다른 흐름이 사회적 기업으로 결합된 것은 '민영화'라는 복지국가의 역할 변화가 결정적인 계기가 되었다. 유럽과 미국은 재정적자가 누적되는데도 정부의 복지정책에만 의존하는 취약계층에게 스스로 일자리를 찾도록 유도했고 그 일을 돕는 데 영국의 경우에는 민간의 자선조직(Charity)을 점점 더 활용하게 되었다. 그 과정에서 고용창출과 사회복지 서비스의 업무는 훨씬 전문화되었고 사기업의 특성인 경제적 위험을 무릅

쓴 지속적 경영의 필요성이 증대되었던 셈이다.

이제 사회적 기업은 명실상부한 기업, 정부, 시민단체의 협치 (Governance) 구조 속에서 실업 빈곤문제의 극복과 소외계층에 대한 양질의 서비스 제공을 위한 한 주체로 자리 잡고 있다. 그런 가운데 협동조합 전통의 공동체 원칙을 더욱 중시하는가, 아니면 시장지향성의 기조 속에 사기업, 정부와의 파트너십 구축에 좀 더 주력할 것인가의 쟁점은 역사적으로 볼 때 사회적 경제조직에서 비롯된 사회적 기업이 기업, 정부의 사회복지 전달체계를 위한 자원(資源)으로 국한되는가, 아니면 그것의 핵심 가치인 자원성(自願性)을 주체적으로 견지하는가라는 방향을 둘러싼 해결 과제로 남겨져 있다.

2. 폴라니 이론에 근거한 사회적 경제의 위상

칼 폴라니

호혜성에 바탕을 둔 사회적 경제 모델은 현재의 자본주의가 겪고 있는 시장 경제의 위기를 타개할 수 있는 하나의 가능성이다. 20세기 초중반 국가 사회주의와 사회 민주주의에 의해 시도된 재분배 경제 모델은 20세기 후반 이후 경제적 자유주의 이념에 투항해온 것이 분명하다. 어쨌든 현 단계에서 사회적 기업을 현재의 지배적 시장 경제 모델에 입각한 시장 지향형 조직으로 이해하는가, 대안적인 호혜적 경제 모델에 근거한 사회적 경제 조직, 또

는 공동체 경제 조직으로 바라보는가는 매우 중요한 실천상의 차이를 낳을 것이다.[2]

폴라니(Polanyi, 2009)에 의하면, 시장 경제란 현실에 존재할 수 없는 유토피아이며 인간, 자연, 화폐가 상품에 불과하다는 허구는 일종의 상상일 뿐이다. 그리고 그가 제시하는 해결의 방향은 국가에 의한 개입으로 시장경제를 규제, 또는 폐절하는 것이 아니라, 사회라는 실체에 입각하여 국가와 시장을 인간의 자유, 가치, 이상이라는 목적에 복무할 수 있는 기능적 제도로서 제자리에 돌려놓는 것이다. 그가 발견한 시장 자본주의의 문제점은 단순한 경제적 착취가 아니라, 인간이 영혼을 가진 존재라는 사실을 무시하고 시장에서의 상품이라는 허울을 씌워 모든 사회적, 문화적 욕구를 부정해버리는 더욱 포괄적인 인간 파괴의 실상이었다.(홍기빈 2009, 617) 여기서는 폴라니가 언급한 인간, 자연, 화폐의 상품화라는 허구를 강제하는 시장경제의 폐해에 맞선 사회적 경제 모델의 근거를 제시해보고자 한다.

첫째로 인간 노동의 상품화는 노동 시장을 형성시키는데, 논리적으로는 그것의 본래 목적을 달성하려면 물가가 하락하는 것과 같은 비율로 임금이 떨어지도록 작동시킨다. 폴라니에 의하면 이러한 논리는 인간의 사회적 성격을 간과한 허구에 불과하지만, 21세기 여러 곳곳에서 아직도 '노동조합으로 뭉쳐 행동하는 것을 멈추고 노동시장이 요구하는 대로 맞추어 자신의 수요를 줄이며 사는 곳과 직업을 계속 바꾸어 나간다면 결국 일자리를 찾을 수 있을 것'이라는 신자유주의로 재판되고 있다. 그는 실제의 현실에서 아무리 노동이 상품이라고 우겨대도 그것은 인간이라는 본성을 가진 것이기 때문에, 노동시장이라고 해도 노동의 인간적 본성을 지켜낼 수 있도록 임금,

노동조건, 각종 규제를 두는 한도 내에서만 작동이 허용된다고 파악한다.

이에 반해 사회적 경제는 사회를 경제 영역과 정치 영역으로 분리하는 것을 용납하지 않는데, 경제라는 분리된 영역이 따로 존재한다는 것을 받아들일 경우 사회를 조직하는 힘으로서 이윤 원리를 인정하는 것을 함축하기 때문이다. 따라서 협동조합의 창시자 오언은 노동자의 삶이란 자연적, 가정적 환경, 상품의 질과 가격, 일자리의 안정성, 지위의 보장 등 다양한 요인들로 구성되며, 임금은 그중 하나에 불과함을 강조한다. 그가 운영한 뉴래너크의 협동조합은 인간이 인간의 형상을 빼앗기지 않고도 영리적 공장을 성공적으로 경영함으로써, 뛰어난 노동조직화와 충분한 휴식 덕에 낮은 임금과 짧은 노동시간에도 높은 노동생산성을 낳았던 것이다. 이것이 현재의 협동조합형 사회적 경제조직이 지향하는 경제문제의 사회적 해결이라는 기본 원리이다.

둘째로 자연의 상품화는 토지를 인간에서 떼어내고 사회 전체를 부동산 시장의 작동 조건을 충족하는 방식으로 조직하는 가공의 작업을 수행케 한다. 이러한 인공 환경의 투기적 상품화는 토지의 자연성을 훼손시키는 지구환경 파괴의 주범이라 할 수 있다. 이에 반해 사회적 경제는 매매되는 것들은 모두 판매를 위해 생산된 것이라는 상품화 논리가 노동, 화폐와 마찬가지로 토지에도 적용될 수 없다는 입장을 취한다. 폴라니는 인간과 자연환경의 운명이 순전히 시장 메커니즘 하나에 좌우된다면 사회는 완전히 폐허가 될 것이라고 본다. 전통적으로 토지와 노동은 분리되지 않았는데, 토지는 자연의 일부인 채 남아 있고 삶과 자연은 함께 유기적 전체를 구성해왔다. 토지는 인간 존재에 대해 삶의 안정성, 육체적 안전의 조건, 계절과 아름다운 경치

등 다양한 절대적 기능을 수행하며 경제적 기능이란 그중 하나에 불과한 것이다. 오늘날 자원순환 사회를 위한 재활용, 귀농, 귀촌의 생태마을, 로컬 푸드 운동 등이 자연의 상품화에 맞선 사회적 경제 활동이라 하겠다.

셋째로 화폐의 상품화는 현재의 금융 위기가 보여주듯이 시장 경제의 또 다른 아킬레스건을 이룬다. 폴라니에 의하면, 현실의 화폐는 구매력의 징표일 뿐이고 그러한 구매력이란 은행업이나 국가 금융의 메커니즘에서 생겨나는 것이지 판매를 위해 생산되는 것이 아님을 명확히 한다. 화폐라는 구매력의 공급을 시장기구가 관리하게 되면 영리기업은 주기적으로 파산하게 되며, 화폐의 부족이나 과잉이 경기에 엄청난 재난을 가져온다. 그러한 화폐의 상품화라는 허구적 강요에 맞선 사회적 경제조직으로는 지역통화체계가 대표적이다. 대전 한밭레츠의 경우 의료생활협동조합과 결합하여 대안적 화폐 운용의 실험을 계속해왔다.

3. 창조도시 담론의 이론적 맥락

2008년 현재 해외에서 '창조도시'를 지향하는 지방자치단체는 100개가 넘고, 국내에서도 '창조'라는 개념을 표방하는 도시가 9개에 이른다고 한다. 창조도시라는 개념은 미국의 제이콥스(Jacobs)가 1961년에 펴낸 『미국 대도시의 죽음과 삶(The Death and Life of Great American Cities)』에서 도시를 다양성과 개성, 창의와 혁신의 가마솥으로 묘사한 데에서 처음으로 고안되었다. 이후 1984년의 『도시와 국민의 부』라는 저서에서 그녀는 뉴욕, 도쿄 등의 '세계 도시'가

아니라 볼로냐, 피렌체 등의 중소 도시를 주 대상으로 하면서, 창조도시를 '탈 포드주의 시대를 맞이하여 유연하면서도 혁신적인 자기 조절 능력에 기반한 경제 시스템을 갖춘 도시'로 규정했다.(佐佐木 2004, 50–51) 특히 제이콥스의 창조도시론은 인적 자본의 중요성을 강조함으로써, 플로리다의 창조 계급론과 창조 자본(Creative Capital) 론의 원형을 제시했다고 볼 수 있다.

전통적인 경제학이나 지리학에서는 도시의 성장이 교통 결절점에 입지하거나 기업을 유치할 만한 천연 자원을 갖고 있는 데서 비롯된다고 파악해왔다. 그녀는 이에 반대하여 도시가 창조적인 인구를 유인하도록 독특하게 입지해 있기 때문에 경제 성장을 추동한다는 '인적 자본(Human Capital) 이론'을 이십여 년 전에 이미 주창했다. 플로리다(Florida 2008, 53)는 이와 같은 관점에 기본적으로 동의하면서, 자신의 창조 자본론이 기존의 인적 자본론과 다른 이유를 창조적 인재가 그 지역에서 많이 배출되었다고 축복하기보다 그러한 사람들의 입지 결정을 규정하는 근원적 요인에 주목하는 데 있다고 차별화시킨다.

제이콥스 이후 현재에 걸쳐 창조도시 담론을 주도해온 학자로 플로리다, 사사끼, 랜드리를 손꼽는 데 이의를 제기할 사람은 별로 없을 것이다. 여기서는 세 학자의 이론적 맥락을 점검하기 위한 세 가지 쟁점을 제시해보고자 한다. 첫째, 이론적 출발점이 문화인가, 경제인가, 아니면 문화와 경제 둘 다인가? 둘째, 창조도시의 여러 측면인 창조 산업, 창조 계급, 창조 환경 가운데 어디에 초점을 두는가? 셋째, 주로 관심을 두는 도시 형태가 성장 도시인가, 낙후 도시인가, 중소 도시인가?

첫 번째 쟁점과 관련하여, 미국의 플로리다는 도시의 경제 성장을

설명하려는 문제의식에서 출발하는 데 반해 영국의 랜드리는 지역의 문화적 가치에 대한 인식을 전환시킨 다음 도시 재생을 추구해야 한다고 주장한다.[3] 한편 사사끼의 경우에는 그의 창조도시에 관한 정의에서도 볼 수 있듯이, 경제와 문화를 동시에 강조하는 경향이 두드러진다. 다음으로 직사각형으로 표시되어 있는 두 번째 쟁점을 둘러싸고, 사사끼는 문화와 경제가 혼용된 창조 산업을 중시하는 반면에 플로리다는 창조적 인재에 초점을 두는 창조 계급의 관점을 부각시킨다. 다른 한편으로 랜드리의 경우에는 창조 산업과 창조 계급 이전에 창의성을 도시의 유전자 코드로 변환시키는 창조도시의 기반으로 창조 환경에 우선순위를 둔다고 볼 수 있다.

세 번째 쟁점과 관련해서는 세 학자의 접근이 상호 배제적 차이를 지닌다고까지 보기는 힘드나, 도시 규모 및 형태에 대한 각각의 선호나 경향성을 드러낸다고 말할 수 있다. 먼저 랜드리의 경우 중소 도시나 대도시 할 것 없이 문화적 차원에서의 창조 환경의 조성이 필요함을 역설함에도 불구하고, 상대적으로 낙후된 도시가 창조도시 전략에 의거하여 주변에서 주류로 역전되는 것에 더 많은 관심을 갖고 있는 것이 사실이다. 사사끼의 경우에는 제이콥스의 문제의식을 이어받아, 볼로냐나 일본의 가나자와와 같은 인구 30~50만 명 정도 인간적 규모를 지닌 중소 도시의 내발적 발전 전략에 주목하고 있다. 이에 비해 플로리다는 미국의 주요 도시를 대상으로 창조 계급론을 적용하고 있으나, 주요 성공 사례들은 당연하게도 낙후 도시보다는 성장 도시로 모아지고 있다.

4. 사사끼 및 랜드리 접근의 사회적 경제 모델에 대한 적용

일본의 사사끼는 플로리다는 물론 랜드리보다도 앞서 1996 년에 『창조도시의 경제학』을 출간하여, 매우 선구적으로 창조도시 담론을 전개한 학자이다.(임상오 외 2007, 19) 그에 따르면, 창조도시는 인간이 자유롭게 창조 활동을 함으로써 문화와 산업의 창조성이 풍부한 동시에 탈 대량생산의 혁신적이고 유연한 도시 경제 시스템을 갖춘 도시이다. 다른 한편으로 사사끼는 창조도시의 정의를 21세기에 인류가 직면한 전 지구적인 환경 문제와 부분적인 지역 사회의 과제에 대해 창조적으로 문제 해결을 할 수 있는 '창조의 장(場)'이 풍부한 도시에서 찾고 있다.(佐佐木 2004, 53)

위의 두 가지 정의에 비추어 볼 때, 사사끼는 문화와 경제에 대한 강조에서 더 나아가 환경 문제를 포함하는 복지 분야에서의 '창조의 장'까지 부각시키는 독특한 관점을 발전시켜왔음을 알 수 있다. 즉 그는 필자가 시도하고자 하는 사회적 경제 모델에 입각한 창조도시의 이론적 검토에 가장 부합되는 논의를 전개하고 있는 셈이다. 사사끼에 의하면, 복지 분야에서의 협동조합이나 비영리조직의 공공 부문과의 연계 및 협동 노력은 주민의 자발성과 창조성을 고양시킴으로써 재정 위기를 창조적으로 극복하고 '새로운 분권적 복지 사회'를 재구축하는 동력이 될 수 있다고 본다. 특히 그는 사회적 경제의 핵심인 협동조합에 대해 과도한 영리주의, 관료주의를 억제하고 인간의 '창조적인 일'의 영역을 확장시키는 기능을 부여하고 있다.

대표적 사례로 이태리 볼로냐에 주목한 사사끼는 제3의 이태리로서 소기업 집적과 유연적 생산 방식에 대한 관심 외에도, 협동조합 조

직과 환경 문제 대응 등에서 나타나는 창조도시의 시도들에 주목한다.(佐佐木 2004, 101-116) 우선 볼로냐의 사회적 협동조합은 여성의 사회적 지위 향상과 장애인의 발달 보장 등 기본적인 인권 확대를 위한 풀뿌리 주민 운동에 기반하여 자발적으로 조직되어 '사회적 협동조합법'을 창조하는 단계에까지 도달함으로써 복지국가 시스템을 개선해왔다. 이와 같은 호혜적 경제의 전통은 연극이라는 예술 활동에서도 공평한 작업 분담과 이익 분배, 상호 부조를 원칙으로 하는 문화협동조합을 활성화시켜, 풀뿌리 문화 창조를 이끌고 있기도 하다. 한편 광역적 수자원 관리와 녹지 배치, 교통수단 정비 등 도시의 질을 높이기 위한 볼로냐의 환경 관리 계획에서도 다양한 창조적 아이디어가 적용되고 있다.

사회적 경제 모델에 입각한 창조도시론을 명백하게 제안하고 있는 사사끼와는 달리, 랜드리(Landry, 2005)는 협동조합이나 환경 문제를 직접 다루는 대신 문화, 경제, 복지, 환경 등 모든 도시 문제를 창의적으로 해결하기 위한 방법론 개발에 몰두해왔다. 그가 갖고 있는 창조도시의 문제의식은 어떻게 하면 도시가 국가의 재정 지원으로부터 자립하여 지속적으로 발전해갈 수 있는가 하는 것이다.(임상오 외 2007, 17) 유럽에서 1980년대 이후 나타난 제조업 퇴조, 실업자 양산, 국가 재정 위기 등에 대응하여, 랜드리의 관심은 예술 문화의 창의력을 바탕으로 도시의 고유한 창조 환경을 조성함으로써 계획적인 도시 재생을 꾀하는 데에 있다고 하겠다.

사사끼의 관심 대상인 볼로냐 등의 사례는 소기업의 산업 경쟁력을 바탕으로 사회적 경제와 환경 관리에 협동적, 창의적으로 접근하는 모델인 데 반해, 그의 담론은 특별히 낙후 도시만을 대상으로 하는 것

은 아니나 심지어 조그만 마을의 경우일지라도 생각하고 계획하고 상상력이 풍부하게 행동할 수 있는 전제 조건이 충족되기만 하면 혁신적이면서 창조적인 도시로 변모될 수 있다고 주장한다. 랜드리(Landry 2005, 151-189)에 따르면, 그러한 창조도시의 전제 조건은 개인의 자질, 의지와 리더십, 다양한 인간의 존재와 다양한 재능에 접근하는 것, 조직 문화, 지역 아이덴티티, 도시의 공간과 시설, 네트워킹의 역동성 등이다. 이 가운데 몇 가지 요소는 직접적으로 명시되고는 있지 않지만, 사회적 경제 모델에 응용될 수 있다.

먼저 의지와 리더십이라는 요소는 랜드리가 언급하듯이 창조도시의 공공 부문이나 기업, 자원 조직 등 모든 형태에서 요구되는 능력이다. 특히 잠재적으로 고도의 능력을 갖춘 지도자는 참기 어려운 정치 관행을 갖고 있는 지방 자치 단체를 거부하고, 좀 더 보람이 많은 제3 부문이나 최첨단 비즈니스 분야에서 리더의 위치를 추구한다고 한다. 이를 사회적 경제 모델에 연결시켜본다면, 취약 계층에 대한 일자리 창출과 서비스 제공을 목적으로 하는 사회적 기업가의 역할에 적용시킬 수 있다. 제3 부문의 자발성에 기초하면서도 비즈니스 마인드를 적절히 배합한다는 것은 남다른 창의성을 요구하는 일이기 때문이다.

다음으로 네트워킹의 역동성이라는 요소에 대해, 하나의 체계에서 매듭의 수가 많을수록 학습 및 혁신 능력이 커지므로 네트워킹과 창의성은 본질적으로 공생 관계에 있는 것으로 파악된다.(Landry 2005, 181-182) 따라서 도시 발전을 위한 공공, 민간, 비영리 부문의 파트너십은 지역 정치가의 우월한 권력을 잠식하는 한편, 새로운 구성원과 창조적 아이디어를 이끌어내는 데 유리한 것이다.[4] 이러한 역동적인 네트워크의 구축은 앞서도 언급한 사회적 자본의 축적에

바탕을 두는 것이고, 사회적 경제 모델과 연결시켜 보면 일본에서 발전되어온 지역사회 비즈니스(community business)의 예처럼 도시 차원에서 이루어지는 호혜적 경제의 거버넌스 형성 작업에 적용될 수 있다.

5. 맺음말—사회적 경제 모델에 입각한 창조도시의 대안 모색을 위하여

창조도시에서 사회적 경제 모델의 적용은 성장 도시를 대상으로 한 시장 경제 위주의 담론인 플로리다의 창조 계급론보다는 사사끼나 랜드리의 논의에서 상대적 친화성을 발견할 수 있다. 특히 중소 도시의 복지, 환경 분야의 호혜성을 도시 정책의 창조성과 연계시키고 있는 사사끼의 시도나, 주변적 낙후 도시가 주류로 역전하기 위한 창조 환경 조성에 대한 랜드리의 제안은 사회적 경제 원리를 창조도시에 접목하는 데 유용한 시사점을 제공하는 것이다. 그런데 현 정부의 실용 노선을 감안한다면, 사사끼나 랜드리의 관점보다는 플로리다의 논리가 시장주의와 기업가 도시론에 입각한 정책 수립에 좀 더 친화적이리라 추측할 수 있다. 그러나 미국에서 촉발된 금융 위기 이후 시장 경제의 폐단이 좀 더 가시화된다면, 대안적인 사회적 경제 모델에 입각한 창조도시의 담론도 더욱 실천적으로 구체화될 수 있을 것이다.

그러면 폴라니 등의 사회적 경제 모델에 바탕을 두고 대안적 창조도시의 얼개에 접근보도록 하겠다. 앞서 다루었듯이 사회적 경제는 호혜, 자조 등의 사회적 목적을 경제 활동에 연계시키는 포괄적인 개념이다. 자본주의의 등장 이후 협동조합 등 호혜성에 기초한 사회적

경제는 시장 경제의 보완적 위치로 복속되었으나, 21세기 들어 지구화에 따라 시장 경제의 폐해가 가중됨으로써 재화보다는 생존과 생명을 우선시하는 사회적 경제의 의의가 더욱 주목받고 있다. 특히 지구화 시대의 사회적 경제는 자본에 의한 인간의 수단화, 생태계 파괴 등 전 세계적 모순을 극복하기 위한 빈곤층 권리 찾기, 소외 지역의 삶의 질 방어, 생태적 공동체 경제 등 아래로부터 이루어지는 다양한 노력의 연대로 재해석될 필요가 있다.(한상진 2006)

이와 함께 한국에서 현재 수용되고 있는 창조도시 담론이 대부분 문화 도시의 지향을 갖고 있기 때문에, 문화와 사회적 경제 모델을 결합시킨 사례로서 문화 분야 사회적 기업의 시도를 간단히 다루고자 한다. 2008년 현재 노동부의 인증을 받은 사회적 기업 108개 가운데 문화, 예술, 관광, 운동 업체는 5개로 매우 적은 편이다. 그 가운데 노리단은 청소년을 주축으로 생활 폐기물 소재의 악기를 연주, 판매, 설치, 교육하는 사회적 기업인데, 2007년 현재 작곡가, 배우, 기획자, 타악 주자 등 20명의 일자리를 창출하고 있다. 이와 함께 전주의 사회적 기업인 전통문화사랑모임은 한옥생활체험관을 중심으로 숙박, 체험 등의 유·무료 서비스를 제공하며, 지역 문화 강좌 및 전통 소재 상품 개발을 통해 수익 창출을 시도해왔다.(황정란 2008, 43-44) 이들 문화 분야의 사회적 기업은 아직까지는 걸음마 단계이지만, 사회적 경제의 원리를 문화 예술적 창의성과 결합시키는 창조도시의 주요 영역으로 자리 잡을 필요가 있다고 하겠다.

이 글이 제시하고자 했던 사회적 경제 모델에 입각한 대안적인 창조도시의 전망은 아직까지 시론에 불과한 하나의 관점 수준이라고 치부될 수도 있다. 그럼에도 불구하고 필자는 창조도시를 위한 진정한

창조성에는 시장 경제를 우회하는 호혜적 창조성이 반드시 포함되어야 하며, 사회적 자본을 기축으로 한 사회적 기업과 사회적 생태의 통합적 모색이 낙후 도시, 중소 도시의 창조 환경 조성을 통한 생존 전략이 될 수 있음을 강조하고 싶다. 물론 사회적 경제 모델에 초점을 둔 창조도시의 대안을 정립하기 위해서는, 지역사회의 내발적 풀뿌리 조직화도 중요하지만 중앙정부의 분권적 자치 노력에 대한 지원도 지속적으로 요구될 것이다. 따라서 최근에 이루어진 살기 좋은 지역 만들기의 사례들로부터 최량 실천의 모델을 창출함과 아울러, 문화, 경제, 환경, 복지 등을 둘러싼 창조도시들의 네트워킹에 의한 연대도 가일층 발전시켜야 할 것이다.

특히 비수도권에서 이루어지는 사회적 경제 조직의 활성화는 침체되고 낙후된 지역사회 복원과 관련될 수 있다.[5] 따라서 현재 보건복지 영역이나 재활용 등에 비해 사회적 경제조직화가 미비한 문화적, 생태적 차원의 사회적 기업 육성을 '일자리 창조'의 도시 발전 전략[6]과 통합적으로 실행되도록 중앙정부와 지자체를 견인, 압력을 행사해야 한다. 이렇게 볼 때 현 단계에서 창조적인 사회적 경제조직의 형성은 낙후된 지방 도시의 생존을 위한 도구일 뿐더러 해당 주민의 삶의 질 개선을 위한 다양한 창조적 아이디어 개발과도 관련되는 것이다. 즉 문화 예술 사회적 기업이나 마을만들기 기획, 레저 및 스포츠 등의 공동체 경제 조직은 간병, 재활용 영역에 치우친 사회적 기업의 새로운 모델을 제시할 뿐만 아니라, 호혜적 경제의 확산과 비수도권 재활성화의 유력한 방편이 될 수 있다.

주

1) 기업은 통상적으로 시장에서 이윤을 최우선 목표로 하여 활동하는 사기업(private enterprise)을 의미한다. 사기업은 교환 원리에 의한 경영 활동으로부터 소비자에게는 재화나 서비스를, 노동자에게는 임금을, 정부에게는 세금을 제공하고 이윤을 확보한다. 그러나 넓은 의미의 기업은 시장 경제를 기반으로 활동하는 사기업 외에 공기업, 협동조합 기업, 비영리 기업, 종업원 소유 기업 등을 포괄하는 것으로 볼 수 있다.

2) 물론 현실에서는 양자를 혼합한 제3의 길도 나타날 수 있다. 하지만 시장 지향형 사회적 기업에게는 저임금, 나쁜 노동 조건이라는 기존의 사회적 일자리 등에 대한 비판이 여전히 유효할 수 있는 반면에, 공동체 경제 조직에게는 임금과 노동 조건 같은 시장 경제 기준에 의한 판단은 무의미하다. 왜냐하면 호혜적 경제 모델에 입각한 사회적 기업은 단순히 시장에서의 일자리 창출이나 사회 서비스 제공을 목표로 하는 것이 아니라, 시장을 뛰어 넘는 호혜적 공동체의 대안적 사회와 인간상에 대한 전망을 갖기 때문이다. 물론 그렇다고 해서 공동체 경제 조직의 일자리가 좋은 일자리가 될 필요가 없다는 뜻은 아니다.

3) 이러한 차이에 대해 임상오 외(2007, 32)는 플로리다를 비롯한 미국의 학자들이 모두 경제학이라는 배경을 공유하고 있는 것에 비해 랜드리 등의 유럽 학자들은 모두 도시 재생과 도시 계획 등의 분야에서 활동했기 때문이라고 풀이한다. 또 재정 적자의 심화와 제조업 쇠퇴에 따른 문화 투자를 통해 도시 재생을 추구한 영국 등 유럽의 경우 지역이 가진 인적, 물적, 환경적 자원에 대한 문화적 재평가가 선행된 데 비해, 미국의 경우에는 지역 경제를 재건하기 위한 환경 조성에 정책의 초점을 두고 있다고 파악한다.

4) 이때 어려운 점은 세 가지 부문 각각이 시급히 네트워크를 이루어야 할 필요성을 느끼게 하는 일인데, 그 하나의 방법은 기업이나 제3 부문이 갖고 있는 사업 계획을 개별 조직의 수준에서 점차 도시 전체로 격상시키도록 하는 것이다. Landry(2005, 188) 참조

5) 2008년 10월 현재 노동부 인증 사회적 기업의 51.9%는 수도권에 집중되어 있다.

6) 일자리 창조도시의 지속가능한 발전을 위해서는 인적 자본, 사회적 자본, 창조적 자본의 결합이 요구된다. 이때 인적 자본의 육성은 사회적 투자 차원의 기술 훈련뿐만 아니라 호혜적 공동체에 적합한 인성 및 인간관계 교육을 포함한다. 또 사회적 자본의 신뢰 구축은 호혜적 경제 모델의 기본 원리이기 때문에 네트워킹과 파트너십의 중요성은 두말할 나위가 없다. 마지막으로 창조적 자본은 지역 특성의 자산화, 장소의 질 발견과 밀접한 관계가 있는데, 중소 규모, 낙후 도시의 사회적 기업 활성화를 위해서는 문화 예술 영역에서 창조적 아이디어의 사업화가 필요하다.

참고문헌

임상오, 「창조형 경제 시대의 도래와 창조도시」, 국가균형발전위원회, 『살기 좋은 지역 만들기』, 제이플러스 애드, 2006

임상오 외, 『박물관 창조도시, 영월』, 해남, 2007

한상진, 「사회적 경제의 의미와 발전 방향」, 한국여성노동자회 강의 자료, 2006

홍기빈, 「옮긴이 해제」, Polanyi, K. 홍기빈 역 『거대한 전환』, 길, 2009

황정란, 「아동 청소년 교육 문화 분야 사회적 기업 현황 및 설립 방안」, 『노동부 사회적 일자
　　리 참여 기관 아동, 청소년 교육 문화 분야 워크숍 자료집』, 실업극복국민재단, 2008

Florida, R. 이길태 옮김, 『창조적 변화를 주도하는 사람들』, 전자신문사, 2002

Florida, R. 이원호 외 옮김, 『도시와 창조 계급』, 푸른길, 2008

Landry, C. 임상오 옮김, 『창조도시』, 해남, 2005

佐佐木雅幸 정원창 옮김, 『창조하는 도시』, 소화, 2004

문화예술 분야 사회적 기업,
현황과 생존 전략

차재근 (부산문화예술교육연합회 회장)

존 우드(John wood) 이야기

존 우드는 나이팅게일, 미국 아쇼카재단의 빌 드레이튼, 영국 터닝포인트(Turning Point)의 대표인 로드 빅터 아드보웨일과 더불어 사회적 기업을 이야기할 때 반드시 거론되는 인물이다. 우드는 빈곤국가, 특히 아시아 개발도상국에 책을 기증하고 도서관과 학교를 지어주는 기부·자선단체 룸투리드(Room to Read)의 설립자이다. 다국적 기업인 MS의 중국지사에서 2인자로 30대를 보내던 1998년, 그는 진짜 네팔의 모습이 보고 싶어 네팔 정부 교육 공무원의 안내로 네팔의 오지를 방문한다. 그곳에서 그는 쓰러져가는 교실에서 책과 필기구도 없이 공부하는 어린이들의 열악한 교육환경을 보게 된다. 이를 계기로 제국기업 MS를 떠나 룸투리드를 설립하고 최고경영자가 된다. 이후 우드의 룸투리드는 네팔은 물론, 라오스, 캄보디

아, 스리랑카 등지에 4,100개가 넘는 작은 도서관을 만들고 320개 학교를 지어주었다. 또, 이곳 시설들에 기증된 책이 이미 170만 권에 이르며, 이를 토대로 형성된 하나의 시스템 안에서 제3세계 어린이 약 130만 명이 책을 읽고 공부할 기회를 가지게 되었다. 그러면 그는 이처럼 엄청난 일을 하는 데 필요한 돈을 어떻게 충당하였을까. 우드는 자신이 다국적 기업에서 경험한 경영기법과 재원조달 방안, 그리고 폭넓은 인맥을 활용한 '기업화된 기부문화'로 재원을 확보할 수 있었다.

사회적 기업가 존 우드

우드에게서 보다

  우드의 경우에서 우리가 눈여겨보아야 할 시사점은 첫째, 우연한 경험에서 비롯되었지만 망설임 없이 사회적 기업가로 삶을 전환한 것이다. MS에 계속 재직하였다면 마땅히 받았을 막대한 스톡옵션 등의 재화, 매력적인 조직과 명예, 30대 글로벌 기업 임원의 화려하게 열린 전도 등 자신이 누렸던 모든 것을 그는 한순간에 버렸다. 우드는 여전히 바쁘다. 세계 각국의 기업가와 기부자, 자선단체, 정부를 찾아다니느라 MS에 있을 때보다 훨씬 분주하다. 이를 통해 우리는 성공한 사회적 기업가의 사회적 혹은 도덕적 가치기준을 발견하여야만 한다. 사회적 기업가는 하늘이 내린다고 했다. 우리나라에 사회적 기업이 제도적 장치에 의해 시작된 후 지금까지 우드의 경우처럼 자신이 가진 것을 비워놓고 사회적 기업에 투신한 경영자는 거의 없을 뿐만 아니라, 관련 연구기관마저 사업비 여부에 따라 움직이는 현실이다. 우드의 경우에서 우리는 사회적 기업가가 걸어야 할 사명과 기업가 정신을 배워야 한다.
  두 번째 시사점은 룸투리드의 경영과 관련된 기업의 재원구조에 대한 독특한 특징이다. 우드는 전형적인 사회적 기업가가 아니다. 룸투리드는 사회적 공공의 가치에 치중되어 있는 기업이다. 룸투리드의 꿈을 실현하기 위해 우드는 기부를 선택하였다. 이는 생산을 통한 이익창출, 혹은 지속가능한 수익모델을 추구하는 보편적인 사회적 기업의 구조와는 거리가 있다. 다만, 기부를 통한 사업성과를 제시할 뿐이다. 우드는 이렇게 말한다. "룸투리드의 시스템 안에서 이루어지는 교육과 경험이야말로 눈으로 보이지는 않지만 분명 현존하는 가치이며

이것이야말로 영구히 지속가능한 사회공익적 수익모델이다." 우드의
이러한 가치는 특히, 우리나라 문화예술 분야 사회적 기업, 특별히 순
수예술 분야 사회적 기업 혹은 예비 사회적 기업이 주류를 이루고 있
는 부산, 경남권의 문화예술 사회적 기업에 좋은 비교가 될 수 있다.
전 분야를 막론하고 우드처럼 설립자의 사회적 소명감에서 순수하게
출발한 사회적 기업은 적어도 한국에서만큼은 드물다. 제도적 지원의
기회를 이용하여 급조된 벤처형 사회적 기업이 대부분이다. 더구나
문화예술 분야는 사업아이템 개발에 대한 노하우나 공공성에 대한 이
해가 매우 부족한 것이 현실이고, 설사 생산품이 있더라도 소비자 또
한 만만하지 않다. 하지만 문화와 예술이 가지는 내면적이고 잠재적
인 가치를 함유한 생산품들이 반드시 수익모델이 아닌—룸투리드의
경우와 우드의 말처럼—사회공동체에 기여하는 현존가치 또는 미래
의 성과가 기대되는 무상의 소비재로 공공성이 인정될 때, 문화예술
분야 사회적 기업의 가치는 존재한다. 문제는 수익성 사업 아이템으
로 이윤을 가져오기 전까지 위의 공공서비스를 사회와 소외계층 등
법이 정한 영역에 얼마나 내어놓느냐이다. 왜냐하면 현재 사회적 기
업에 지원되는 재원이 공공재원이기 때문이다.

　우드의 사례는 공공재원이 아닌 '기부의 사업화'를 통해 예산을 확
보하고 누구나 공감과 공유의 정서로 인식할 수 있는 사회적 서비스
를 제공하였다는 점이 특징이다. 또, 룸투리드라는 자선단체의 조직
화와 효율화를 통해 지속가능한 시스템화를 이루었다. 그러나 현재
상황에서 룸투리드에 대한 신뢰가 소멸되어 기부자들의 지원이 종료
된다면 지속적 운영이나 고용에 대한 기대는 예측하기 어려운 것도
사실이다. 그러므로 우리 지역 문화예술 분야 사회적 기업은 공공재

원에 대한 의존도를 점차 줄이고 기부의 기업화에 눈을 돌려야 한다. 기부를 유치하기 위한 첫 번째 유인 조건은 활동의 공공성이다. 더불어 수익을 가져올 수 있는 문화상품을 개발해야 한다. 많은 순수예술 단체가 가지고 있는 고전적인 개념의 피동적이고 단순한 상품으로는 기업의 형태를 유지할 수 없다. 제조업에서도 상품개발에 대한 다양성과 가변적 탄력성은 기업의 명운을 가름한다.

사회적 기업은

사회적 기업은 '기업의 사회적 책임(CSR, Corporate Social Responsibility)'과 자주 혼동되지만 분명하게 다른 개념이다. 둘 다 돈이 아닌 인간과 사회공동체에 대한 책임을 가지고 존중하며 기여하는 휴머니즘적 자본주의를 표방하는 것은 동일하다. 하지만 CSR이 의미하는 기업은 영리추구를 목적으로 하고 있고, 그 이윤 또한 주주들의 것이 된다. 이것은 경제학자 밀턴 프리드먼(신자유주의 경제학의 대표적 인물)이 말한 '기업의 사회적 책임은 이윤을 추구하는 것'에 다름 아니다. 다만, CSR은 기업의 경영과 성장의 과정에서 개입되는 이해관계자들과 소통하고 그들을 배려하며 이윤과 함께 사회와 환경 등에 대한 성과를 제시하는 이른바 TBL(Triple Bottom Line, 경제/사회/환경) 경영을 의미한다.

사회적 기업은 이윤추구가 사회적 책임인 프리드먼 유형의 기업과는 다르게 사회적 책임을 위해 영리를 추구하는 기업으로 사회적 목적을 달성하기 위해 자본주의 시장기능을 도입한 것으로 볼 수 있다. 이러한 사회적 목적 때문에 사회적 기업의 대부분이 사회적 약자나

복지, 환경 등에 관심을 가지고 활동하는데 이는 국가 간의 차원에서도 동일하게 작용하여 제3세계 국가에 대한 국제적 사회적 기업들이 생겨나기 시작했다. 공정무역, 공정여행, 아쇼카재단, 룸투리드 등이 그들이다. 문화예술 분야 인력 자체에 대한 취약계층 여부의 논란은 있으나, 사회적 약자의 문화적 향유와 예술교육 등의 기회 문제는 분명 사회적 책임의 하나로 이견이 없다. 이러한 사회적 문제에 대한 책임은 그동안 주로 정부의 업무영역이었고, 보완적으로 NGO 등의 비정부기구나 종교, 기부시스템들이 담당하여왔다. 하지만 정부의 조직과 재원의 한계가 현실로 나타났고 보완적인 민간시스템의 기능이 위탁 수준의 단순관리에 머무르면서 효율성과 창의성에 의문이 제기되기 시작했다. 재원 부족과 비영리기구의 전문능력 부재의 틈새에서 자연스럽게 생성된 것이 사회적 책임, 즉 공공에 대한 기여와 서비스를 지속적으로 제공할 수 있는 이윤추구의 사회적 경제모델이 사회적 기업으로 발전한 것이다. 이러한 생성과정은 매우 긍정적인 현상이지만 이러한 선순환 구조의 순기능과는 별도로 가끔 이데올로기적인 논쟁이 되는 것도 부인할 수 없다. 우선 자본주의 시장경제 체제에 대한 비시장 부문의 완패라는 시각과 동시에, 선순환 구조를 확보하지 못한 자본주의가 사회적 가치에 주목할 수밖에 없었다는 치명적인 결함을 가지고 있다는 논쟁으로, 이는 쉽게 정리될 논제도 아니고 또, 이런 논쟁에 휘말려 사회적 기업의 성장을 미룰 이유도 없다.

우리나라 사회적 기업의 현황

　　우리나라에서 사회적 기업이라 함은 우선 '사회적기업육성

지원법' 제2조에서 다음과 같이 정의하고 있다.

1. "사회적 기업" 이라 함은 취약계층에게 사회서비스 또는 일자리를 제공하여 지역주민의 삶의 질을 높이는 등의 사회적 목적을 추구하면서 재화 및 서비스의 생산·판매 등 영업활동을 수행하는 기업으로서 제7조의 규정에 따라 인증받은 자를 말한다.
2. "취약계층" 이라 함은 자신에게 필요한 사회서비스를 시장가격으로 구매하는 데 어려움이 있는 계층을 말하며, 그 구체적인 기준은 대통령령으로 정한다.
3. "사회서비스" 라 함은 교육·보건·사회복지·환경 및 문화 분야의 서비스 그 밖에 이에 준하는 서비스로서 대통령령이 정하는 분야의 서비스를 말한다.
4. "연계기업" 이라 함은 특정한 사회적 기업에 대하여 재정지원, 경영자문 등 다양한 지원을 행하는 기업으로서 그 사회적 기업과 인적·물적·법적으로 독립되어 있는 자를 말한다.
5. "연계지방자치단체" 라 함은 지역주민을 위한 사회서비스 확충 및 일자리 창출을 위하여 특정한 사회적 기업을 행정적·재정적으로 지원하는 지방자치단체를 말한다.

2007년 9월 문화예술기업 '노리단' 등 30여 곳이 처음으로 인증을 받아, 2007년 50개, 2008년 210개, 2009년에는 261개로 늘었다. 2010년 3월 현재, 총 287곳(11개 인증취소기업 제외)의 사회적 기업이 활동하고 있다. 이들 기업은 8,000명 이상의 일자리를 창출한 것으로 보인다. 평균 근로자 수는 20~30명이지만 아름다운가게(340명), 다솜이재단(250명), 함께일하는세상(216명) 등 200명이 넘는 곳도 있다. 근로자 중 평균 60%가 장기 실직자, 여성 가장, 장애인, 고령자 등으로 구성됐고 1인당 평균 임금은 106만 8,000원이다. 사회복지 분야의 사

회적 기업이 51.9%이고 자활공동체 19.7%, 장애인 작업장 12.8%, 협동조합 3.5%, 문화예술 분야 3% 등의 순이다. 1개 기업의 연간 매출액은 8~10억 원으로 아직 영세한 수준이다. 2008년 기준으로 아름다운가게가 124억 원으로 1위, 에이스푸드, 함께일하는세상, 리드릭, 제일산업 등이 30억 원 이상으로 뒤를 이었다.

또, 사회적 기업 인증을 위해 노동부 지원으로 마케팅 및 상품개발등 자립기반을 마련해가는 예비 사회적 기업만 해도 1,000개가 넘는다. 정부는 사회적 기업을 국정과제로 정하고 2012년까지 1,000개의사회적 기업을 육성해 일자리 5만 개를 창출한다는 계획이다. 지금까지 정부 지원을 받은 사회적 기업이 지원금 대비 약 3배의 매출을 올린 것을 감안하면 1,000개를 육성할 경우 1조 원의 매출액을 올릴 것으로 정부는 기대하고 있다. 하지만 통계의 방법과 지원금 대비 순이익을 면밀히 따진다면 상당 부분 허수가 발견될 것이다.

부산지역 사회적 기업의 현황

현재 부산지역에는 15개의 인증 사회적 기업과 26개의 예비사회적 기업이 활동 중이다. 주목할 만한 것은 초기 출범한 인증 사회적 기업 중 문화예술 분야가 전무한 것과 전국의 예비 사회적 기업 대비 부산의 포지션이 2.6%밖에 되지 않는다는 점이다. 아마도 이는 유사사업인 청년일자리사업으로 만들어져 전국적인 벤치마킹의 대상이었던 을숙도교향악단의 해체가 가져온 양면적 결과로 볼 수도 있을 것같다. 우선 부정적인 영향은 해체 후 얼마 안 돼서 시행된 사회적 기업제도에 대한 불안감으로 초기에는 참여하지 않았다가, 어느 정도 지난

지금은 부산지역 예비 사회적 기업의 약 27%(전국 사회적 기업 중 문화 분야는 약3% 정도)를 차지할 정도이다. 특히, 교향악단(2, 경남권 2)과 합창단(1), 오페라단(1) 등 순수음악 관련 기업의 참여는 매우 긍정적으로 작용한 것으로 보인다. 다만, 문화예술 분야 사회적 기업의 연계기업 대부분이 사회적 책임이나 사회적 기업 육성에 대한 의지보다는 제안에 대한 생색내기 성격이 강하다. 재정지원이나 경영컨설팅 등의 기본적인 지원은 고사하고 사회적 기업으로부터 제공 공간에 대한 사용료를 징수하는 몰지각한 연계기업으로 대표적인 시민사회단체가 발견될 정도로 관련 네트워크가 전혀 가동되고 있지 않다.

문화예술 분야 사회적 기업의 생존, 어떻게 할 것인가

연계기업, 기업가와 직원(단원, 이하 직원으로 함)이 사회적 기업에 대한 이해를 공유하고 공동체의식을 가져야 한다. 연계기업의 사회적 책임은 물론이고 생태적 부양 의무는 중차대하다. 전기하였듯이, 지역의 대표적인 시민사회단체가 공공재원으로 생색만 내고 재정적인 지원은 물론, 경영컨설팅, 상품개발, 기부유치 지원은 고사하고 사용공간에 대한 사용료를 징수하는 것을 보면 나머지 기업 또한 연계기업과의 커뮤니티에서 짐작이 간다. 기업가는 예술인 이전에 사회적 책임을 가진 기업인이다. 존 우드의 예처럼, 잘나가는 직장을 내려놓고도 사회적 참여의 일에 몇 배 더 바쁘게 몰두하지 않으면 성공할 수 없다. 분야를 막론하고 기업가가 이 일에 전념할 수 없는 이중적 경영자는 근본적으로 한계가 있다. 특히 교수들이 대표로 있는 사회적 기업은 선진국에서는 쉽게 볼 수 없는 기현상이다. 직원이 기업에

참여하는 것은 핵심이다. 고용 없는 성장 사회에서 사회적 기업은 공공과 수익성을 동시에 추구하는 지역밀착형의 제4섹터 경제로 일자리 창출을 수반한다. 그러므로 직원 한 사람 한 사람은 사회적 기업가이어야 한다. 사회적 기업은 공공근로 사업이 아니다. 직원은 공공재원을 개인적으로 수급하는 개별 취로 자격이 아닌 기업에 속한 사람이다. 기업과 흥망을 같이하며, 직원의 의지는 기업의 흥망을 좌우한다. 연계기업, 기업가, 직원이 공공재원에 대한 사회적 책임을 공감하지 못하고 지원기간 이후의 지속적 고용유지나 자생적인 노력을 함께 경주하지 않는다면 이는 지원금만을 탐닉하는, 공공에 대한 일종의 모럴 해저드이다.

사회적 기업은 다양한 상품개발과 전문화된 마케팅이 필요하다. 교향악단이나 합창단, 오페라단이 연주나 공연만을 통해 수익을 만들

문화도시네트워크가 설립지원한 부산메트로폴리탄 오케스트라 공연

생각이라면 결과는 뻔하다. 예술교육, 악기판매, 인터넷강좌, 문화여행, 서적과 음반판매의 결합, 마스터클래스, 무대미술과 무대음악, 의상 등 수익으로 연결될 수 있는 것은 다 해야 한다. 더불어 공공에 대한 기여를 쉼 없이 제공하여 스스로 존재와 투자가치를 제시해야 한다. 연극과 영상은 상대적으로 상품개발 영역이 풍부하다. 이러한 요구에 장애가 되는 것은 역시 지금까지 활동해왔던 것에 대한 진부하고도 고전적인 향수이다. 작품이나 예술 활동만 잘하면 되지 않나 하는 생각은 기업에 있어서는 중대한 장애이다. 사회적 기업은 갈 길 잃은 예술가에 대한 예술인 복지가 결코 아니다. 이윤을 창출하고 그 이윤을 가지고 공공서비스를 확대해야 한다. 만약 존 우드의 룸투리드처럼 이윤보다는 사회적 공공성에 치중한다면 기부의 기업화를 지향해야 하며 동시에 사회공헌에 힘써야 한다.

아울러 건강한 사회적 기업가가 희망이다. 우리나라 사회적 기업이 정부 주도의 관료 주도형으로 시행되는 과정에서 일자리 창출 공약과 맞물려 상당히 혼란스러운 방향으로 전개되어 이미 궤도를 이탈하였다는 것이 뜻있는 전문가들의 공통된 의견이다. 하지만 결언에서 말하겠지만, 이미 엄청난 공공재원이 투입되었고, 지역경제를 지탱할 잠재적 가능성이 있는 사회적 기업을 이대로 방치해서도 안 된다. 그러기 위해서는 가장 먼저 책임 있는 사회적 기업가를 양성해야 한다. 문화예술 분야 사회적 기업으로 가장 먼저 출발함과 동시에 성공한 사회적 기업으로 세계적 벤치마킹의 대상이 되고 있는 하자센터 김종휘 부소장은 "사회적 기업은 사회적 기업가에 의해 소용돌이를 거쳐 나선형으로 성장하는 조직"이라고 정의했다. 그는 혁신을 중심에 둔다. 행동양식에 대한 실험적 혁신, 사고방식에 대한 개념적 혁신의 양

극을 왔다 갔다 하면서 쉼 없는 삽질을 하는 것이 나선형 성장의 경험을 낳는다고 주장한다. 이 나선형 성장의 경험이 바로 소용돌이이며, 소용돌이 안에서는 1)모든 종류의 이슈와 문제들이 낱낱이 노출된다. 2)그것 하나하나 모두를 해결하려고 하다간 폭삭 무너진다. 3)그때그때 가장 중요한 것부터 해결하는 경험 속에서 조직은 향상된다. 4)오직 소용돌이의 힘으로 올라간다. 5)소용돌이의 과정은 고통이며 결단이며 쾌락이다. 6)이러한 소용돌이 안에서 자신의 존재감을 발견하는 사람이 사회적 기업가라고 했다. 이와 더불어 시민사회, 정치, 비즈니스, 학계, 공무원, 국내외 네트워크와 교류, 그리고 자본과 신용을 기업가의 정당성으로 꼽았다. 또한, 가치를 창조하고 비즈니스 모델을 개발하며 중심적 의사결정자로서의 리더십 역시 또 하나의 자질로 보았다.

국내의 좋은 사례로는 하자센터의 창의적 상상력을 상품으로 개발한 '노리단'을 비롯하여 센터 내 10개의 사회적 기업 그룹, 사업영역의 다각화로 맞춤형의 다양한 상품을 개발한 (주)티팟, 다양한 문화예술 교육 프로그램과 인력의 효율적 운용을 실행한 자바르떼, 수공예 예술가와 거리예술가를 활용한 프리마켓 운영기업인 일상예술창작집단, 시대적 수요가 많은 공공미술프리즘 등을 들 수 있다. 영남권 지역에서는 문화예술사업단 비키가 사업영역의 다각화로 주목받고 있다. 사례에 대한 상세한 자료는 지면상 생략하고 직접 탐방하고 견학하여 폭넓게 교류하는 것이 중요하다고 본다.

궤도 이탈에 대한 염려, 그래도 희망은 사회적 기업이다

사회적 기업의 미래(경향신문 2009년 2월 18일자에서 일부 발췌)

취약계층 보호라는 측면 말고도 사회적 기업은 고용시장에서 상당한 촉매로 작용하고 있다. 고용 없는 성장의 반복과 청년실업이 만연한 상황에서 새로운 돌파구가 될 수 있기 때문이다. 특히 사회적 기업이 만들어내는 일자리는 낮은 보수에도 불구하고 고급 인력이 선호하는 '우아한 일자리'로 인식된다. 함께 일하는 재단의 이은애 사무국장은 "사회적 기업에서 일하고 있거나 일하려는 사람들은 정신적으로 높은 보수를 받는다고 생각하기 때문에 금전적으로 낮은 보수를 얼마든지 감수한다"고 분석했다. 사회적 기업의 또 다른 의의로는 사회 서비스의 효율성을 높일 수 있다는 점이 거론된다. 정부 주도의 복지정책은 집행기구의 비효율 때문에 천문학적 자금을 투입하고도 성과는 그에 못 미치는 양상을 되풀이한다. 탁상행정으로 적재적소에 자금을 투입하지 못하는 것이다. 반면 꼭 필요한 곳을 찾아 복지재정을 투입하려다 보면 디자인과 수요조사 등 집행 비용이 너무 커진다는 단점이 생긴다.

독일의 실패 사례, 거울로 삼자

이에 따라 그동안 NGO들이 정부를 대신해 말단의 모세혈관 역을 수행하기도 했지만, 동시에 문제점도 노출시켰다. 기본적으로 NGO들이 비영리조직이다 보니 이들 또한 다른 의미로 구제대상이 되기도 한다. 또는 독일의 가톨릭계 비영리단체에서 드러났듯이, 모세혈관이 너무 비대해져 또 다른 관료제의 폐해를 낳았다. 사회서비스 대행조

직의 관료화는 '독일병'을 구성하는 한 항목으로까지 지탄을 받았다. 사회서비스 영역에서 사회적 기업이 활성화하면 사회적 목적을 달성하면서 그동안 거론된 집행과정의 비효율을 없앨 수 있을 것으로 기대된다. 일회성 복지, 배분형 복지를 대신해 순환적이고 사회생태적인 복지를 가능하게 할 수 있다는 희망이다. 물론 에너지 시장에서 신·재생에너지가 여전히 고전하는 것처럼, 사회 생태적 순환을 목적으로 하는 사회적 기업은 아직까지 시장에서 완전하게 뿌리를 내리지 못하고 있다. 그럼에도 여전히 이 부분은 우리 사회에 희망의 근거로 남아 있다. 사회적 기업의 활성화는 어느 사회에나 그 결을 풍부하게 하는 소중한 일보이지만, 그 한계도 분명하다. 그렇기 때문에 지금은 그 희망의 싹을 찾아내고 물과 햇볕을 주며 소중하게 키워야 할 때이다. 효율이 떨어진다고 석유를 대신할 차세대 자동차 엔진 개발을 미룰 수 없는 것과 마찬가지다. 항상 진검승부가 이루어지는 시장이지만, 사회적 기업에는 당분간 보호 장구를 착용하는 것을 용인해야 한다. 그러다 보면 또 아는가, 진검승부에서도 승리하는 사회적 기업이 대거 출현할지…….

부산지역 빈곤계층을 위한 인문학 프로젝트

이동문 (부산가톨릭대학교 인문학연구소 연구원)

부산에서 희망을 이야기하다

2006년 11월에 『희망의 인문학—클레멘트 코스, 기적을 만들다』가 출판되었다. 이 책의 저자 얼 쇼리스는 이미 언론이나 방송을 통해 많은 사람들에게 알려져 있고, 한국에서 클레멘트 코스를 직접 소개한 적도 있다. 이미 재소자나 노숙자, 소외계층을 대상으로 하는 인문학 강좌도 서울, 경기 지역에서는 몇 곳에서 이루어지고 있었다. 성공회대학교와 광명시평생학습원이 가장 선도적인 역할을 했던 것으로 기억한다.

책도 출판되었고, 언론이나 방송에서도 이러한 인문학 강좌를 여러 차례 소개하였지만, 아직 부산은 그런 혜택을 충분히 받지 못하고 있었다. 지금도 그러하다. 2008년도부터 부산가톨릭대학교 인문학연구소(이하 연구소)에서 한국연구재단(구, 한국학술진흥재단)의 지원을

받아 시민인문강좌를 개설하였지만, 아직 걸음마 단계에 불과하다. 2009년도에는 시민인문강좌 사업을 "부산희망대학 설립 프로젝트"라는 이름으로 어느 정도 정착시켰다. 그러나 그 대상은 부산지역자활센터 네 곳에 한정되어 있었다. 동구 지역의 어느 교회가 2009년부터 한국비정규교수노조 부산대학교 분회와 협력하여 노숙자를 위한 강의를 개최하고 있다는 소식을 들었다. 그러나 그런 교회는 한 곳뿐이다.

강좌 수가 부족하다고 물론 희망이 없는 것은 아니다. MBC '시사매거진 2580'에서 2009년 3월 29일 '노숙자와 철학자'라는 제목으로 〈부산희망대학〉을 소개했다. 국제신문에서 기사도 싣고 칼럼과 사설로 〈부산희망대학〉의 의미를 조명하였다. 한국일보, 중앙일보, 부산 KBS, 부산평화방송, 경향잡지 등에서 〈부산희망대학〉을 소개하는 기사를 실었다. 인터뷰도 있었다. 연구소는 한층 고무되었고, '희망'에 가득 찼다. 소외계층에 '희망'을 이야기하던 교수들도 '희망'을 실감할 수 있었다. 그러나 산적한 과제가 만만찮다.

부산희망대학은 왜 필요한가

우리 연구소는 2009년도에 한국연구재단의 지원으로 "부산지역 차상위 빈곤계층의 자활의지 및 자존감 고취를 위한 인문학강좌—부산희망대학 설립 프로젝트"라는 강좌를 수행하였다. 2010년도에는 부산희망대학 제2기 강좌를 역시 한국연구재단의 지원으로 수행해오고 있다. 〈부산희망대학〉이라는 이름으로 운영되는 이 사업은 일반 시민을 대상으로 하거나 대학에서 이루어지는 인문학 강좌와는

달리, 소외 빈곤계층을 대상으로 강의가 이루어지고 있다. 개인적 차원에서는 각 개인의 자기정체성과 그 의미 그리고 가치의 재발견과 회복을, 사회적 차원에서는 인문적 가치의 공유와 소통 그리고 연대를 실현함을 그 사업의 목적으로 설정하였다.

널리 알려진 대로 한국 사회는 1990년대 이래 급속한 세계화와 신자유주의 물결을 수용하는 과정에서 물신주의와 성과주의가 극도로 팽배하는 한편 인간존중 정신의 쇠퇴와 경제적 양극화의 문제가 사회 구조적으로 정착되기에 이르렀다. 이러한 대세는 인간의 존엄과 가치 그리고 의미에 대한 새김이 아니라 오로지 계량적 기준에 입각하여 인간을 능력과 수단으로 평가하고 활용하려는 태도를 일반화했으며, 그 결과 주변부에 자리 잡은 다양한 사회 계층을 소외시키고 실존적 좌절 상태로 몰아가고 있는 형편이다. 다른 한편, 인문학이 경제적 생

부산희망대학 수료식

산성의 제고에 직접적, 효율적으로 대응하지 못한다는 근시안적 이유로 인문학을 질식 상태로 몰아가는 사회적 분위기도 동일한 사정에 기인한다.

이상의 진단과 시민을 대상으로 한 다양한 인문학 강좌 수행 경험의 토대 위에서 연구소는 한국연구재단의 시민인문강좌 사업공모 제안을 만나게 되었으며, 이 제안이 인문학의 사회적 실천 동력을 강화할 수 있는 기회라고 보았다. 결과적으로 연구소의 〈부산희망대학〉 설립 제안이 선정됨에 따라 2009년에 소외 빈곤계층을 대상으로 그 첫걸음을 디딜 수 있게 되었다. "부산희망대학 프로젝트"를 충실하게 발전시켜야 할 소임을 받은 본 연구소는 인문학이 관념의 학문이 아니라 실천의 학문이 되어야 한다는 공감의 지평 위에서, 그 활동을 대학과 연구소에만 가둬두지 않고 사회의 이념적 공동선을 추구하는 한편 이를 적극 실천하는 방향으로 활동영역을 확대해가고 있다.

한국연구재단의 사업 공모 시에 제시한 〈부산희망대학〉의 사업 취지는 다음과 같다.

① 추상적 이론세계를 벗어나 소외 빈곤계층과의 청문과 문답을 통해 직접적인 소통을 꾀함으로써 공유할 수 있는 인문학적 사고와 태도의 지평을 확보하고, 이를 토대로 자기 존중과 인간 존중의 단서를 마련한다.

② 경제지형의 주변부로 내몰려 심각한 사회적 열패감에 젖어 있는 소외 빈곤계층들에게 삶의 긍정적 · 능동적 수용에 대한 확신의 계기를 촉발하여 자존감을 고취시킴으로써 자긍의 힘과 자활의지를 북돋우고 나아가 사회적 생산에도 적극적으로 기여할 수 있도록 동기를

부여한다.

③ 보편적 인간사랑과 인간존중을 사회에서 구체적으로 실천하여 주변의 다른 소외계층을 선도하고 사회적 연대에 적극적으로 헌신할 수 있는 인문학 일꾼을 양성한다.

④ 인문학이 사회적 갈등과 상처를 보듬고 통합의 계기를 마련하는 주요한 이념적 방편으로 활용될 수 있도록 인문학의 근본적 의미와 가치를 구체적으로 사회화한다.

⑤ 인문학자의 입장에서 일상생활의 구체적인 접점을 확보하여 사유와 행위 그리고 연구와 교수의 일치, 통일이라는 학문적 이념을 구현한다.

부산희망대학의 강좌 계획 및 진행 현황

수강생 선정 취지

〈부산희망대학〉이 차상위 빈곤계층을 주요 수강 대상으로 하는 까닭은 아래와 같다.

① 사회적 약자와 소외계층의 열패감 극복과 자존감 회복의 중요성: 자신의 소망이나 노력과는 무관하게 사회적 소외계층에 속하게 되는 사람들은 그 성격과 종류가 다를 수 있지만, 한결같이 커다란 열등감과 패배감에 젖게 되는 것이 일반적 현상이다. 이들이 인간으로서 자신에 대한 사랑과 믿음을 되찾아 사회적으로도 자신감 있는 활동을 할 수 있는 여건을 마련해주는 것은 당사자에게는 물론 사회 전체를 위해서도 대단히 중요한 일이다. 우리는 여기에 요구되는 이념

적 정서적 자긍심의 근거를 이 강좌를 통해서 제공하고자 한다.

② 사회적 소외계층에 대한 이념적 정서적 교육기회의 중요성: 사회적 소외 빈곤계층을 지원하고 접근할 수 있는 방안은 여러 가지일 것이다. 그중에서 이른바 생산적 복지라는 개념의 국가적 시책은 주요한 지원방안인데, 이것만으로는 이들이 느끼는 소외감과 열패감이라는 정서적 문제를 해결할 수 없다. 이들이 안고 있는 많은 결핍 중에서도 특히 교육기회의 상실 내지 부족은 자신감의 유지에 결정적 타격이 된다. 실제로 우리 연구소에서 2009년도 〈부산희망대학〉 전반기 강좌를 운영하면서 설문을 통한 강의 평가와 간담회 등을 통해 수강생들의 의견을 청취한 결과, 강좌참여로부터 촉발된 학습동기의 자극과 가족 및 소속사회 안에서의 자신감 회복을 보고하는 사례를 많이 접할 수 있었다. 여기에서 인문학의 적극적인 실천적 참여가 중요한 역할을 했다는 것은 두말할 나위가 없다.

③ 사회적 갈등의 예방과 통합의 정서적 토대 마련의 중요성: 사회적 소외계층, 특히 우리 연구소에서 강의대상으로 편입하려는 빈곤계층을 방치하는 일은 곧바로 사회적 갈등으로 이어지고, 작게는 개인과 가족의 범위에서 분열과 자기학대 또는 가족의 해체 등으로, 크게는 사회 전반에 걸쳐 폭력과 범죄 등의 형태로 확대재생산될 개연성이 높다. 인문학강좌를 통해 인간 자체의 의미에 대한 탐문과 사유의 계기 및 과정을 제공함으로써 우리는 이 강좌가 좁게는 개인적 상처의 회복이라는 치유 기능에서, 넓게는 사회적 갈등의 해소를 위한 예방책 그리고 사회적 통합의 이념적 단서를 마련하는 데 이바지할 수

있을 것이라고 믿는다.

④ 소외 빈곤계층 안에서 정신적 향도 역할을 할 수 있는 중간적 리더 양성의 중요성: 인문학은 근본적으로 인간에 대한 탐색과 자기반성에 그 기초를 두고 있다. 이런 근본성향은 인문학이 단순하게 지식의 축적에 그치는 것이 아니라 필연적으로 사유와 반성에 그 바탕을 두는 작업이기 때문이며, 따라서 자기정체성과 사회전반의 이슈에 대한 치열한 고민의 형태로 전개될 수밖에 없다. 인문학 교육 과정을 거치면서 소외와 빈곤의 실제 당사자들은 각자의 문제를 개인의 물적 빈곤의 상태로서 수용하는 데 그치지 않고, 좀 더 적극적으로 사회적 문제로 받아들이게 됨으로써 동질 계층에 대한 정신적 향도의 역할을 떠맡을 수준에 이르기까지 의식의 재편이 이루어지도록 하는 것이 중요한 과제이다. 인문학 강좌를 통해 이 과제를 성공리에 수행함으로써 각 강의 참여자를 궁극적으로 동질 계층을 선도할 수 있는 중간적 리더로 양성해내는 것은 사회적 가치의 측면에서 대단히 바람직한 일이다.

⑤ 소외 빈곤계층의 상호지원 및 연대체계 구축의 중요성: 도시지역 빈곤계층들은 대체로 모래알처럼 결집력이 약하고 사회적 연대의식이 허약한 편이다. 이 인문학 강좌는 강의를 수강하는 소외 빈곤계층들이 인간으로서 함께 공유할 수 있는 이념적 기반을 제시함과 더불어 동질계층들에 대한 연대감이 형성될 수 있는 교육적 터전을 제공하고 울타리 역할을 할 수 있다. 이런 여건을 잘 활용해서 이들이 서로 자발적 지원과 상호연대의 사회적 체계를 구축할 수 있도록 이

끄는 것은 중요한 과제이다. 이 강좌는 다른 실용 교육에 비해 상대적으로 이런 과제의 수행에 더 적합하다.[1]

⑥ 차상위 빈곤계층의 사회 재진입 동기와 자활의지 공고화를 겨냥한 인문학 교육 이상의 실현: 연구소와 연계하여 강의를 개설하는 기관은 부산지역의 자활기관들이다. 자활기관은 통상 차상위 빈곤계층의 사회적 재진입과 안착을 수월하게 할 수 있도록 도배, 미장, 미용 등의 실용적인 교육 기회를 제공한다. 이러한 실용적인 교육의 참가는 지방자치단체와 연계하여 일정한 조건하에 의무적으로 수행되는데, 여기에는 아쉽게도 인문적 소양을 닦을 교육기회가 결여되어 있는 형편이다. 따라서 실용적 교육에 더해 인문학 강좌의 수강을 통해 정신적 풍요와 정서적 안정감 그리고 자긍심의 토대를 놓고, 이를 바탕으로 이들의 자활의지가 한층 단단해지도록 함으로써 이론과 실천의 일치라는 궁극적 목표에 최대한 다가갈 때, 그로써 이상적인 교육을 추구하는 하나의 본보기가 될 것으로 확신한다.

강좌의 성격과 구성

개설 강좌는 강좌의 기본 취지에 맞추어 〈인간의 자신에 대한 믿음과 의지〉의 회복 또는 강화에 주요 초점을 맞추고, 나아가 〈사회적 소통과 연대의식〉이 한층 공고해지도록 하는 데에서 이 강좌의 본질적 의미를 새긴다. 경직된 아카데미즘을 버리고 소외 빈곤계층의 현실에 입각한 눈높이를 지향하며, 문답식 토론과 PPT 또는 영상자료 등 효율적이고도 다양한 방법을 취해 운영한다. 이에 따른 강좌 계획은 아래 표와 같다.

개설 강좌	강좌명 및 담당자명	1. 논어로 세상보기 (담당 이부현–인문학연구소 소장, 철학 전공) 2. 행복의 조건 (담당 전봉주–철학 전공) 3. 성찰과 수양의 길 (담당 김수청–철학 전공) 4. 영화와 예술 (담당 김승철–불문학 전공) 5. 도가사상으로 배우는 인간의 삶과 지혜 (담당 권광호–철학 전공) 6. 성의 의미와 실제 (담당 김영리–불문학 전공) 7. 신화로 풀어가는 역사 이야기 (담당 손정권–역사 전공) 8. 문학으로 읽는 삶의 변화 (담당 김재경–영문학 전공)	
강좌 운영	기간	기간 : 2009년 12월 ~ 2010년 11월(학기당 15주 x 2학기 = 30주)	
	시간	강좌당 30시간 x 학기당 2강좌 x 2학기 = 120시간 각 강의개설 자활기관 120시간 x 4 = 480시간	
기관별 개설 강좌	지역별 강의	전반기	후반기
		남구지역자활센터 1. 논어로 세상보기 2. 행복의 조건	연제지역자활센터 1. 논어로 세상보기 2. 행복의 조건
		연제지역자활센터 1. 성찰과 수양의 길 2. 문학으로 읽는 삶의 변화	남구지역자활센터 1. 성찰과 수양의 길 2. 문학으로 읽는 삶의 변화
		금정지역자활센터 1. 신화로 풀어가는 역사 이야기 2. 성의 의미와 실제	수영지역자활센터 1. 신화로 풀어가는 역사 이야기 2. 성의 의미와 실제
		수영지역자활센터 1. 영화와 예술 2. 도가사상으로 배우는 인간의 삶과 역사	금정지역자활센터 1. 영화와 예술 2. 도가사상으로 배우는 인간의 삶과 역사

강좌에 대한 기대 효과

① 부산지역 소외 빈곤계층을 대상으로 인문적 공감의 지평을 마련하고, 자기애와 자긍심의 고취를 통해 궁극적으로 자활의지가 강화되도록 한다.

② 자기의 존재감을 강화하여 대다수 수강자들이 안고 있는 고질적인 열패감을 이겨내고 가족 및 소속 사회에서 삶에 대한 더욱 능동적이고 적극적인 태도를 갖추게 함으로써 사회적 적응력을 배가한다.

③ 자신은 물론 타인과의 소통에서 이해와 관용의 자세를 익히게 하여 사회적 분열과 갈등의 소지를 약화시키고 나아가 사회적 통합에 기여하도록 한다.

④ 강사들은 각자의 연구활동에서 추상적 아카데미즘의 경직성을 물리치고 학문의 사회적 소통의 계기를 마련한다.

부산희망대학

⑤ 강의 개설 장소인 각 지역 자활기관은 인문학의 사회적 소통 현장으로서 이들의 사회적 연대를 강화하는 데에 이바지한다.

⑥ 지역 자활기관과 대학의 연구기관이 서로 긴밀한 협조체제 아래에 강좌를 운영함으로써 이 과정을 통하여 학술 및 교육기관인 대학과 시민사회의 연대와 상호기여의 기초가 다져질 것으로 기대한다.

부산희망대학의 강의 평가 계획 및 예산 운영

강의 평가 계획

강좌를 운영하는 기간 중에 강사진 전원과 강의개설 기관장 또는 강좌관련 실무책임자들 모두가 참여하는 자체 평가 워크숍을 중간에 한 번, 종료 후 한 번, 총 2회 개최하여 자체적으로 비판적 평가회를 가질 계획이다. 전체 평가 계획과 별도로, 각 강사는 강의 시작 후 3~4주째 되는 시점에서 강의 시간 중에 적절히 일정한 시간을 할애하여 강사와 수강자들 간의 자체 평가 간담회를 가지도록 하고, 이 자리를 통해 강의에 대한 수강생들의 만족도와 개선에 대한 요구 등 다양한 비평과 의견을 청취하며, 이를 수렴하여 향후 진행될 강의에 적극 반영할 수 있도록 한다.

2010년도 강의가 모두 종료되는 시점에 강의에 참여한 수강자들을 대상으로 강의 평가를 실시하고, 이 자료를 객관적으로 분석하여 향후 진행할 강의에 반영할 수 있도록 한다. 모든 평가 자료는 분석하여 원본 자료와 함께 보관하여 지속적으로 강의에 반영할 수 있도록 적극 활용한다.

예산 운영

〈부산희망대학〉의 전체 운영 경비는 7,000여 만 원이고, 이 경비의 대부분은 한국연구재단에 의존하고 있다. 부산가톨릭대학교에서 강의료를 일부 보전받고, 교수진도 강의료의 일부를 기부 형식으로 환원하고 있다. 전체 경비에서 강의료를 포함한 직접성 경비가 약 6,000만 원 정도로 지역자활센터와 함께 별도로 강의 이외의 부대사업을 추진할 여력은 대단히 부족한 형편이다.

부산희망대학을 유지해야 하는 이유와 앞으로의 전망

우리 연구소는 이미 수년 전부터 인문학의 사회적 소통을 강화하는 방편으로 철학과 문학을 비롯하여 예술 부문에 이르기까지 다양한 형태의 인문학 및 고전 강좌를 개설하여 부산 시민들로부터 따뜻한 호응을 받아왔다. 그리고 비슷한 성격의 몇몇 인문학 강좌가 부산지역에서 정기적으로 개최되고 있다. 하지만 인문학적 전문성을 갖추고 특정 수강대상인 소외 빈곤계층의 자존감과 자활의지 강화를 최우선적으로 지향하는 강좌는 부산지역에 국한하여 볼 때 〈부산희망대학〉이 처음이고 동구 지역 어느 교회와 한국비정규교수노조 부산대학교 분회에서 함께 진행하고 있는 노숙자를 대상으로 하는 강좌를 제외하면 유일한 형편이다. 그런 만큼 선도적인 역할을 하고 있다고 자평할 수도 있는 셈이다. 뒤집어 보면 부산지역 인문학의 사회적 실천 역량이 그만큼 협소하다는 점을 알려주기도 하는 이런 사정 덕분인지 〈부산희망대학〉은 출발 시점에서부터 지금에 이르기까지 광역자치단체인 부산시의 관심과 지원(입학식, 수료식 참여)은 물론 MBC

방송국(시사매거진 2580)과 KBS부산방송총국(일일뉴스) 그리고 주요 신문지면의 사설과 칼럼 그리고 보도기사를 통해서 많은 주목과 격려를 받고 있다. 이 같은 사실은 〈부산희망대학〉이 단지 존속에 그칠 것이 아니라 소외 빈곤계층을 대상으로 하는 인문학 강좌로서 지역의 대표성을 염두에 두고 한층 더 분발하여 충실한 발전을 도모해야 한다는 당위적 명제를 던져준다.

2009년도 전반기에 〈부산희망대학〉의 강좌를 운영하면서 확실하게 알 수 있었던 것은 대다수 수강자의 정서와 의식의 변화에 기초한 뜨거운 호응이다. 두 차례 설문 평가 조사를 통해 수강자들이 강의를 대하는 자세와 참여의지 변화의 추이를 읽어낼 수 있었으며, 두 번째 평가조사에서는 일상과 타인을 대하는 태도와 관점에서 〈정직하고 성실하게 더 열심히 살겠다는 마음가짐〉, 〈자기 자신의 중요한 가치〉, 〈타인의 존중〉, 〈사랑과 연대의 불가피성〉, 〈사물과 사태를 좀 더 여유롭고 긍정적으로 보는 눈〉 등 인문적 마인드와 자긍심의 고취 그리고 자존감과 자활의지 강화의 표현이라고 볼 수 있는 고백과 징표들을 접할 수 있었다. 이는 〈부산희망대학〉이 이제 막 첫걸음을 디뎠음에도 불구하고 부산지역 사회에서 절실하게 필요로 하는 사업이 될 수 있으며 그 쓰임과 의미가 또한 명백하고 소중하다는 것을 알려주는 사실들이다.

〈부산희망대학〉 인문학 강좌의 긍정적 파급효과들은 큰 부분 한국연구재단의 재정 지원에서 비롯된다. 그러나 〈부산희망대학〉이 재정적 독립성을 확보하거나 최대화하는 것은 미래의 발전 과정에서 중요한 과제가 될 것이다. 그리고 부산에 소재하는 지역자활센터가 모두 18개소라는 점도 고민의 소재이다. 대부분이 최상위 또는 차상위 빈

곤계층에 속하는 자활주민들 생활의 중간 거점인 자활센터를 고루 수용하려면 그에 걸맞게 공정하고 객관적인 강좌운영의 원칙과 체계적 정비가 요구된다. 본 연구소는 〈부산희망대학〉을 지역사회에서 소외 빈곤계층을 주 대상으로 하는 특화된 인문학강좌로 정착되도록 한다는 확고한 의지를 가지고 있으며, 언급한 두 가지 주요 과제와 관련하여 2009년도에 운영하기 시작한 〈부산희망대학〉 강좌를 2011년에 이르기까지 3년 동안 정착기로 설정하고 아래 문제의 해결을 통해서 1단계 발전을 꾀하고 있다.

① 정착기 동안 광역자치단체인 부산시와 확고하게 연계함으로써 사회적, 재정적 지원이 마련되도록 한다.
② 정착기 동안 지역대표성을 지닌 기업들과 후원관계를 맺음으로써 재정적 의존도를 분산시킨다.
③ 자활센터 부산지부와 중장기 업무협약을 맺는 한편 18개소 지역 자활기관을 3개 조로 편성하여 각 조가 〈부산희망대학〉의 1년 단위 인문학강좌 개설에 참여할 수 있도록 하고, 3년을 순환주기로 하여 부산의 전 지역 자활주민들에게 인문학강좌를 수강할 수 있는 기회를 제공한다.

부산희망대학의 과제

이상에서 2009년도 사업의 성과와 현재 진행되는 강좌의 현황을 중심으로 〈부산희망대학〉을 간략하게 소개하였다. 사업의 지속적인 필요성과 그 의의에 대해서는 이미 언론을 통해 수차례 보도된

바와 같이 대체로 쉽게 공감할 수 있으리라 기대한다. 그러나 사업을 지속시켜가는 일이 그렇게 전망 밝은 일은 아니다. 무엇보다도 예산 문제가 큰 걸림돌이다. 얼 쇼리스는 클레멘트 코스가 정규대학 수준의 인문학 교육과정이라고 규정하였으며, 교수진 선정과 보수 지급도 정규대학 수준에 맞추어야 한다고 강조하였다. 그렇지만 부산 지역에서 이러한 수준의 클레멘트 코스가 지속되려면 더 많은 관심과 지원이 있어야 한다. 예산 문제를 중심으로 세 가지의 과제를 생각해보았다.

연대의 문제

현재 전국에서는 몇 개의 지역에서 얼마나 많은 클레멘트 코스가 이루어지고 있는지 정확한 데이터를 갖고 있는 곳이 있는지 필자는 모른다. 우리 연구소에도 그러한 자료를 갖고 있지는 않다. 2010년도에 한국연구재단의 지원을 받는 곳은 20여 곳에 이르고, 이 밖에 다양한 기관의 지원으로 다양한 강좌가 이루어지고 있다. 그런데 〈부산희망대학〉 사업을 진행하면서 필자가 느낀 점은 일반 시민을 대상으로 하는 인문학 강좌를 제외하고, 클레멘트 코스와 같은 성격의 강좌를 개설하고 있는 기관들이 각자의 문제를 더 명확하고 더 세부적으로 파악하고 더 절실하게 해결해야 할 문제를 확인할 수 제도적 장치가 필요하다는 점이다. 강좌 개설과 운영은 소규모 지역 단위로 이루어지는 것이 더 바람직하리라 생각한다. 그러나 우리 사회에 지속적으로 희망의 씨앗을 뿌리기 위해서는 강좌 개설 기관들의 연대가 필요하다. 성공회대 고병헌 교수는 선도적으로 사업을 추진해왔다. 하지만 고병헌 교수도 수차례 시행착오를 겪었다고 고백하고 있고, 지금도 다양한 문제를 겪고 있을 것이라 짐작할 수 있다. 〈부산희망대학〉

도 마찬가지로 다양한 문제를 안고 있고, 이를 해결하기 위해 고민하고 있다. 인터넷을 통해서도 다양한 해결 방안을 모색할 수는 있지만 비효율적이고, 게다가 지역 현실에 맞는, 살아 있는 정보를 찾기는 참으로 어렵다. 최소한 강좌 개설 단체들이 해결해야 할 문제를 포함하여 사업 현황을 인터넷 카페 등을 통해 공개할 수 있도록 지원하는 시스템이 필요하다고 생각한다. 직접 만나고 전화하기 어려운 경우가 많은데, 강의 개설 단체의 인터넷 정보만이라도 공유할 수 있는 시스템이 갖추어진다면, 강의의 효과를 훨씬 높일 수 있는 다양한 실천을 모색해볼 수 있으리라 생각한다.

교수진 양성과 제도적 지원

우리 사회는 이미 고령화 사회에 접어들었고, 몇 년 지나지 않아 세계 4대 고령화 사회에 접어들 것이라고 한다. 청년 실업이 고착화되어 비정규직 노동자들이 꾸준히 늘어나고, 빈부격차도 지속적으로 높아질 것이라고 한다. 다양한 복지 정책과 평생교육 과정이 지속적으로 증가할 필요가 있다. 이런 점에서 클레멘트 코스는 우리나라에서 계속해서 늘어나리라 전망할 수 있다. 그리고 클레멘트 코스에 참여할 교수진의 대부분은 대학이나 연구소에 소속된 인문학 전공 학자나 연구진이라 할 수 있다. 이런 점에서 지역 대학과 연구소가 클레멘트 코스에 교수진으로 참여하는 연구자들에게 일정 정도 관심과 배려, 격려를 보여줄 필요가 있다. 클레멘트 코스에 공감하는 개별 단체가 동원할 수 있는 인력 풀이 어느 정도 한정적이라는 점에서, 지역 대학과 연구소가 교수진에 대해 갖는 관심과 배려는 클레멘트 코스에서 이룰 수 있는 성과를 훨씬 더 증가시킬 수 있을 것이다. 1999년 광명시가 전국

최초로 평생학습도시를 선언하고 성공회대학교와 꾸준히 이 사업을 추진할 수 있었던 것은 교수진의 열정에만 의존하지 않았기 때문이다. 지역 사회와 대학이 함께 관심을 갖고 클레멘트 코스에 동참함으로써 '희망의 인문학'을 점진적으로 확장해갈 수 있으리라 생각한다.

예산

역시 예산의 문제가 가장 어려운 문제가 될 것이다. 현재 〈부산희망대학〉은 한국연구재단의 경제적 지원에 절대적으로 의존하고 있다. 2007년도부터 이루어진 '시민인문강좌' 지원 사업 공모에 부산가톨릭대학교 인문학연구소는 3년 동안 응모하여 다행스럽게도 지속적으로 지원을 받을 수 있었다. 그러나 2007년도에 우리 연구소와 함께 응모하여 지원을 받은 대학 연구소 중에서 3년 연속으로 지원을 받고 있는 곳은 우리 연구소를 포함하여 10곳이 채 되지 않는다. 약 1/3 수준으로 줄었다. 올해도 우리 연구소는 사업 공모에 관심을 갖고 준비하고 있지만, 내년에는 지원을 받을 가능성이 거의 없다고 평가하고 있다.

2010년 현재 한국연구재단의 경제적 후원을 통해 클레멘트 코스를 진행하고 있는 곳은 부산에서 유일하게 우리 연구소뿐이다. 내년에 우리 연구소가 지원을 받지 못한다면 아마도 2011년도에 부산에서 클레멘트 코스를 진행할 수 있는 곳은 한 곳도 없을지 모른다.

물론 우리 연구소는 한국연구재단의 지원을 받지 않는다 하더라도 1~2개 지역자활센터와 협력하여 무료 인문학 강좌를 계속해서 진행할 계획을 갖고 있다. 재원이 마련되건 그렇지 않건 상관없이, 희망의 인문학 강좌를 포기할 수 없기 때문이다. 그러나 앞서 밝힌 바와 같이 정규대학에서 이루어지는 인문학 강의 수준에 맞도록 교수진을 대우

해주지 못한다면 〈부산희망대학〉의 역할은 지역 사회에서 축소될 가능성이 높다.

전반기 강의를 마치는 6월 초부터 우리 연구소가 펼치는 사업에 공감할 수 있는 중견 지역 사업체에 〈부산희망대학〉 사업에 동참을 요구하는 문서를 발송할 계획이다. 그러나 예산 확보와 관련하여 우리 연구소는 구체적인 대책을 갖고 있지 못하다고 평가할 수밖에 없다. 이런 점에 대해서는 대부분의 연구진이 문외한에 가깝기 때문이다. 이런 점에서 앞서 밝힌 제도화된 연대를 더 절실하게 느낀다.

다소 엉뚱한 이야기처럼 들릴지도 모르지만, 예산이 확보된다면 현재 문화 바우처 제도를 이용한 문화의 향유를 훨씬 넘어선 향유가 가능하리라 생각한다. 예를 들자면, 강의실을 벗어나 막걸리 한 잔 놓고 살아 있는 각자의 삶을 터놓는 자리를 마련할 수 있다. 미국의 클레멘트 코스가 강의실에서 진행된다면, 한국의 클레멘트 코스는 소박한 밥상 앞에서 이루어질 수도 있다. 한국의 클레멘트 코스는 한국적일 필요가 있기 때문이다. 실제로 2009년도 하반기 강의 중에 등반대회를 개최하여 뒤풀이까지 한 일이 있다. 강의를 진행하는 두 분 교수가 경비를 부담하였다. 물론 즐겁고 편안한 분위기에서 진행되었고, 열정을 갖고 진지하게 참여하는 강의 분위기가 이후 더욱 고조되었다고 평가하였다.

주

1) 『희망의 인문학』을 옮긴 고병헌 교수는 "이웃의 이웃인 우리 스스로가 어떻게 하느냐에 따라 세상이 바뀔 수 있습니다. 지역사회에서도 이웃끼리 주차문제로 다투지 않을 때 비로소 세상이 바뀌었다고 느끼죠. 부모를 통해 세상을 접하는 아이들은 부모가 좋은 이웃이 될 때 사회 변화를 체감합니다."라고 희망제작소 박원순 상임이사를 만나 말한 적이 있다. 우리 연구소에서 인문학에 희망을 걸고 있는 이유가 이와 상통한다고 본다. 박원순의 희망탐사 75(http://wonsoon.com/148?category=4) 참고

사회적 협동의 문화예술 창조도시, 볼로냐

세계 최고 오래된 대학이 위치한 역사도시, 끊임없이 새로운 예술과 사상, 산업을 창조하는 힘으로 가득 찬 도시, 역사적인 시가지의 보존과 모범적인 도시재생을 이룩한 세계적인 문화도시, 눈이 와도 비가 와도 따가운 햇살이 내리쬐어도 보행자들이 마치 건물 복도를 걷고 있는 듯 편안하게 걸을 수 있는 도시, 이 모두는 이탈리아 북동부에 위치한 볼로냐에 쏟아지는 찬사이다.

인구 40만 정도의 볼로냐 시는 이탈리아의 에밀리아 로마냐 지방의 주도이다. 1970년대 불황과 산업화를 동시에 겪었던 볼로냐는 2000년대 이후 중소기업의 천국으로 불리며, 평균 임금은 이탈리아 국내 평균의 2배, 실업률은 3분의 1, 유럽에서 5위 안에 드는 살기 좋은 도시로 발돋움했다고 한다. 역사도시로만 알려졌던 볼로냐가 어떻게 생산력이 왕성한 '21세기형 창조도시'로 거듭날 수 있었을까?

볼로냐의 성공은 여러 가지 요인이 복합적으로 작용해 이루어졌을 것이다. 그중 하나는 공동화된 도심을 6개 구역으로 나누어 역사적 건축물의 보존과 복원, 활용방안을 수립한 '역사적 시가지 보존과 재생'이라는 '볼로냐 방식'의 도심재생전략이 성과를 거둔 것을 들 수 있다. 도심에 주상복합아파트를 건설하는 대신에 역사가 깊은 도심 건물의 원형을 유지하는 리모델링을 택한 것이다. 또한 뒷골목 구석구석에 생겨난 예술공방형 작은 기업들을 거미줄처럼 엮어 공동화된 도심을 문화 창조공간으로 탈바꿈시켰다. 이러한 도심재생의 결과물로 볼로냐는 현재 200여 개의 도서관, 43개의 박물관, 260여 개의 컨

벤션홀을 보유하고 있다 한다. 50여 개의 영화관과 300여 개의 콘서트홀에서 연일 문화예술 이벤트가 개최되는 문화도시가 된 것이다.

또 하나 볼로냐 경제모델이 성공할 수 있었던 요인 중 하나로 주목해야 하는 것은 강력한 조직력을 가진 협동조합들이 지역경제의 각 분야에 자리 잡았다는 점이다. 볼로냐의 400개가 넘는 협동조합이 생산, 은행, 소비, 노동, 서비스 분야에 걸쳐 강력한 지역경제의 버팀목이 되어 경제 위기 국면을 극복할 수 있었던 것이다. 볼로냐 시의 가장 핵심적인 기업 50개 가운데 15개가 협동조합이라고 한다. 대부분 협동조합 체제로 구축된 공방들은 완벽한 기술을 바탕으로 조합원들의 창의적인 노력과 철저한 네트워킹에 힘입어 세계적인 명품 브랜드를 생산하고 있다고 한다. 기업이라면 보통 개인의 잇속을 추구하는 사적 기업을 의미하는 우리 풍토에서는 시사하는 바가 적지 않다.

볼로냐 시내 전경

사회적 협동조합을 통해서 새로운 모색을 해온 볼로냐는 유럽 최고의 도시로 성장해가고 있다. 경쟁의 원리 대신 협동의 원리로 운영되는 협동조합이 있었기 때문에 1인당 소득 4만 달러의 살기 좋은 도시가 되었다는 것은 여러모로 시사하는 바가 크다.